解讀高更
藝術的奧祕

PAUL GAUGUIN

目錄
CONTENTS

第三章

1891/1893

狂野的愛情

第四章

1893/1895

文明的都會

第五章

1895/1901

自由的天堂

第六章

1901/1906

死亡的籠罩

自序

愛上高更

每研究一位藝術家，就好像談了一場戀愛。

與一個未曾謀面，早已離世的藝術家談戀愛，會是怎樣的滋味呢？

就談高更吧！

相 遇

記得多年前，我在蘇格蘭國立美術館看到高更的一張〈佈道後所見〉，那是他1888年的畫，據說是一件美學突破之作，在當時只覺得比我想像小得多，裡面一群禱告的女子、大樹、小牛、爭鬥的雅各與天使、滿地朱紅，比例與顏色都不對勁，老實說，不太對我的味口。

遺 忘

連化學變化都沒有，雖然偶爾碰到人談起他，討論他大溪地的女子，那些原始的、直筒的、粗獷的裸身，看來似男似女，根本難以引起我的興趣，好久一段時間，早就忘了這個人。

對 抗

四年後，我再次與他照面，但這回有梵谷的介入，他淒涼的身影與悲憫之心真的很令人同情，相對的，高更看來這麼剛強，說話咄咄逼人，很自然我站在梵谷這一邊，為他辯護，之後，他自殘，又自殺身亡，我第一個責怪的人就是高更。

迷 惑

有一天，我在一家二手書店無意間看到一本《高更》，我拿來從頭翻到尾，短時間內掃描了他一百多件的作品，包括繪畫、雕塑、陶瓷，突然，心跳了一下，我自言自語：原來，過去我錯了。

了 解

之後，漸漸由他的帶領，我踏上他走過的足跡，從出生、童年、教育、工作、結婚生子、離家出走、航向南洋島嶼、到最後死於異鄉，漸漸地，我開始了解他。

原來，他是一個充滿矛盾的人，內心極度的激情，但在人面前，他什麼也不談，對於別人的誤解，他也不想多做解釋，外表上，他總顯示出一付傲慢的姿態，就算心裡的那根刺被人挑起，痛的不堪，他還是不改面色，依然繼續沉默下去。

三十年的藝術生涯，災難是一波一波襲擊著他，很多時候急需人的救助，但就因那一身牛脾氣，他從來得不到任何人的憐憫。

在眾人的眼中，高更可能像個冷血動物，他在意嗎？當然，他在意，只不過人間的冷漠與殘酷已將他鍛鍊的如鐵一般，還好，還好有藝術，將他從苦難之中拯救起來，也透過那創作的窗口，他的真誠、溫柔、與感性才足以表露出來。

就在此時，我彷彿觸摸到他的心，感受了他的柔情。

親 密

人與人的靈魂相遇，可以那麼親密，有時，甚至比肉體的交歡還更強烈。

高更是個原創力很強的藝術家，未經任何人的調教，一切行事只隨「心」而做，所以他很野，很原始，統制慾也很強。

在另一方面，他常常有一餐沒一餐的，身體痛的厲害，渴望愛又得不到愛，情景十分的蒼涼，眼見如此有才氣的人，這樣耗盡他的生命，我們看了，又情何以堪呢？

永 遠

人說愛是脆弱的，難保長久，但我始終認為愛是世上最真實的東西，一旦愛過，就成了永遠。

高更口中念念不忘他的藝術，只要一講到藝術，他就忘了吃，忘了睡，忘了病痛，也忘了憂傷，整個人都活耀了起來，臉也發光，我知道那是生命最美的動容。

而我愛上的是他那動容的靈魂。

方秀雲 2010年6月，寫於愛丁堡

第一章 夢想的啟航

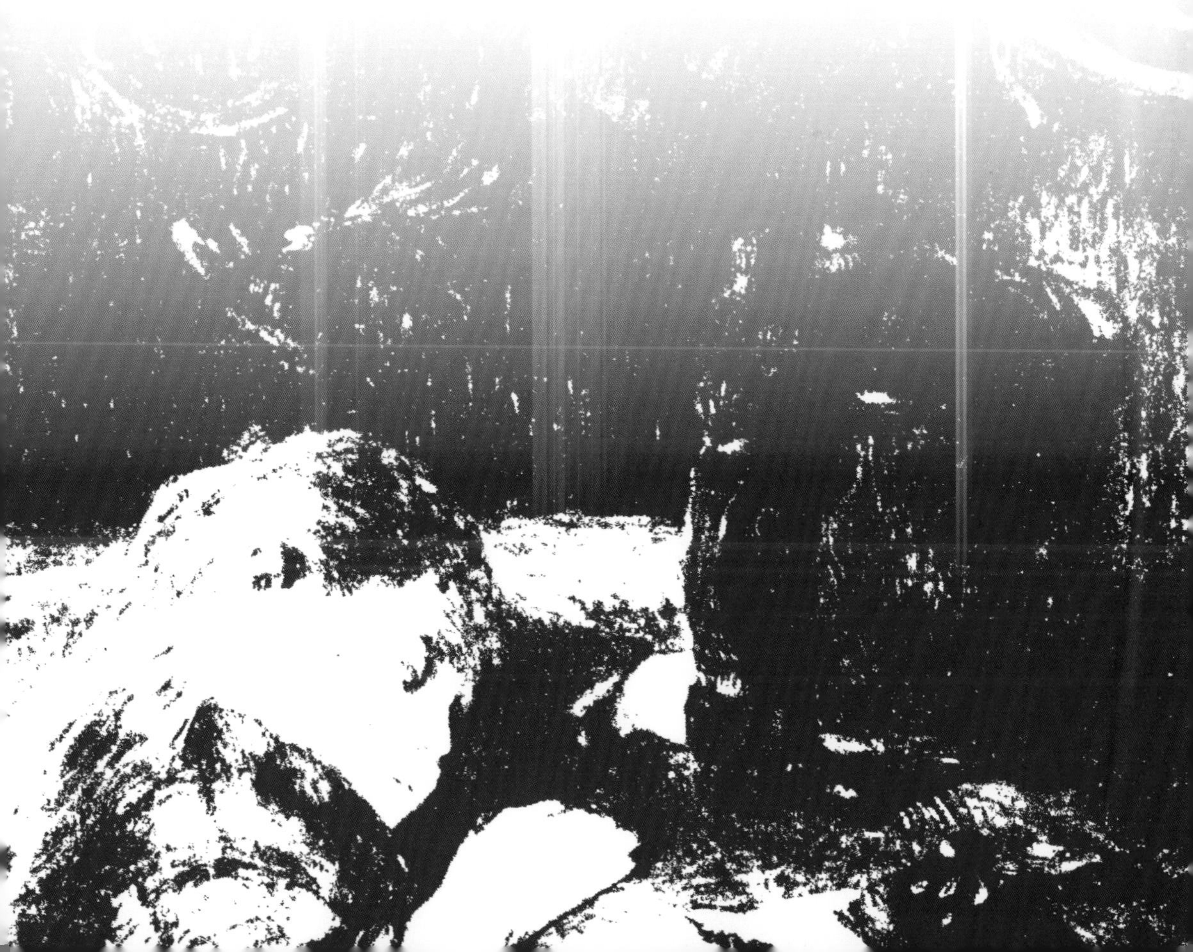

1848
1885

高更生平及年表

1848	1歲	6月7日出生於巴黎。 父親克洛維斯（Clovis）在擁護共和政體的報社《國民報》（*Le National*）擔任記者，母親亞蘭（Aline），外婆崔斯坦（Tristan）是社會主義與女性主義的活躍份子與作家，有祕魯的血統。
1851	3歲	10月全家航行到祕魯，父親在途中去世。母親和姐姐瑪莉（Marie）到達首都利馬（Lima），住在曾叔父莫斯科索（Moscoso）的家，曾叔父是祕魯的首富。
1855	7歲	全家回法國，搬到奧爾良（Orléans），跟祖父與叔叔住在一起。
1859	11歲	在奧爾良的耶穌會學校住宿。
1861	13歲	母親到巴黎當裁縫師。
1862	14歲	與母親在巴黎重逢，入男子中學。
1865	17歲	母親指定友人歐羅沙（Gustave Arosa）擔任小孩法定監護人。因年紀太大不適合海事學院，所以加入商船。航行到里約熱內盧（巴西的舊首都）。
1866	18歲	第二次航行到里約熱內盧。10月在「智利號」船擔任中尉，開始航行世界十三個月。
1867	19歲	母親過世。12月回法國。
1868-69	20-21歲	轉調法國海軍。搭「杰洛米−拿破崙號」船，航行地中海與黑海。並繼承母親與祖父的財產。
1870	22歲	普法戰爭期間，在北海服務。
1871	23歲	放棄航海，回法國。
1872	24歲	由歐羅沙的介紹，進入保羅．伯廷（Paul Bertin）證券公司工作，擔任投資顧問。與同事舒奈格（Émile Schuffenecker）交情不錯，他也是一名業餘畫家。秋天遇見梅特（Mette Sophie Gad）。
1873	25歲	11月22日與梅特結婚。
1874	26歲	8月31日兒子埃米爾（Émile）出生。開始當業餘藝術家及大量收藏印象派作品。
1876	28歲	他風景畫〈維羅夫萊〉被巴黎沙龍接受，也是此生唯一的一次。冬天放棄證券公司的工作。 與畢沙羅（Pissarro）熟識。
1877	29歲	搬家。在蒙巴納斯（Montparnasse）租下一間工作室。房東卜茉甘（Bouillot）介紹他做雕刻。 12月25日女兒亞蘭（Aline）出生。
1879	31歲	受到銀行家波登（André Bourdon）的聘用。被邀請參加第四次的印象派展。 5月10日兒子克洛維斯（Clovis）出生。
1880	32歲	參加第五次的印象派展。經紀人杜蘭−魯埃（Paul Durand-Ruel）花1500法朗購買他三張畫。 夏天與畢沙羅在蓬圖瓦茲（Pontoise）一起作畫，遇到塞尚。
1881	33歲	4月12日兒子尚−雷內（Jean-René）出生。參加第六次的印象派展，小說家于斯曼（J. K. Huysmans）描述他的風景畫是畢沙羅的畫中攙水的效果，但讚美裸女畫〈做針線活的蘇珊〉。
1882	34歲	十一張畫，一張粉蠟筆畫與兩件雕塑呈列在第七次的印象派展。法國股票市場跌落，他的財務狀況不穩。到蓬圖瓦斯與斯尼（Osny）拜訪畢沙羅，兩人教學相長。
1883	35歲	辭掉保險公司的工作，當全職的藝術家。12月6日兒子波拉（Pola）出生。
1884	36歲	搬到魯昂（Rouen）住了八個月，妻子梅特帶小孩回到哥本哈根的娘家。到南法旅行。因需要養家，到防水布衣工廠工作。11月攜帶藝術收藏品，到丹麥與妻小重逢。梅特教法文養活家人。
1885	37歲	參加哥本哈根藝術之友社團（Copenhagen Society of the Friends of Art）展覽。 離家，帶著兒子克洛維斯到巴黎。

1 | 高更的父親克洛維斯
2 | 高更的母親亞蘭
3 | 高更25歲時的照片
4 | 祕魯的首都利馬，此為19世紀中期的照片，高更在這兒渡過童年。

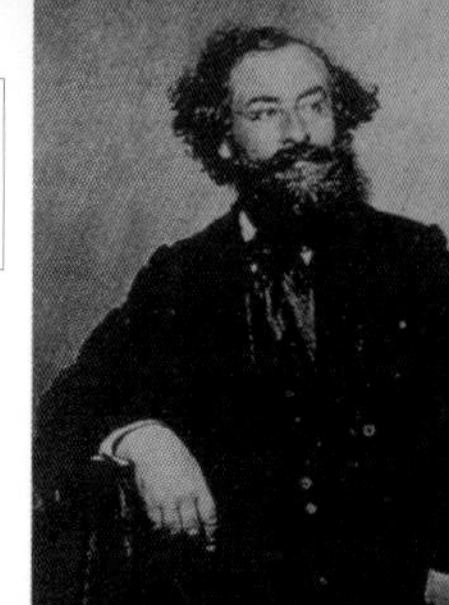

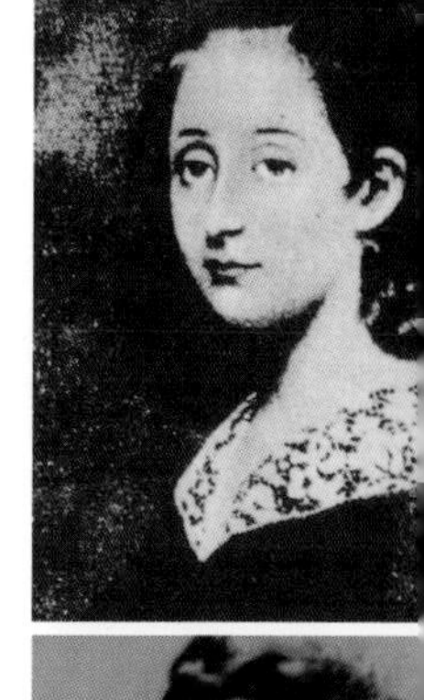

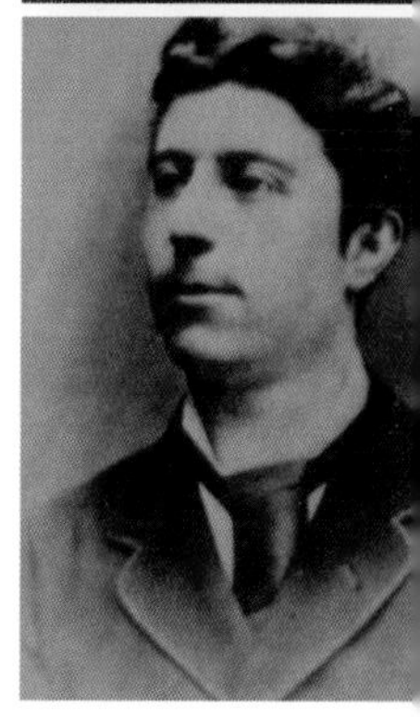

高更的藝術天份，反社會性格，以及難在一個地方安定下來，大都跟他身上流的血液有關。

背景

高更出生於一個很不尋常的家庭，父親是奧爾良人，在一家擁護共和政體的《國民報》擔任政治記者，母親是西班牙的貴族，1847年，她生下瑪莉，隔年6月7日產下一名男嬰，也是此書的主角，他的全名叫保羅．高更（Paul Gauguin,1848-1903）。

外婆是一名政治活躍份子與作家，活在19世紀初的她，篤信女性與社會主義，算來非常前衛，她的獨立、高傲、熱情，再加上有祕魯的血統，高更一直以這位勇敢的女性為榮。

跟海事為伍

1851年，法國總統邦那巴（Louis Bonapart）將共合國改為帝國，眼看局勢不對，10月，全家動身到祕魯，但父親因病死在途中，當高更、母親與姊姊一行人抵達首都利馬時，便立即投靠一位有錢的曾叔父。

當時高更才三歲，一般來說，人對出生後的前三年印象很淺，甚至全無，因此他根本不記得在法國的孩童歲月，他的記憶是從踏上利馬的那一刻才開始。

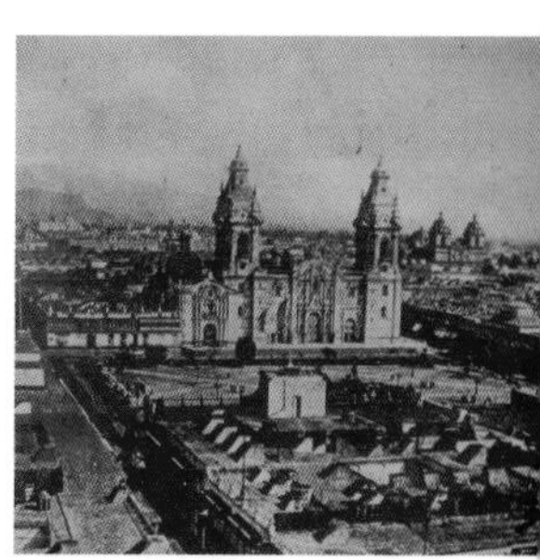

在祕魯，他與家人渡過四年的時光。高更有一雙敏銳的眼睛，看遍了當地的建築、明媚的風光、穿的衣裳、用的器具、各式文物等，這所有的視覺記憶，都成為他日後源源不絕的創作靈感。

1885年，高更的祖父突然過世，留下一筆財產，全家搬回奧爾良。

之後高更到寄宿學校唸書，但他比較習慣南美洲的語言與生活方式，不太適應法國的教育，果然學習成績一塌糊塗，因為這樣，他知道

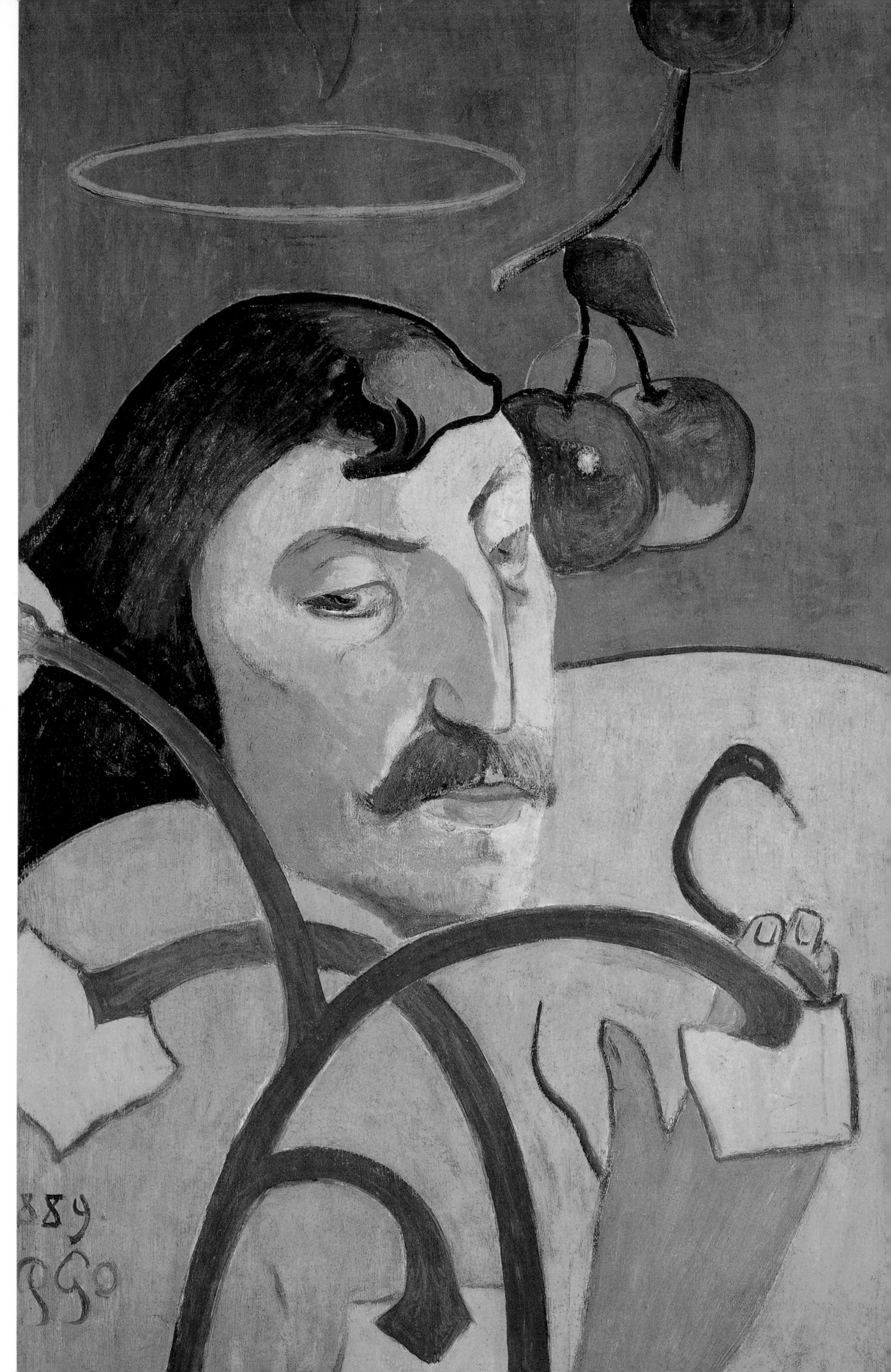

1｜高更　有光環的自畫像　1889　油彩木板　79.2×51.3cm　華盛頓國立美術館
2｜高更的妻子梅特
3｜好友舒奈格
4｜畫家畢沙羅
5｜高更　沃吉哈赫的菜園　1879　油彩畫布　65×100cm　麻州諾斯罕普頓　史密斯學院藝術博物館
6｜高更搭「杰洛米—拿破崙號」船航行到地中海與黑海

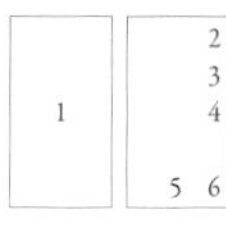

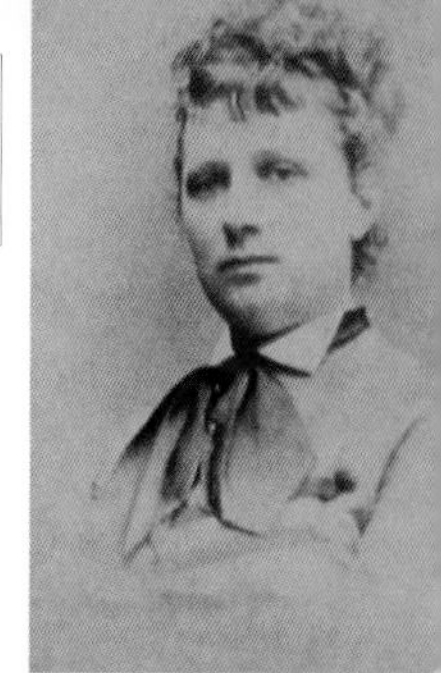

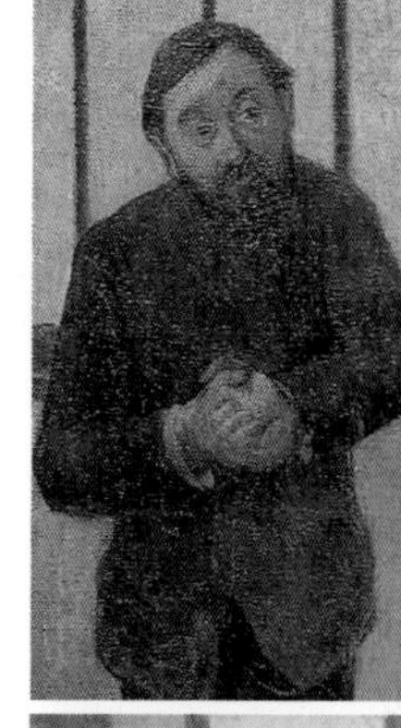

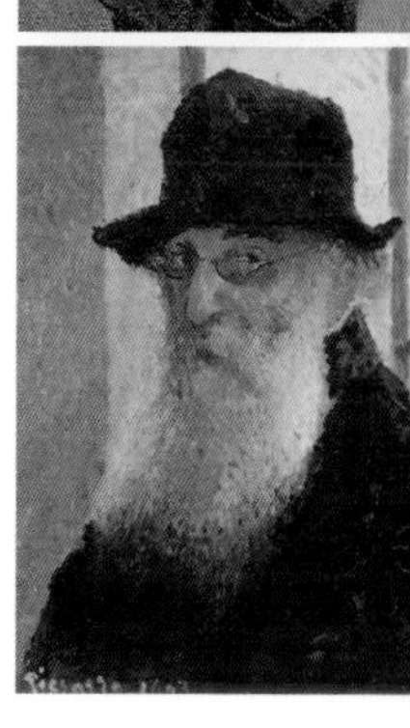

自己根本不是一塊讀書的料，不過此刻，海洋之神過來敲打他的心門。

於是他接受了海事訓練，通過考試順利的當上一名水手，直到二十三歲之前，他大都與海洋為伍，航行世界各地，經歷也豐富了起來，就在這段期間，母親突然撒手人寰，沒有親人的保護，前景似乎一片黯淡，但幸運的是母親留給他一些財產，並交代一位收藏家歐羅沙要好好地照顧高更。

安穩的生活

高更在二十三歲那年決定放棄航海事業，隨後在一家證券公司工作，不久後經人介紹認識一名丹麥女子梅特，兩人陷入熱戀，很快就走進了禮堂，婚後十年日子過得十分安逸。

在工作職場，高更有一位同事名叫舒奈格，是業餘畫家，由於他們都愛好藝術，兩人很投緣，相互鼓勵，一同到科拉羅西學院（Colarossi Academy）學畫、逛美術館、到室外作畫，跟其他藝術家們研討藝術。

除了舒奈格，高更還跟畫家畢沙羅交情不錯，畢沙羅對高更的創作初期影響頗深。

擁抱自由

雖然高更在證券公司上班，內心卻寄情於繪畫。

1875年，他畫的一張〈維羅夫萊〉意外的被巴黎沙龍接受，這是他怎麼也料想不到的，接著從1879年開始，他的作品連續在印象派的展覽中呈列，並得到大眾與藝評家的青睞，種種的跡象給他十足的信心。

他藝術的野心逐漸漲大，一顆不安定的心溫溫地醞釀，終於在1885年決

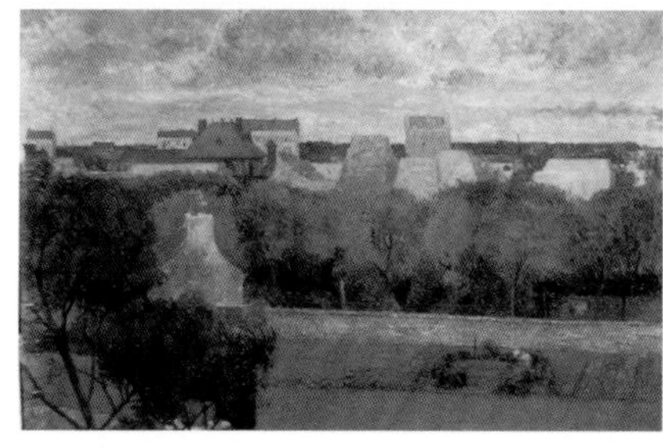

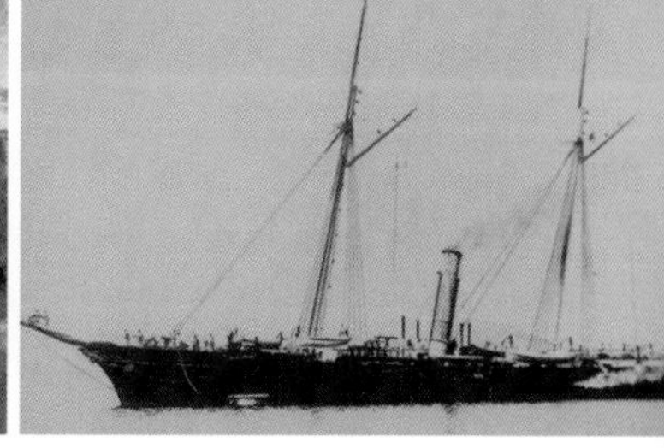

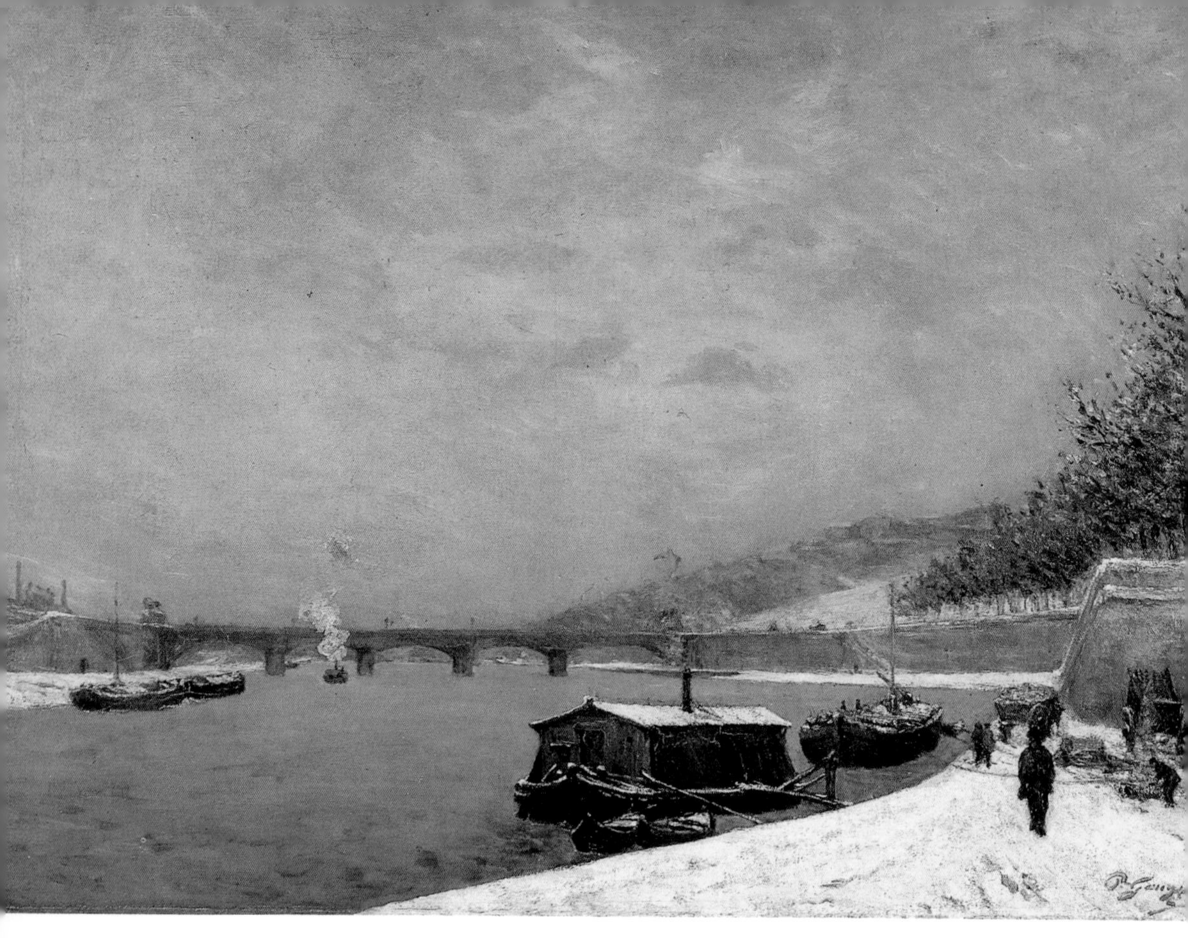

定離家，專心做一個自由的藝術家，好好為自己而活。那年他三十七歲。

解讀1 承襲外婆的性格

高更有一位擔任政治記者的父親，他不常談論到父親，但不可否認，高更那熱血澎湃的性格與想改變社會的慾望，很多來自於父親的影響，高更在晚年時擔任兩份政治雜誌的主編，還撰寫了不少社會評論，筆調犀利又自己印刷傳單與冊子，在在都有記者的風範，這顯然承襲了他父親的本性。

不過，高更還有一位了不起的外婆，她是影響藝術家性格的關鍵人物。

激進的源頭

高更的外婆崔斯坦是一位崇尚社會主義的作家，她曾出版過幾本書，其中最著名的包括1838年的《一位賤民的旅程》（*Peregrinations of a Pariah*）、

1 | 高更　伊埃納橋的塞納河　1875　油彩畫布　63×92.5cm　巴黎奧塞美術館
2 | 高更的外婆崔斯坦是一名作家、記者與社會主義活耀份子。
3 | 崔斯坦1838年寫過《一位賤民的旅程》，道盡自己的滄桑。

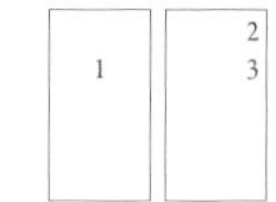

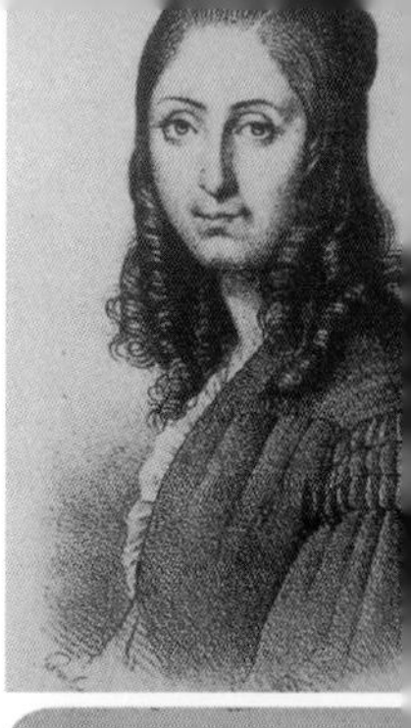

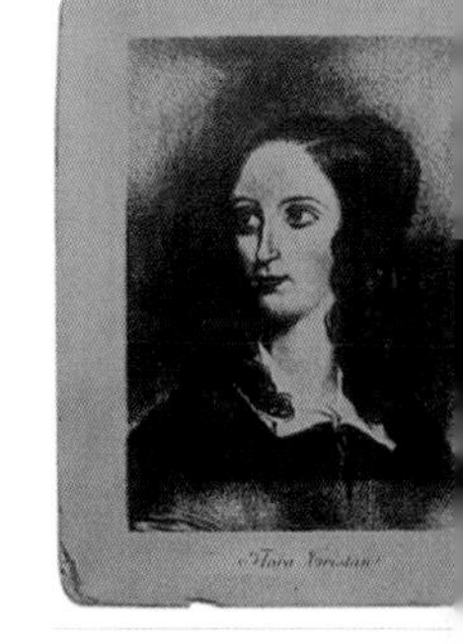

1840年的《在倫敦的散步》（*Promenades in London*）、1843年的《工人聯盟》（*The Workers' Union*）等，從這些書名，我們或多或少能探知她是多麼的激進。

崔斯坦的父親（高更的曾祖父）是祕魯人，在西班牙海軍擔任高官，母親是法國人，叔叔還擔任祕魯督府官員，從小生長在上流社會的崔斯坦，怎麼之後會成為一名激進的女性主義者？怎麼會去鼓吹工人組織聯盟呢？怎麼會去相信一個無產階級的烏托邦呢？原來，當她四歲時父親就過世，一下子日子遽然改變，生活不再優渥，她與母親得不到保護，二十八歲那年，她旅行到秘魯南部的城市阿雷基帕，以為可以繼承父輩的財產，卻又落空，我們可以想像，她一定深切的感受到社會對女子的不公平。

前衛的思想

1830年代中期，崔斯坦的思想形塑的十分前衛，她說：「女人的無知、對丈夫的敵意及虐待小孩，並非女人的錯，錯則錯在社會。」

她不但認為女人只是婚姻裡的一名娼妓，唯有離婚，整個社會的道德才能提升。她的前衛，她的敢言，經常遭到抨擊，她身心受的痛苦及肩負的使命，都足以讓她相信自己扮演一個現代「女彌賽亞」的角色。

1840年代初期，她的寫作方向稍作改變，主題大都跟工人階級的權利有關，她主張廢除死刑，應該提升工人的生活品質，鼓吹男女同工同酬，還號召工人們團結起來組織聯盟等，據說崔斯坦是第一位直接跟工人對話的社會主義作家。

崔斯坦的勇敢與熱情，高更一直視她為人生的好榜樣。

局外人的角色

有趣的是，祖孫兩人生活在不同的世代，也未曾謀面，但若將他們的生涯一一攤開，會發現其間有很多類似的地方，同樣的，他們無法融入法國社

高更　藝術家母親　1888　41×33cm　油彩畫布　司徒加特市立美術館

會，覺得是徹頭徹尾的局外人，但依然努力幫助弱者跟權威對抗，他們的終極目標一致，渴望在世間找到一個理想的烏托邦，為此犧牲在所不惜。

解讀2 愛上母親的模樣

高更的母親名叫亞蘭，是藝術家夏沙（Chazal）與作家崔斯坦的女兒，一點也沒有沾染到母親氣息的她，當她下嫁給一位政治記者後，甘願在家作一名裁縫女，丈夫去世後只好投靠親戚。

雖然媽媽與外婆的性格相差極大，高更始終深愛著母親。

童女形象

當高更做了父親，回憶起已逝的母親，說：「我小時候，只要不在媽媽身邊，就會寫信給她，我知道怎麼講一些感性的話給她聽……。」高更會撒嬌，讓媽媽覺得窩心。

但高更也很調皮，常常讓母親一個頭兩個大，在他撰寫的《之前與之後》（*Avant et Après*）裡，就有一段描述童年給媽媽找麻煩的情景：

我一向愛亂跑，媽媽四處跑著找我……，有一次她找到我，很高興牽著我的手，帶我回家，她是西班牙的貴族淑女，但很極端，她用那橡皮一般軟的小手打我一巴掌，幾分鐘後她哭了，又抱我，又親我。

從母親身上，高更看到女人的歇斯底里，一下興奮，然後激怒，又一下悲傷，然後再表現溫情的一面，他所經驗到的完全是一種典型的「童女」形象。

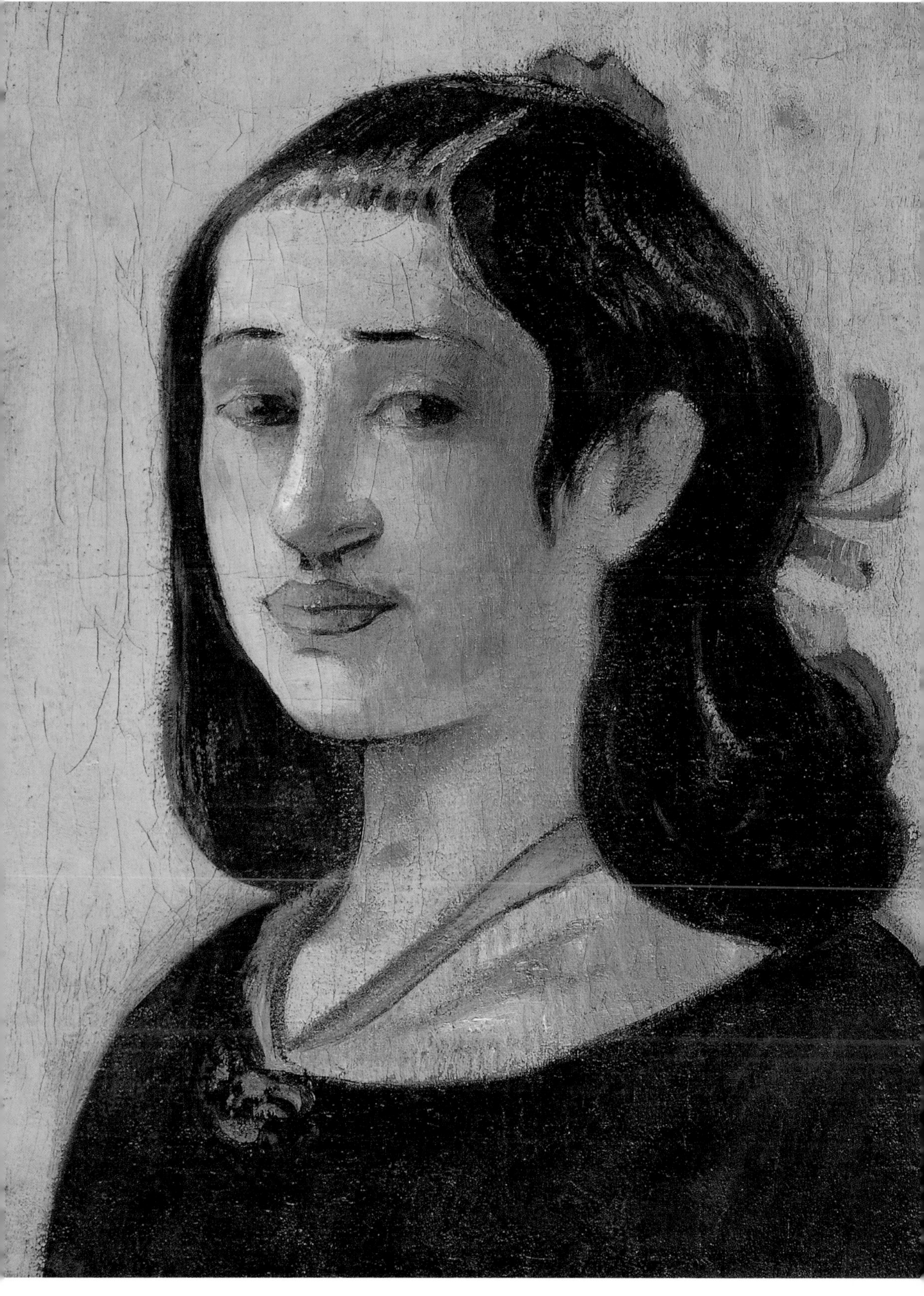

1｜高更有一雙溢出夢想的眼睛
2｜高更喜繪未成年少女。
高更　持團扇的少女　1902　油彩畫布　92×73cm　德國埃森福克旺美術館

愛情的原型

母親走時才四十二歲，高更始終把她的照片帶在身上，他從未看過母親老去或難堪與掙扎的模樣，日後對她的記憶除了「童女」之外，不外乎是年輕、美麗、聰穎與溫柔，又懂得安生立命，在形象上，她沒有老去的問題，時間一直被凍結在遙遠的過去，她永遠是藝術家高更心目中的公主，像他的愛人似的。

那就是為什麼高更對有神祕美感、難掌控情緒、神經質傾向的女人特別感興趣，我們會發現高更畫的女人，特別在太平洋島上畫的未成年的少女，她們不但年幼還散發某種神祕的、無理性的美，看來的確有亞蘭的影子。

其實，他的情愛原型全來自於母親。

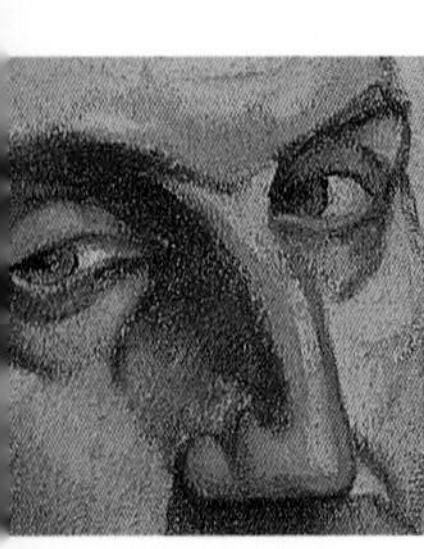

解讀3 漂泊一生的水手

法國作家雨芮（Jules Huret）曾說：「水手有一雙溢出夢想的眼睛。」若將這句話用在高更的身上再適合也不過了，這說明這位藝術家一生都乘著船，不斷的冒險、漂泊，為的是航向一個夢想的世界。

從一站到下一站

這種求變的心，從一站到下一站，不願定下來的性情始終跟隨著高更，他曾經追溯童年的記憶，深思自己的本性，說道：「我一直有逃離的習性，甚至我九歲在奧爾良時，就興起到邦地（Bondy）森林的念頭，於是，用手帕包沙綁在棍子的尾端，將它扛在肩上，那形象一直吸引著我，當一名旅人，在肩上扛著棍子與包裹……。」

是的，「扛著包裹，遊遍各地」已深印在他年幼的心靈，這是高更的夢想，也是他的命運，任誰也阻擋不了。

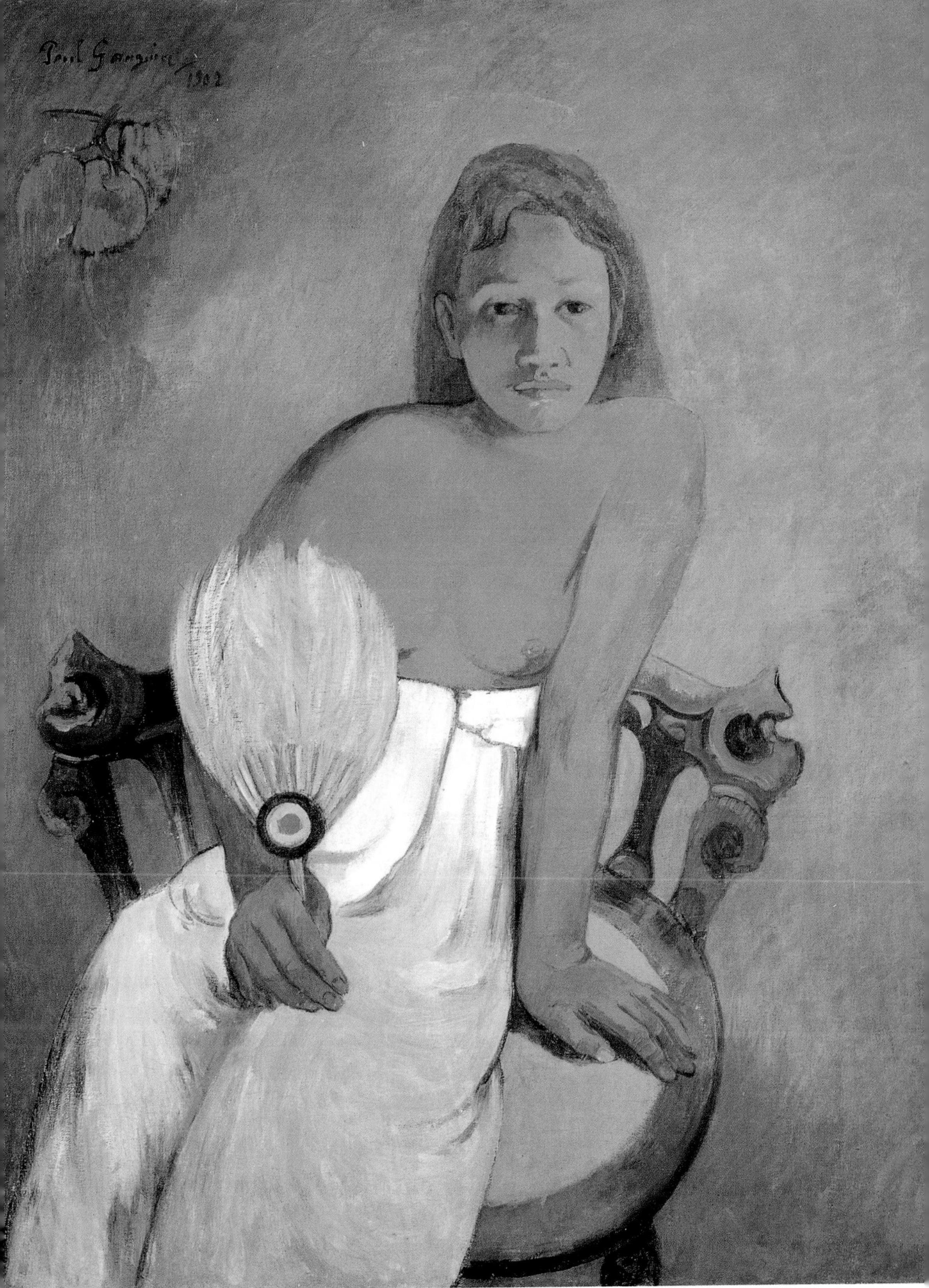
Paul Gauguin
1902

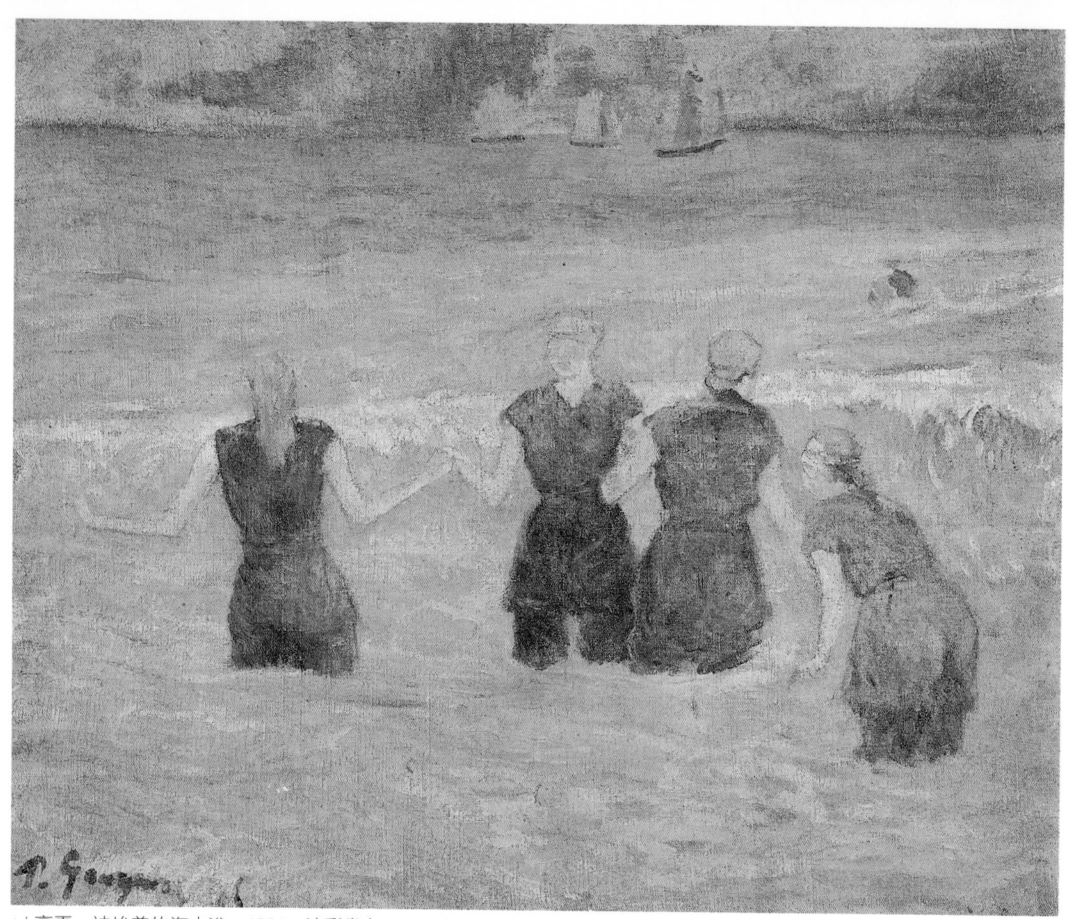

1 | 高更　迪埃普的海水浴　1885　油彩畫布　38×46cm　東京國立西洋美術館
2 | 高更　深淵上　1888　油彩畫布　72.5×61cm　巴黎裝飾美術館藏

1 2

乘著鬼船

在美學中，同樣的，他厭惡學院派的一切，跟它距離越來越遠，漸漸走到了另一個極端，不過就因為如此，他最後理出一條獨特的路，一條屬於別人奪不走的路，他說：「那些學院派的畫家擁有自然的錯覺，他們在乾枯的土地上過得多安逸！而我們呢？單獨地在鬼船上自由航行，得到的是瑕疵，不過那充滿了奇異與想像。」

學院派的藝術家翹著二郎腿，高更卻得坐著「鬼船」四處奔波，為藝術尋找新的美學，這過程很苦，很孤獨，但終將獲得滿船的豐收。

自由的遨翔

他十分清楚，當別人在一塊貧瘠的土地上等死，而他呢？在一片開闊與

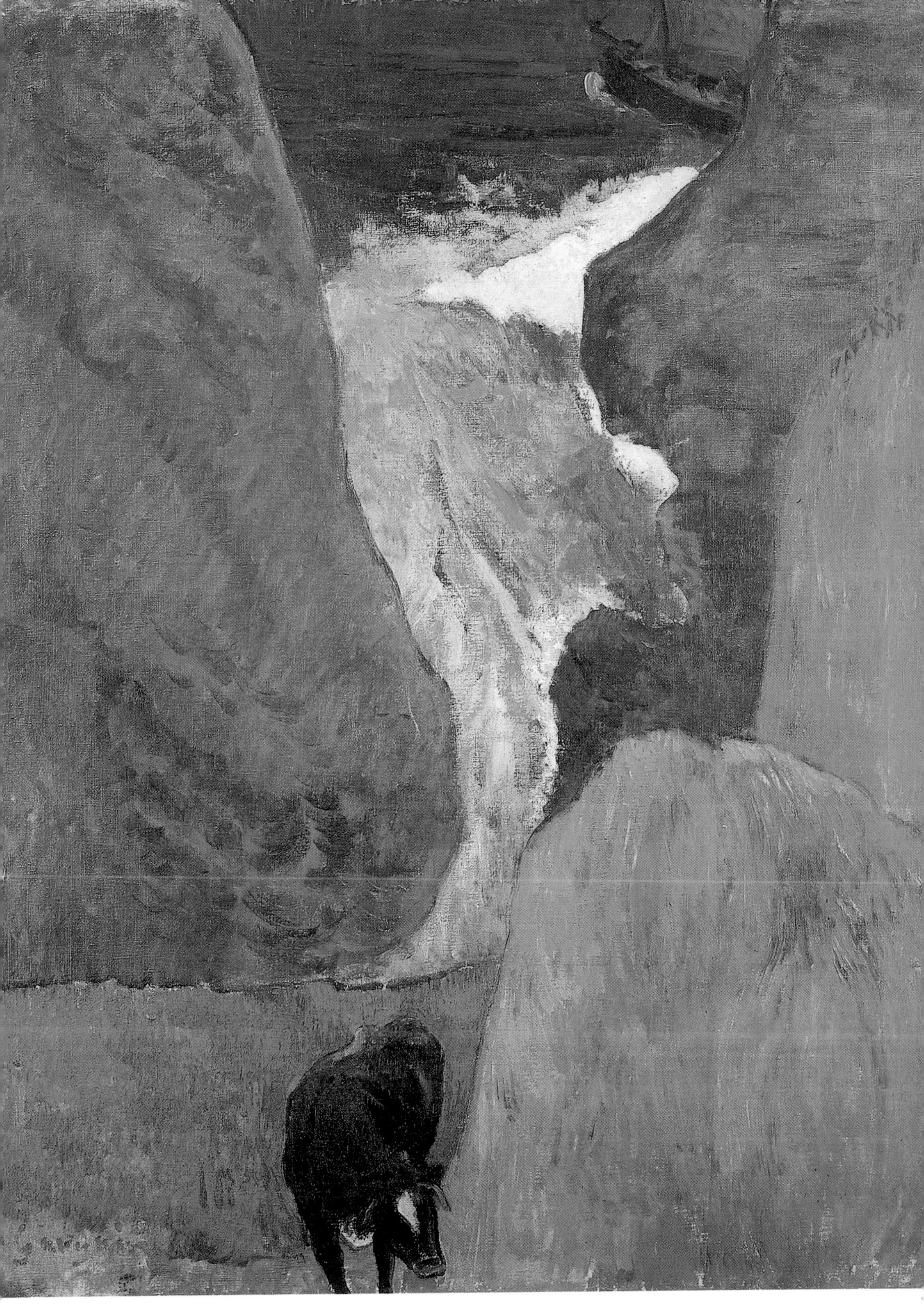

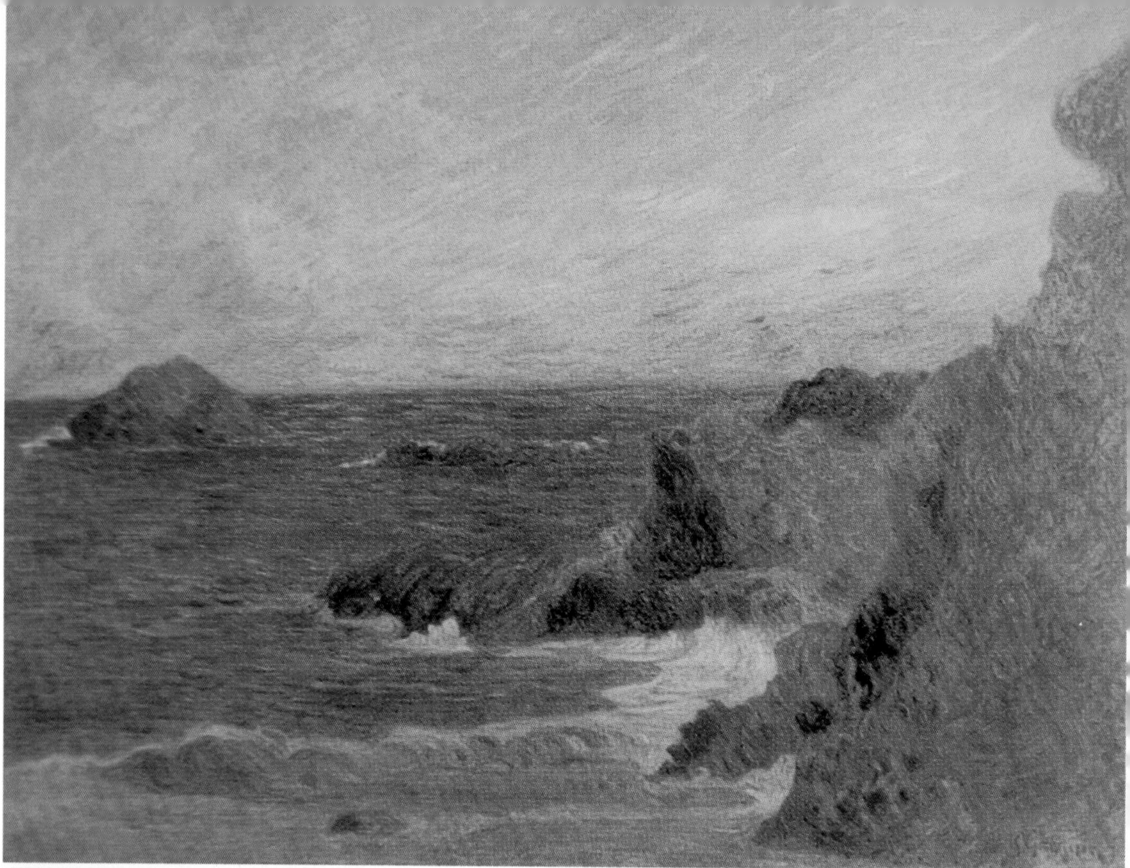

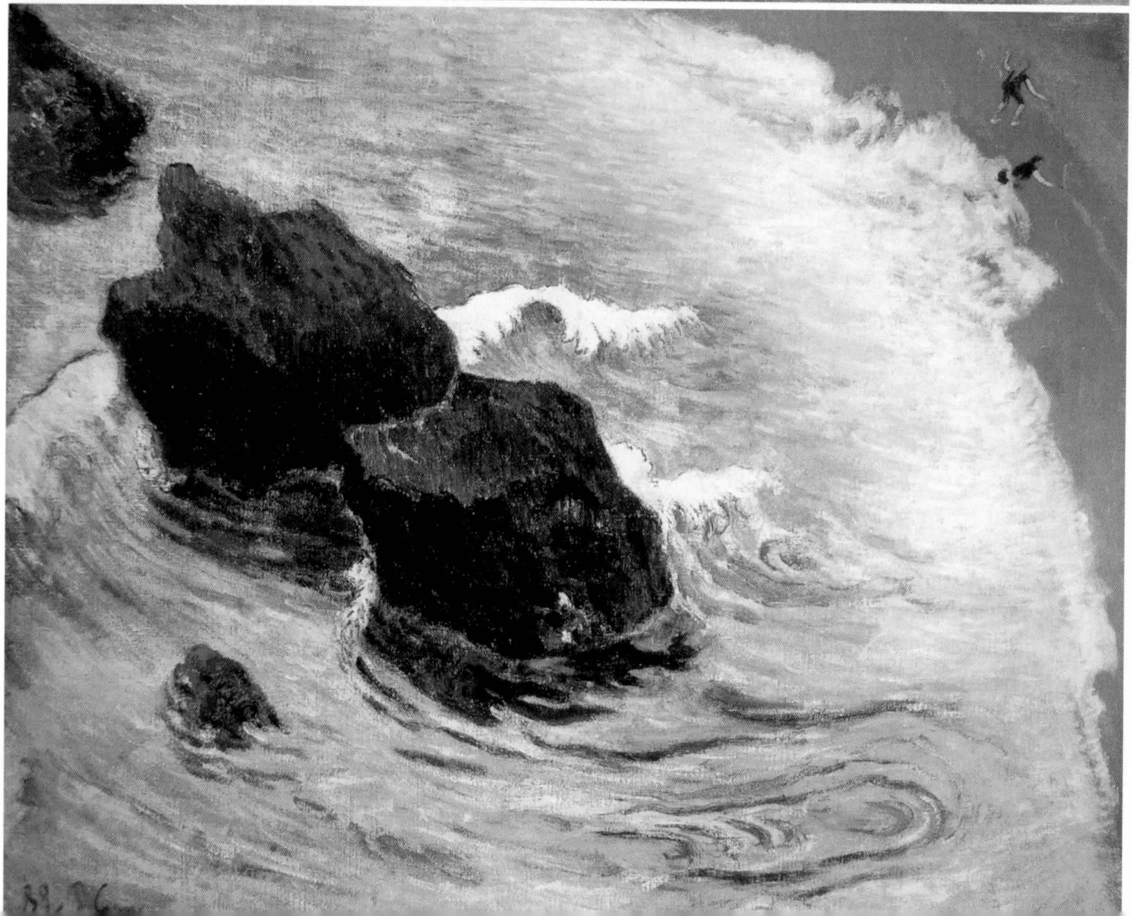

1 | 高更　布列塔尼沿海　1886　油彩畫布　71×92cm　瑞典，哥特柏格美術館
2 | 高更　海浪　1888　油彩畫布　私人收藏
3 | 馬奈　陽台　1868　油彩畫布　169×25cm　巴黎，奧塞美術館
4 | 歐羅沙與一家人
5 | 竇加　舞蹈課　1873-5　油彩畫布　85×75cm　巴黎，奧塞美術館
6 | 希斯里　聖馬梅斯堤坊　1885　油彩畫布　38.7×56.5cm　中環美術館
7 | 馬奈　蓋爾波瓦酒館的內部　1869　鉛筆、黑墨、紙　29.5×39.5cm　哈佛大學，福格美術館
8 | 梅特與五個小孩

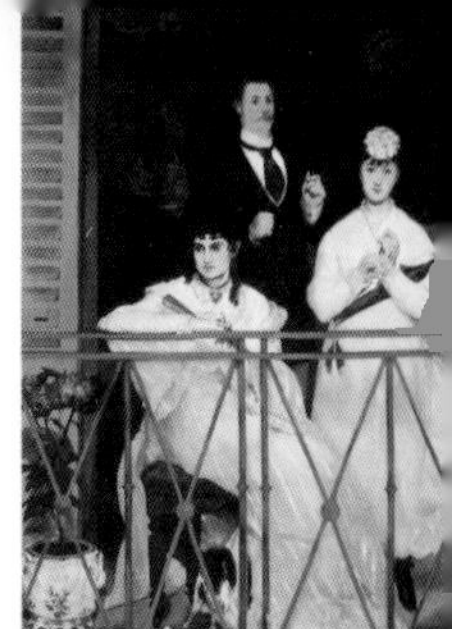

自由的天堂中任意翱翔。

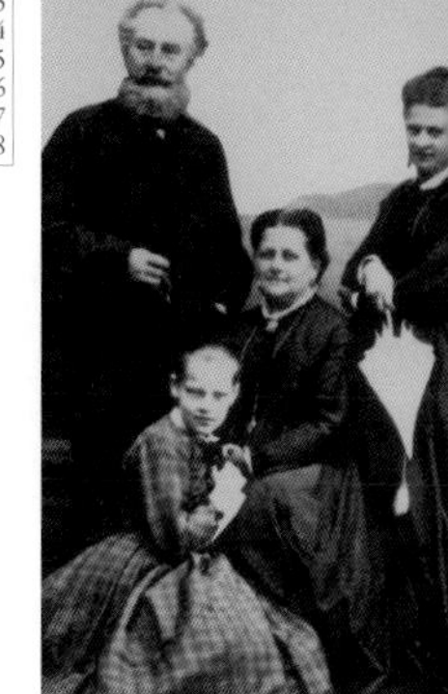

解讀4 監護人的細心安排

亞蘭去世前，指定歐羅沙擔任她小孩的法定監護人，並交待他好好的照顧孩子，而他遵照了遺囑，非常愛護高更，也細心安排他的未來。

工作、興趣與婚姻

首先，歐羅沙幫他在一家首屈一指的證券公司找到工作，高更不但有固定薪水，也有紅利可拿，生活過得十分優渥，前景也被看好。

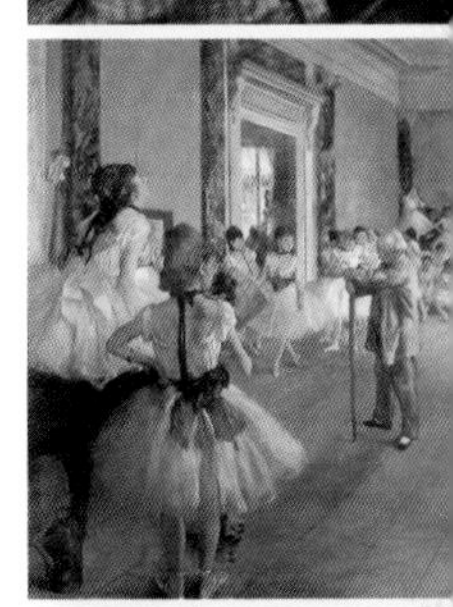

二來，歐羅沙是一位頂尖的藝術收藏家，基本上，他對巴地那約團體（Batignolles Group）的作品興趣比較濃厚，藝術家包括馬奈、畢沙羅、竇加、方丹．拉圖爾（Henri Fantin-Latour）、希斯里（Alfred Sisley）等等，之後也多多少少跟印象派扯上關係，自1867年開始，傍晚時分他們都聚在蓋爾波瓦酒館（Café Guerbois）切磋美學與技藝。

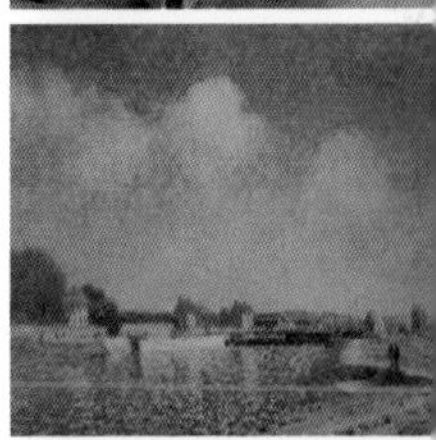

歐羅沙不但請自己的女兒教高更畫畫，還將這群人介紹給高更認識，有了藝術根基之後，高更也積極地收藏他們的作品。

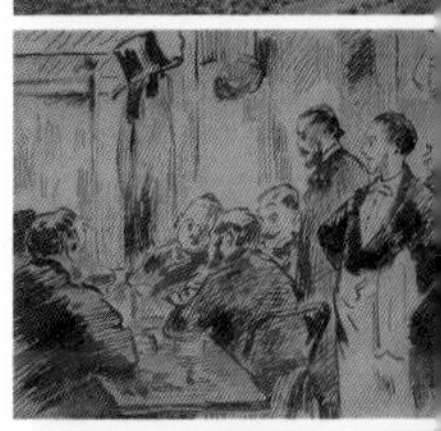

三來，高更已到適婚年齡，1872年，歐羅沙為他與一名丹麥女子梅特牽紅線，當時高更有穩定的工作，又培養了繪畫與收藏的樂趣，只缺一個老婆，而女方呢？父親才剛過世，急需一個男人的呵護，就這樣他們看起來很相配，隔年就結了婚，婚後十年共生下五個孩子，四男一女，家庭氣氛也十分和諧。

盡責的監護人

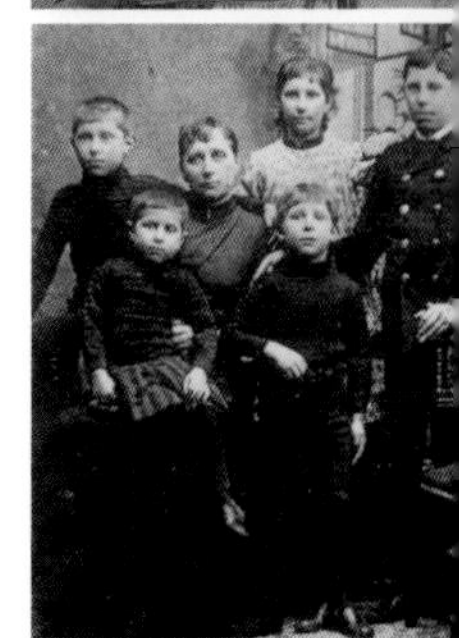

歐羅沙將高更的未來安排妥當，看來一切似無後顧之憂，算來他也盡了責任。

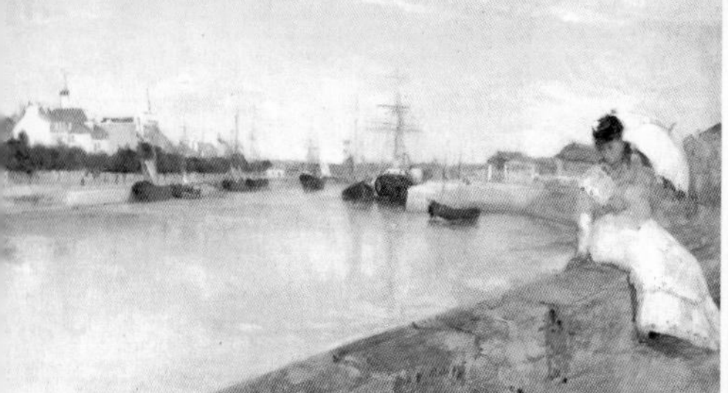
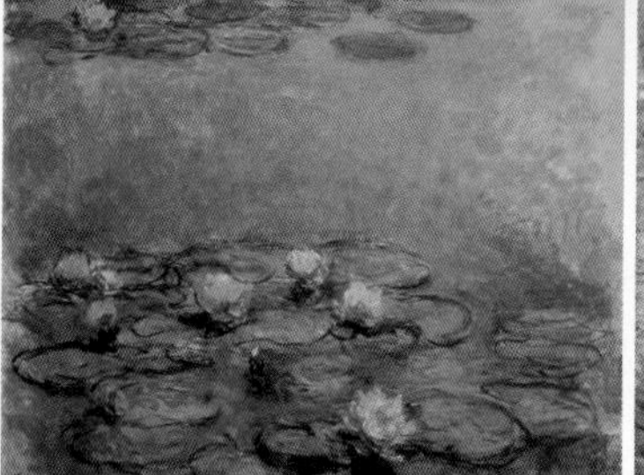
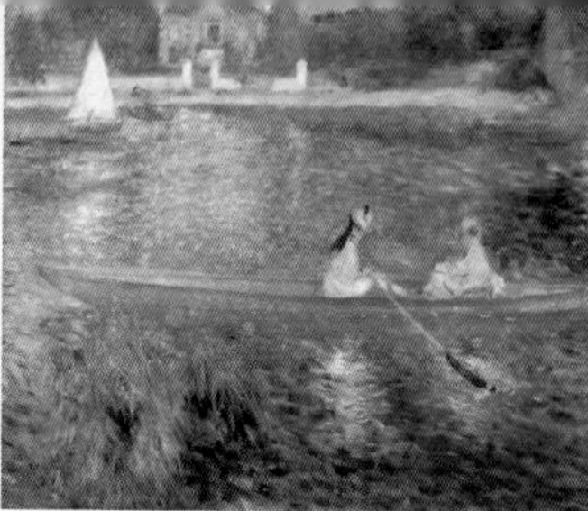
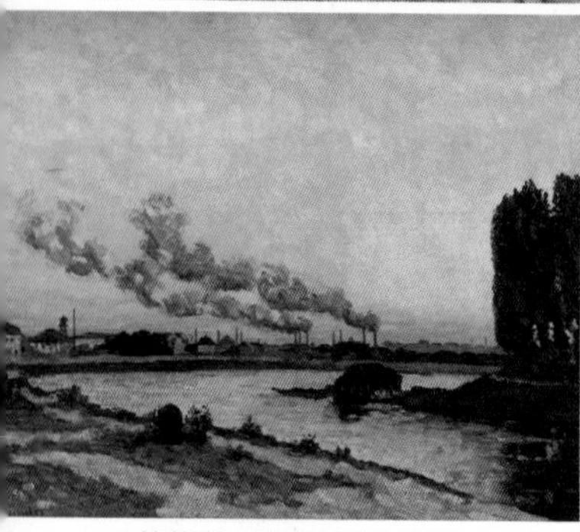
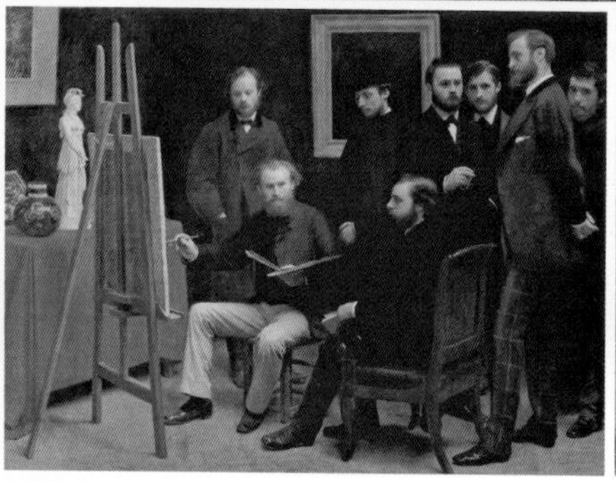
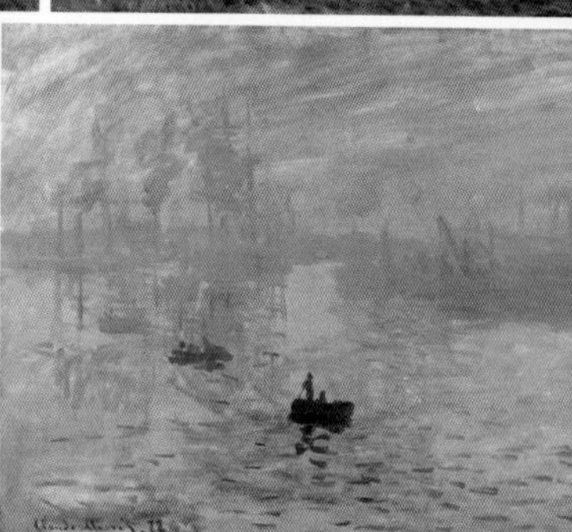

1 | 莫莉索　羅連安特的港口　1869　油彩畫布　43.5×73cm　華盛頓國立美術館
2 | 莫內　睡蓮　約1914-7　油彩畫布　130.5×149.8cm
3 | 雷諾瓦　阿斯涅赫的塞納河　約1879　71×92cm　油彩畫布　倫敦國家畫廊
4 | 基約曼　伊芙里的落日　1873　油彩畫布　65×81cm　巴黎奧塞美術館
5 | 方丹．拉圖爾　巴地那約區的工作室　1870　油彩畫布　204×273.5cm　巴黎奧塞美術館
6 | 莫內　印象：日出　1873　油彩畫布　48×63cm　巴黎馬摩坦美術館
7 | 畢沙羅　在L' Hermitage的公牛斜坡　1877　油彩畫布　116×88.5cm　倫敦國家畫廊
8 | 畢沙羅　自畫像　1873　油彩畫布　55.9×46.4cm　巴黎奧塞美術館

1 2 3 | 7 8
4 5 6

解讀5 如火如荼進行的印象派

高更在證券公司賺大錢時，巴黎的藝術界發生了什麼事呢？

新藝術的火花

當時有一群年輕的藝術家，像莫內、雷諾瓦、希斯里、巴齊耶（Jean Frédéric Bazille）等，他們正熱血沸騰，對抗傳統學院派的作風，之後，畢沙羅、塞尚、莫莉索（Berthe Morisot）、基約曼（Armond Guillaumin）、藝評家杜萊（Theodore Duret）與里維埃（Georges Rivière）也紛紛加入，在馬奈的領導之下，他們逐漸形成一股氣候。

1874年，當高更的第一個孩子出生時，這群藝術家的作品正好被沙龍拒絕，所以他們決定在攝影家納達爾（Félix Nadar）的工作室二樓展出，這是他們在體制之外舉辦的第一場展覽，《喧鬧》（*Le Charivari*）報的記者勒魯瓦（Louis Leroy）到現場觀看，寫下一篇評論，他拿莫內一張畫〈印象：日出〉做

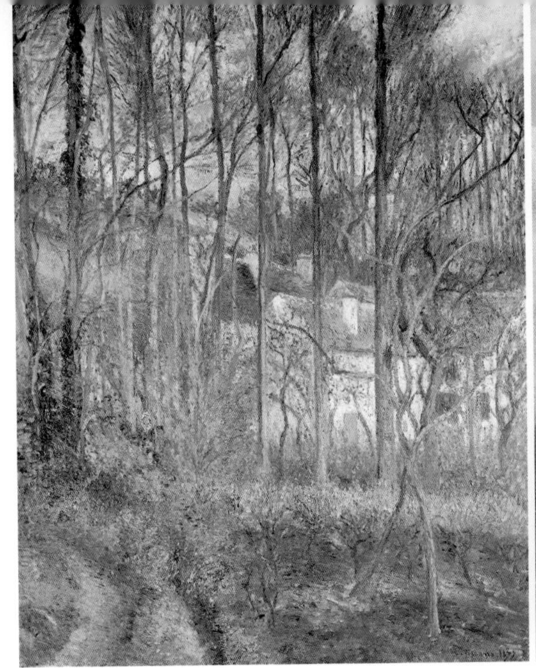

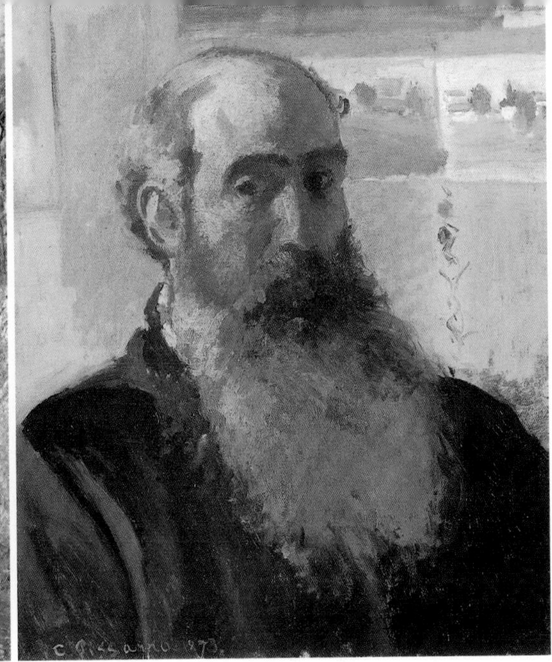

為標題，這一諷刺，卻成了「印象派」一詞的起源，也幫他們打響名聲來了。

其實，這些藝術家的風格各有各的不同，但卻有一致的訴求，他們學習庫爾貝（Gustave Courbet）、柯洛（Corot）與德拉克洛瓦（Eugène Delacroix）的精神，拋棄傳統作法，走出工作室，將焦點投注在室外的風景上，捕捉立即的經驗與視覺印象，並降低黑線與黑影的使用。

蓄勢待發

當印象派初期如火如荼進行時，高更還處於一個業餘畫家的階段，不過他絕沒有停滯在那兒不動，他大量收藏這群藝術家的作品，同時，也蓄勢待發。

解讀6 亦師亦友的畢沙羅

高更與畢沙羅在1874年相遇，當時友誼還沒有發展開來，直到1878年兩人成為好友，持續到1882年，每年夏天，高更都會到蓬圖瓦斯跟畢沙羅相聚，向他學習。

體驗山水

這位大高更十八歲的長者，教高更怎麼畫畫，不過大都專注在技巧與主

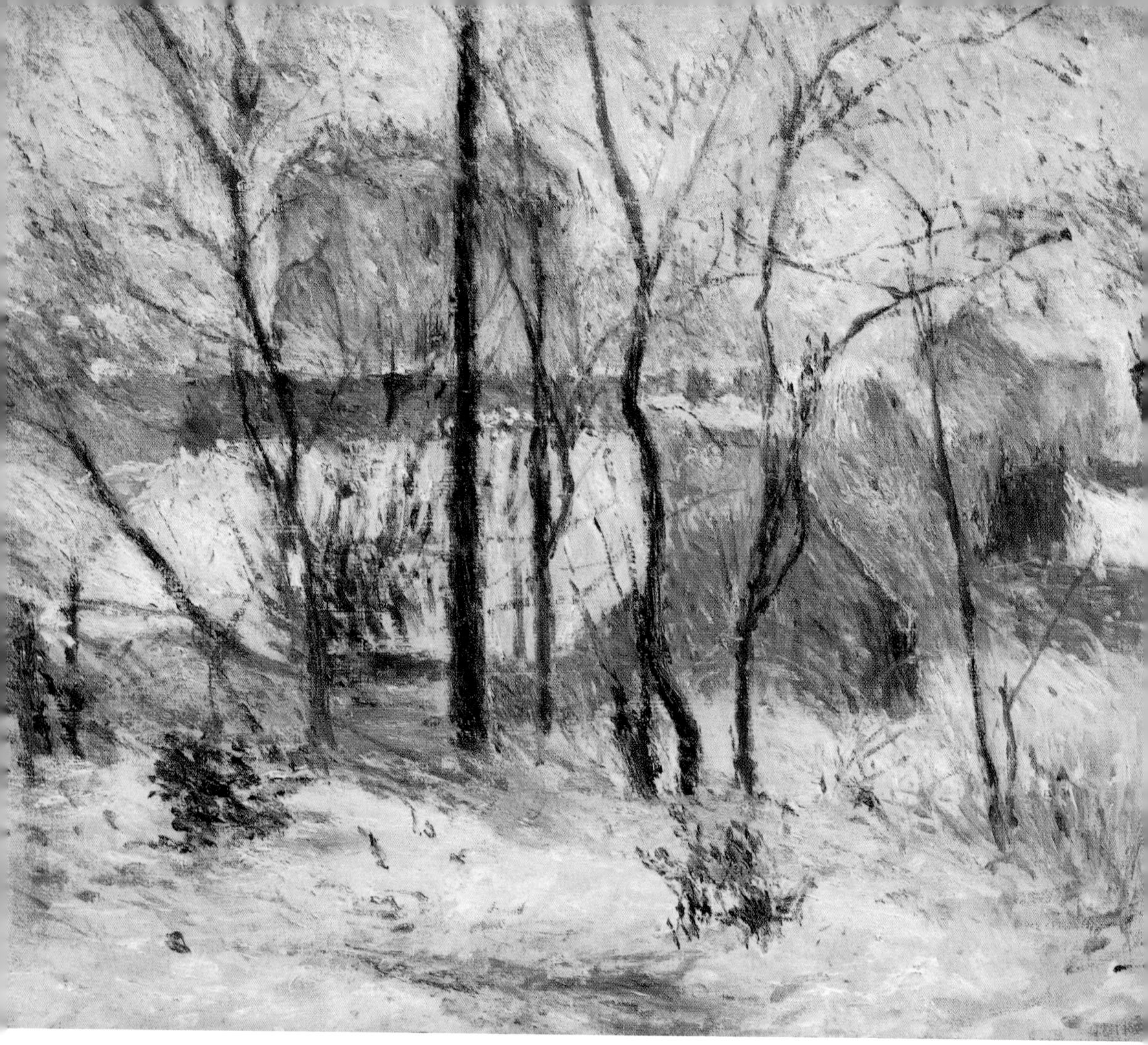

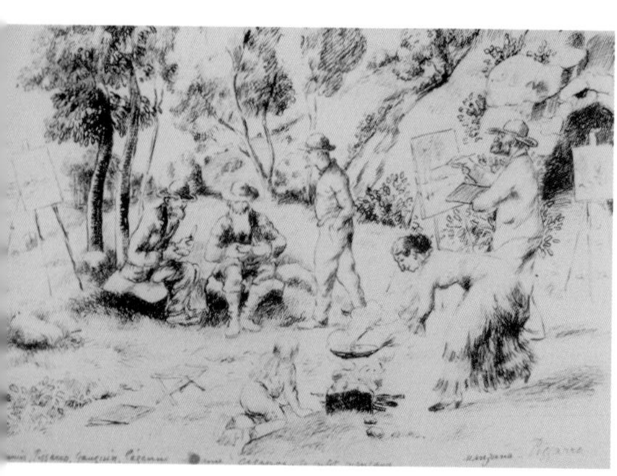

題上，並且教高更如何愛大自然，並好好體驗山水。

高更與畢沙羅一家人一同遠足，一起寫生，一起野餐，那時畢沙羅最小的兒子曼札納（Manzana）目睹這珍貴的畫面，拿起鉛筆將此景畫了下來，從這張1881年夏天畫的素描，我們可以看見他們愉快的神情，高更也藉此機會舒緩家庭的壓力。

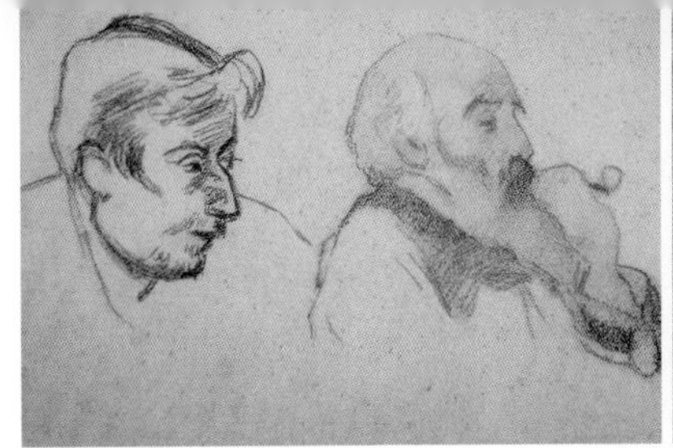
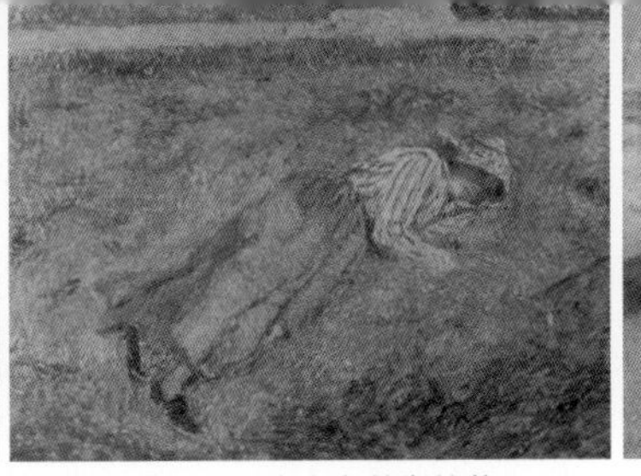
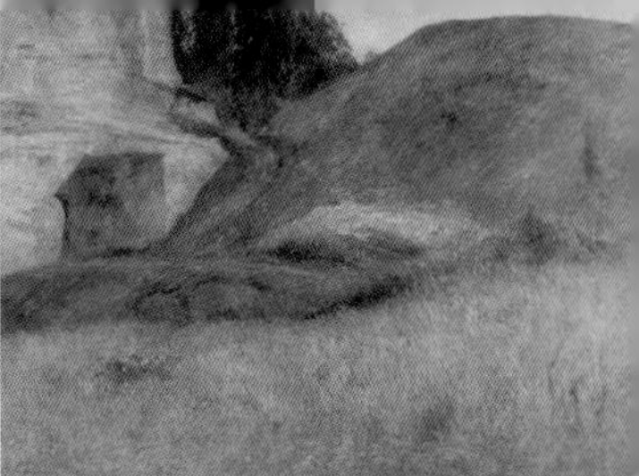

1 | 高更　被雪覆蓋的庭園　1879年　油彩畫布　41.5×49cm　丹麥皇家美術館藏
2 | 1881年，畢沙羅兒子曼札納畫下藝術家們共樂的情景
3 | 高更畫畢沙羅，畢沙羅畫高更。
4 | 畢沙羅　躺在蓬圖瓦斯草地上休息的年輕村姑　1882　油彩畫布　不萊梅藝術館
5 | 高更　蓬圖瓦斯郊區的露天礦場　1882　油彩畫布　蘇黎世市立美術館

1 2 3 4 5

深厚友誼

一開始，他們兩人的風格類似，以實景來畫畫，高更初期的作品保留一些畢沙羅的影子。

有一次他們在同一張紙上互畫對方，畢沙羅拿起黑色粉筆畫高更，高更則用粉臘筆描繪畢沙羅，兩人呈現側面的模樣，畢沙羅像在閉目養神，猶如一位入定的僧人，而高更眼睛睜得大大地，有幾許焦慮不安，顯示他還在藝術的領域裡尋找自己的定位。當然，這一老一中，這兩個頭像說明他們之間的教學相長，更表現出深厚的友誼。

美學的分歧

從畢沙羅那兒，高更學到畫眼前的實物，持守自然主義的原則，然而在1880年代後期，高更開始轉變，變的傾向象徵與抽象主義，他們之間有了分岐之後，私底下偶爾也彼此批評對方，不過只針對藝術風格，而非人身攻擊。

解讀7 婚姻觸礁了

1873年梅特成了高更的妻子，她之前看到高更有一份穩定的工作，心想將一生託付給他準沒錯，婚後的十年，她與藝術家的感情還算不錯，但之後怎麼出了問題呢？什麼原因使高更離家出走呢？

美德的良家婦女

梅特並不介意丈夫畫畫，只要經濟來源穩定，高更盡到做丈夫與父親的責任，他要怎麼畫是他的事，在這段期間，高更為她創作了一些肖像，其中

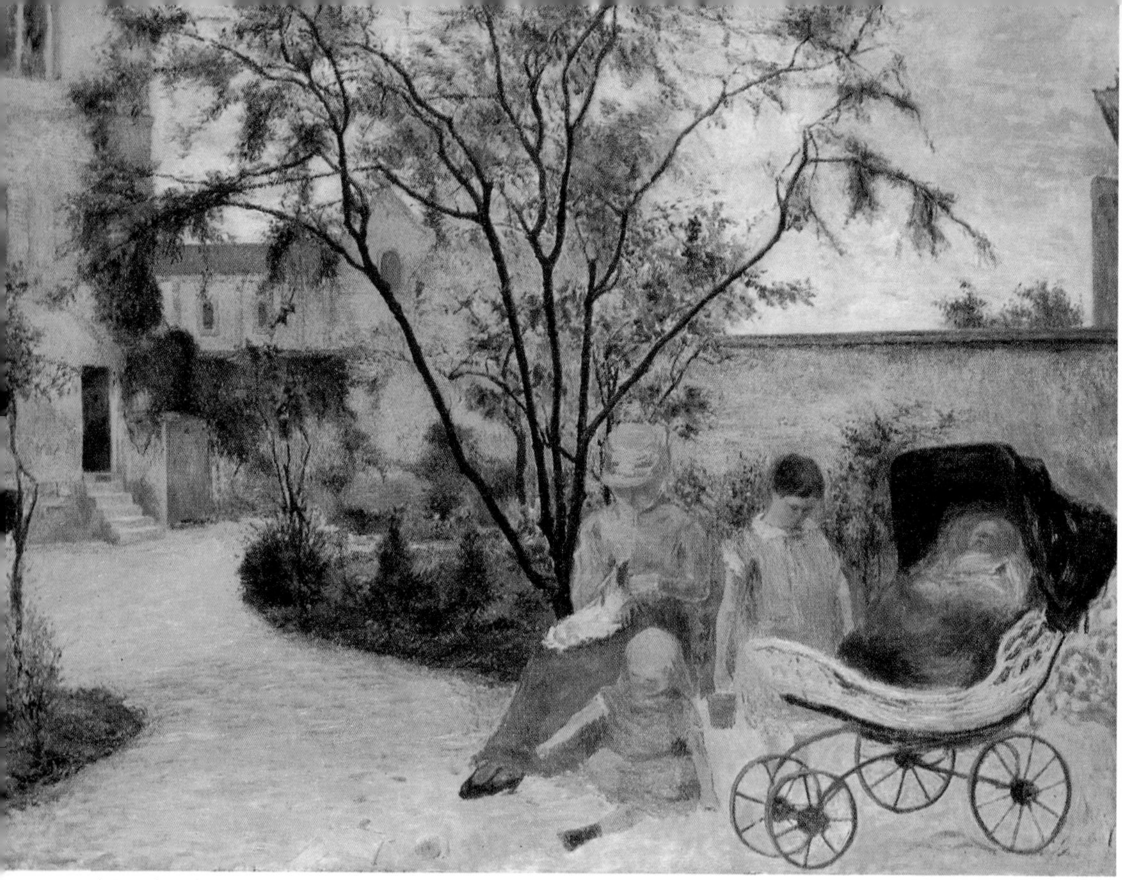

1｜高更　在沃吉哈赫的花園　1881　油彩畫布　87×114cm　丹麥皇家美術館藏
2｜梅特的身影
3｜維梅爾　織花邊的人　1669-70　油彩畫布，畫板　23.9×20.5cm　巴黎羅浮宮

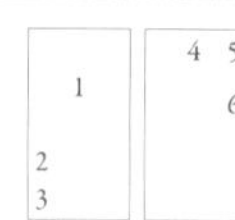

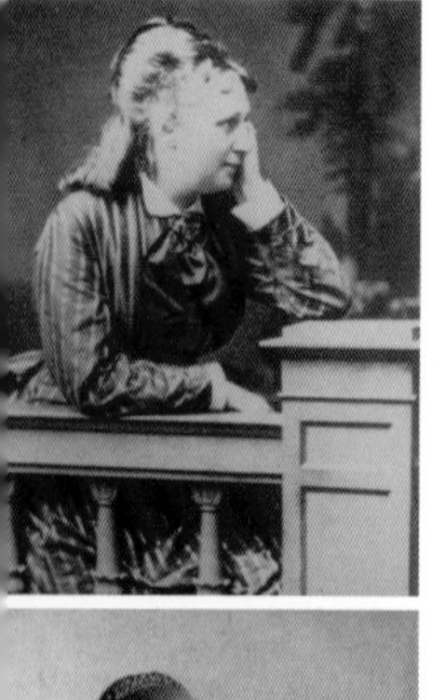

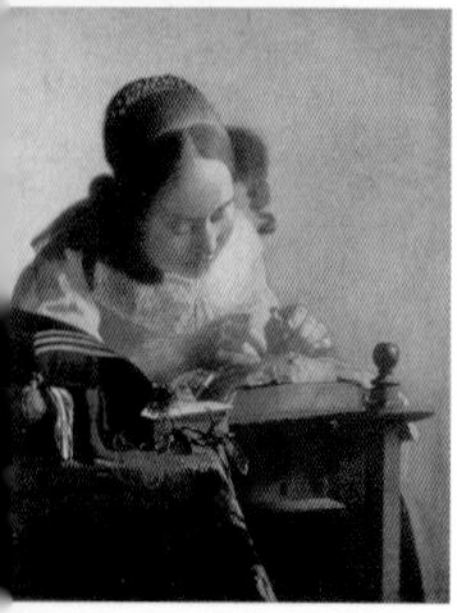

值得討論的兩幅是1878年的〈做針線活的梅特〉與1881年的〈在沃吉哈赫的花園〉。

從這兩幅畫，我們看到女主角細心縫紉的樣子，這樣的畫面讓人聯想到17世紀畫家維梅爾的〈織花邊的人〉。

梅特認真的做針線活，從好的方面來說，她靜靜地、安份地為孩子們奉獻，儼然是一位具有美德的良家婦女；但從另一方面來觀察，高更在她心目中的地位呢？難道只是一個賺錢的工具嗎？

心不再有交集

1882年股票市場陷入焦灼，高更的工作不保，那時他將野心轉向繪畫，梅特看在眼裡，心裡卻焦慮起來，面對丈夫，她總是嘮叨，抱怨高更不該把

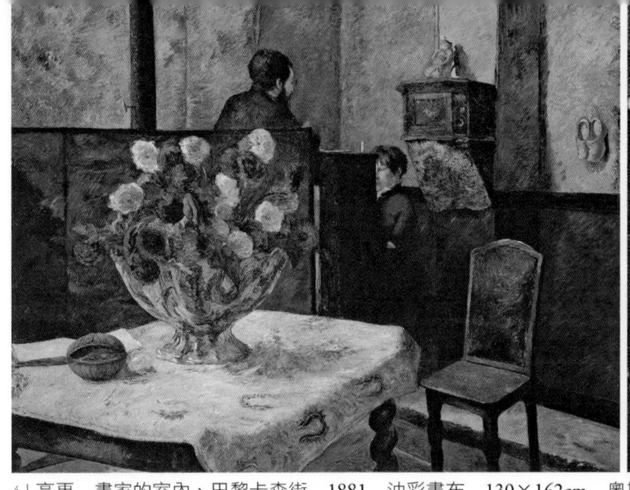
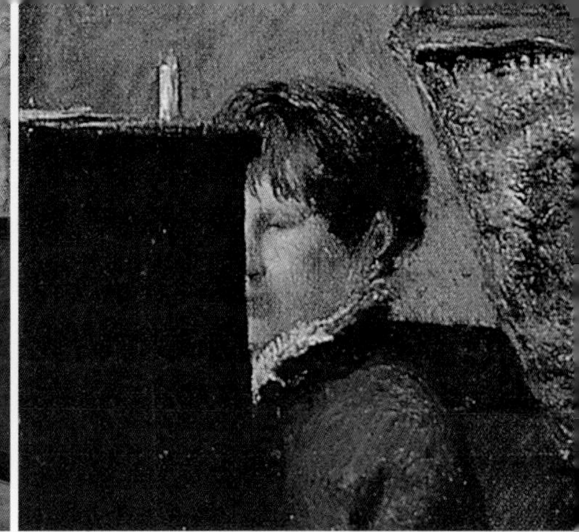

4 | 高更　畫家的室內、巴黎卡森街　1881　油彩畫布　130×162cm　奧斯陸國立美術館
5 | 冷酷的臉（圖4的局部）
6 | 高更　做針線活的梅特　約1878　油彩畫布　115×80.5cm　蘇黎世比爾勒收藏館

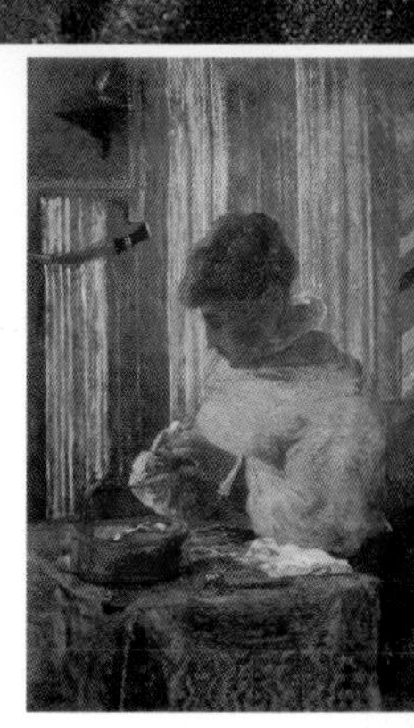

心思放在繪畫上，她越囉唆、越不支持他的理想，處處想擺佈他，但有自由靈魂的高更一開始僅止於厭煩，時間一久就越來越無法忍受。

那時，高更畫下一張〈畫家的室內〉，將家裡的樣子描繪出來，前景是一大束的花朵，看起來像一張靜物畫，不過再仔細瞧，後景卻有一男一女，這樣的構圖在當時來説相當不尋常，當然這是高更特意的設計，但目地為何呢？

這名坐在鋼琴後面的女子，其實是梅特，她正在彈琴，照理說音樂象徵和諧的氣氛，然而在這裡呢？

前景的大桌、布巾與大花束想必是梅特精心的安排，但這張畫的焦點並不在此，真正的焦點是在女子的臉上。她的臉只露出一半，另一半被鋼琴擋住，我們若仔細觀察那半邊臉，會發現十分的冷酷，這幅畫表現的並非琴瑟和鳴，而是夫妻倆的分岐，兩人的心似乎不再有交集，對高更而言，她已是個陌生人了。

沒有藝術素養

高更無法在證券公司上班後，必須得省吃儉用，於是仿照畢沙羅的做法，1883年高更全家搬到生活費較便宜的魯昂住下來，但在新的環境裡，毫無知性的刺激，高更一點靈感也沒有，無法動筆，畫也賣不出去，梅特漸漸失去耐心。這時候高更畫了一張〈穿晚禮服的梅特〉，畫裡妻子一身美麗的

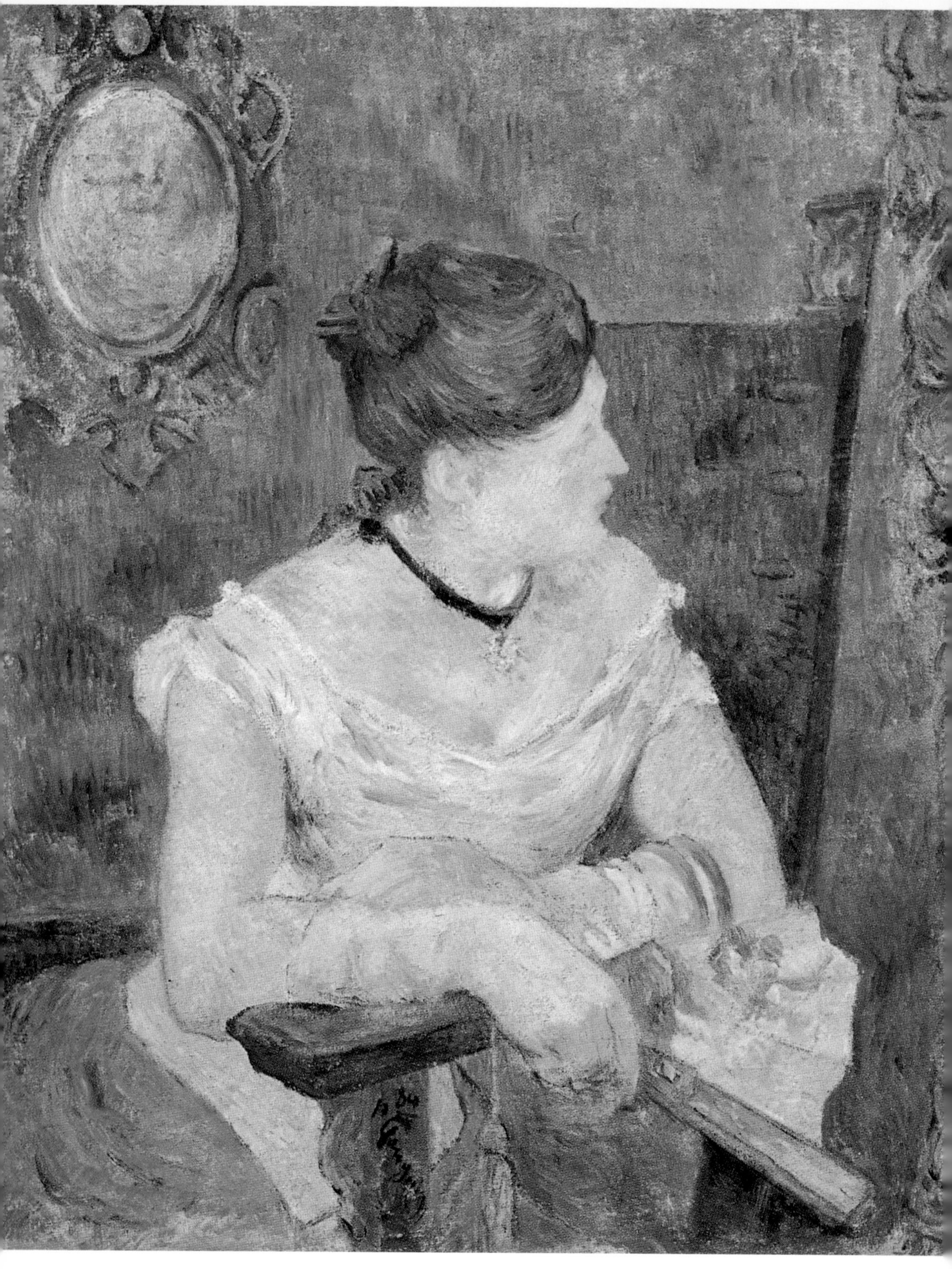

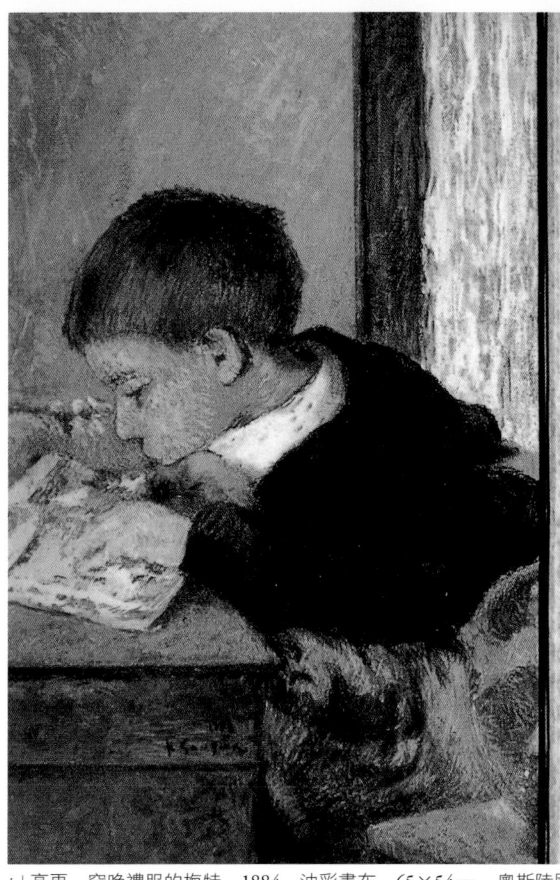

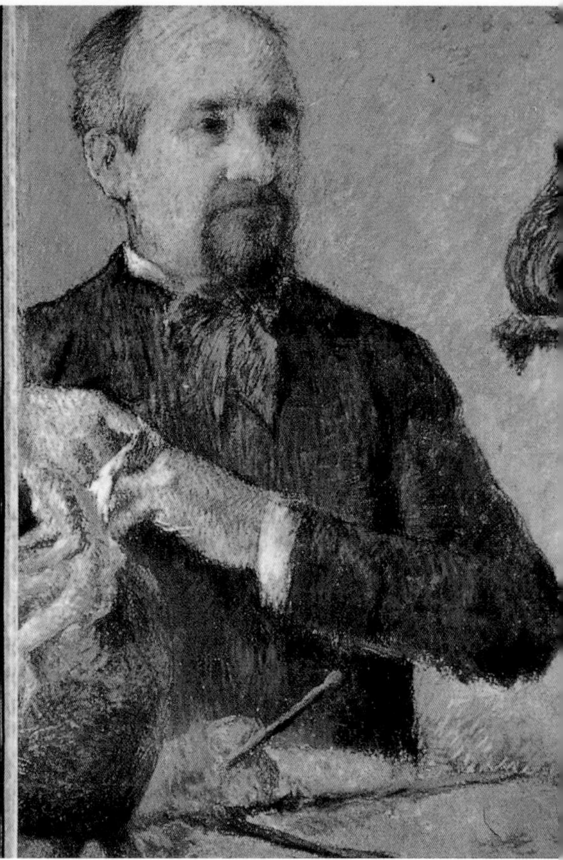

1 | 高更　穿晚禮服的梅特　1884　油彩畫布　65×54cm　奧斯陸國立美術館
2 | 高更　雕塑家奧布與他的小孩　1882　53×72cm　粉蠟筆畫　巴黎小皇宮博物館
3 | 高更及其妻子梅特，1885年。

服飾、手套、項鍊與彩扇，但是她的臉完全轉向另一邊，似乎暗示她已不願意正眼看她的丈夫了，當然，這感覺是相互的，高更也開始抱怨她的缺點，說她一心只「想到錢，買漂亮的衣服，講鄰居的八卦」，一點藝術涵養也沒有。

高更最需要人鼓勵的時刻，梅特卻決定帶著孩子回丹麥投靠娘家。不論高更多麼不願，最後還是做了妥協，將畫作整理一番，到哥本哈根與家人相聚，在語言不通與梅特娘家人總愛冷嘲熱諷之下，面對此景，梅特並未站在丈夫這邊幫他說話。

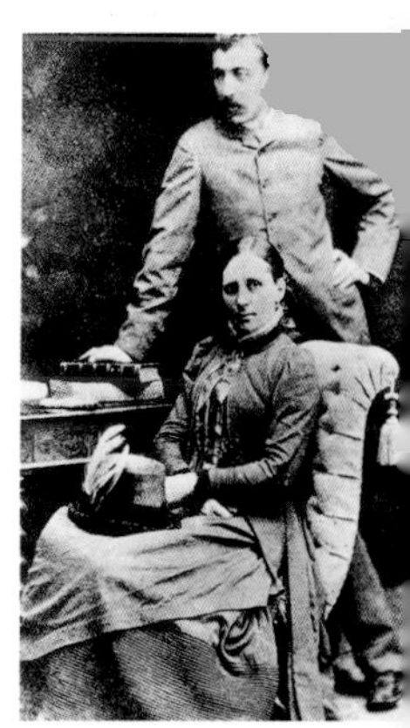

前因後果

在寂寞難言之下，高更決定離開家人，雖然心頭掛念的仍是小孩。

當我們責怪高更拋棄妻小的同時，是否也該了解前因後果呢？筆者認為在感情的世界裡不能只責怪一方，冰山絕不可能是一日造成的，高更真的不負責任嗎？愛藝術真的讓他離家出走嗎？這倒未必，梅特的性格與態度也是婚姻破裂的因素之一吧！

解讀8 刻畫當今的女人

1880年，高更創作了裸女畫〈做針線活的蘇珊〉，也在1881年印象派第六次的展覽會場展出，當時吸引了大批觀眾的關注，也一致受到好評。

專家的贊美

其中知名的小說家于斯曼稱讚：

我毫不猶豫的宣稱：當代畫裸女的藝術家中，沒有一個人能像高更一樣做到如此清晰，如此寫實主義，這麼多年來，他是第一個用大膽與真正繪畫方式來表現當今女人的藝術家。

高更畫的裸女未經美化，也未經理想化，若跟19世紀的裸女畫相比，看起來自然多了，「第一位真正表現當今女人的藝術家」這般的讚嘆，高更實至名歸！

這個裸女據說是小孩的奶媽，梅特看到此畫時氣沖沖的，下令不准將它掛在家裡。

原始的徵兆

在此，高更將女子的裸身畫得十分自然，他最小的兒子波拉認為這是一幅很關鍵的畫作，表示父親不可能在1890年代才對裸女感興趣，他描述〈做針線活的蘇珊〉就是：回歸原始主義的第一個徵兆。

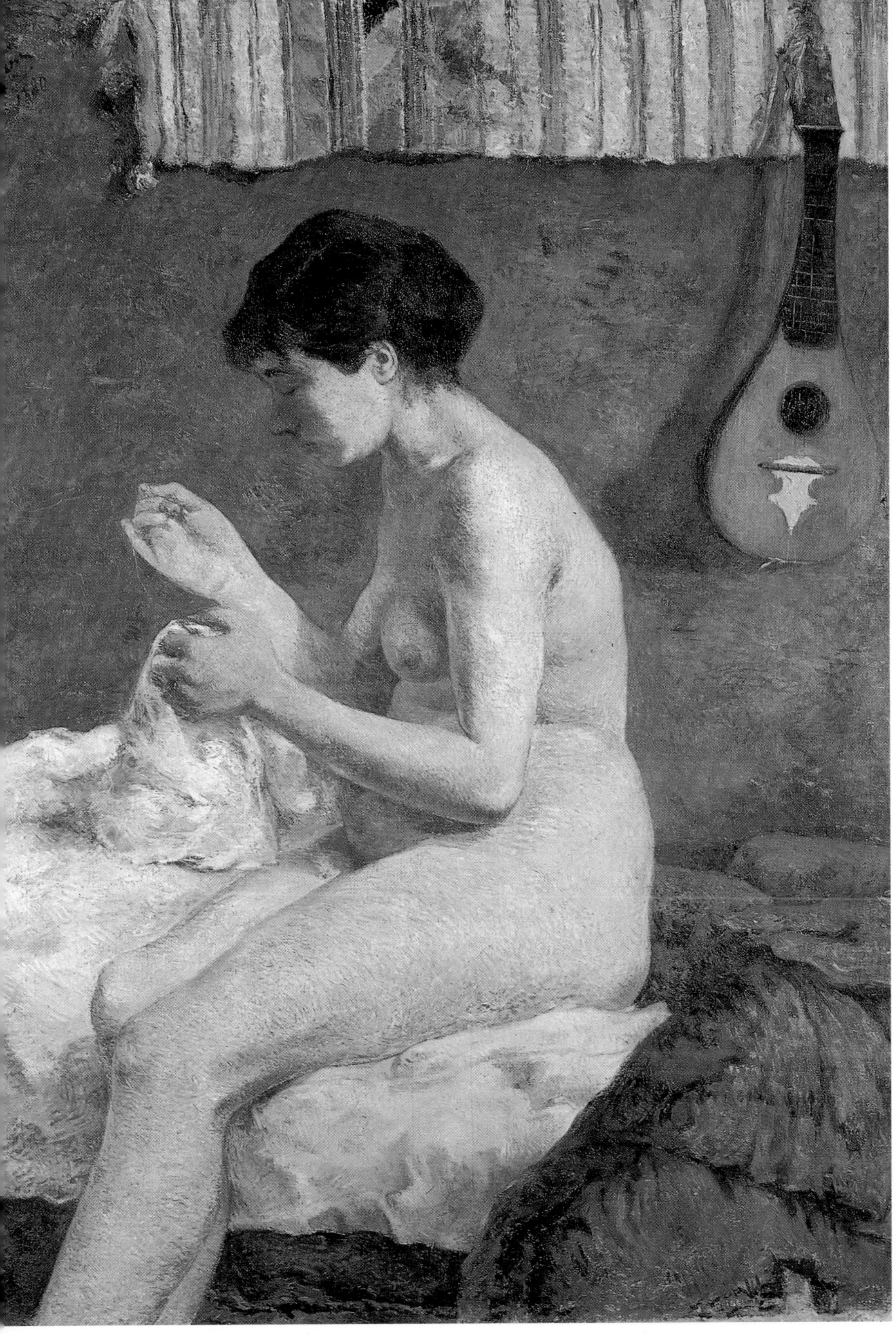

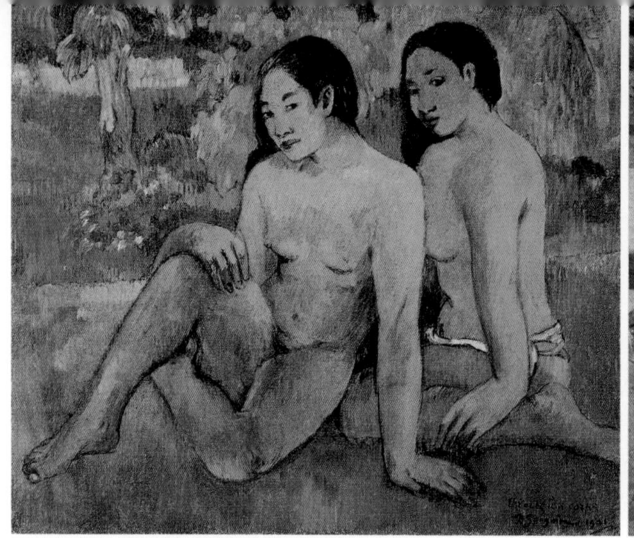

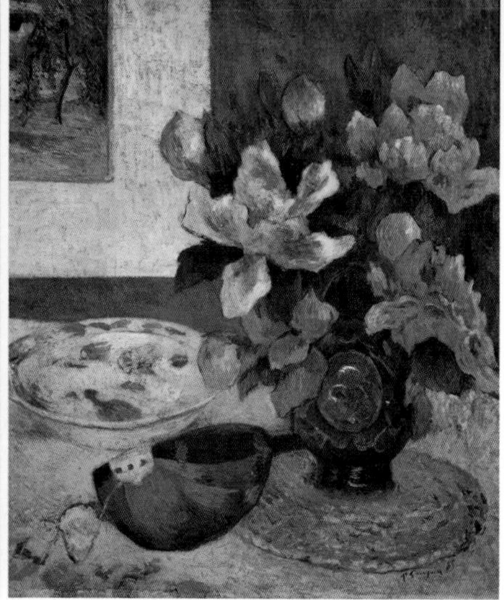

1 | 高更　她們金色的身體　1901　油彩畫布　67×76cm　巴黎奧塞美術館
2 | 高更　有牡丹花瓶和曼陀林的靜物　1885　油彩畫布　64×53cm　巴黎奧塞美術館
3 | 高更　卡森街雪景　1883　油彩畫布　117×90cm　私人收藏

波拉指的「原始主義」的作品，應該就是高更在太平洋島嶼畫的少女，這位蘇珊的確有大溪地女子的姿態、美感與活力。

異國情調

此外，〈做針線活的蘇珊〉畫中右方牆上高掛的一把曼陀林與一條橫擺的毯飾，都屬於異國的物件，倒有一些東方的情調。值得一提，曼陀林是高更最愛彈的一種樂器，跟這位裸女放在一塊，有琴瑟和鳴的隱喻。

解讀9 落在肩上的使命

1884至1885年，高更搬到哥本哈根跟妻小同住，他努力妥協，嘗試在那裡過生活，但日子實在難熬。

情緒跌到谷底

參加藝術之友社團的聯展，但為期五天，根本沒有引起注意就畢幕了，落得高更失望不已，他不但對當地語言感到吃力，在那兒有個名叫弗里茨·陶洛（Fritz Thaulow）的親戚，也是一名畫家，他才能平庸，不過畫銷得不錯，相對地高更的畫怎麼也賣不出去。

情緒壞到谷底，於是，他寫下一段當時的情景：「此刻我沒有勇氣，也

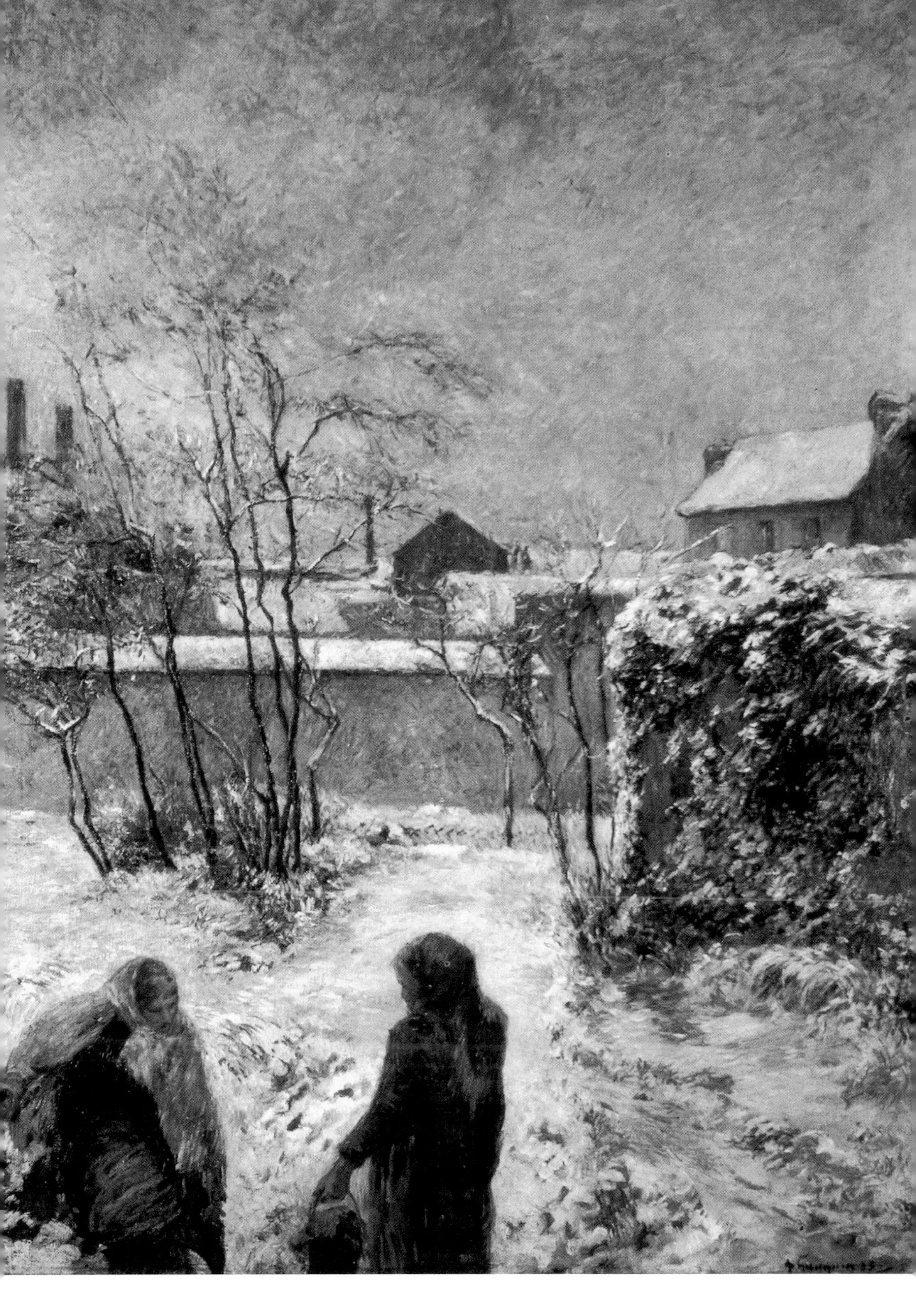

1 | 高更　腓特烈斯貝湖上的溜冰者　1884　油彩畫布　65×54cm　丹麥新卡斯堡美術館
2 | 高更　畫架前的自畫像　1885　油彩畫布　65×54.3cm　德州華茲堡金柏莉美術館

毫無希望……每天我都在想乾脆走到穀倉裡，用一條繩子纏在脖子上自殺算了，此時，繪畫成了我唯一活下去的理由。」

還好，有繪畫拯救了他。

逐漸看到曙光

有人說在潦倒時，沒錢時，藝術家就會開始作自畫像，沒錯，高更也這麼做了，當時他畫下了一張〈畫架前的自畫像〉。

我們看到他手中的畫筆正沾顏料，最左邊那條垂直的物件是一幅畫布，是的，他在作畫，但這個動作卻又被打擾，原來他在深思，他往另一方向瞧，那眼神似乎說明：失落的他已漸漸找到了方向。

承擔使命

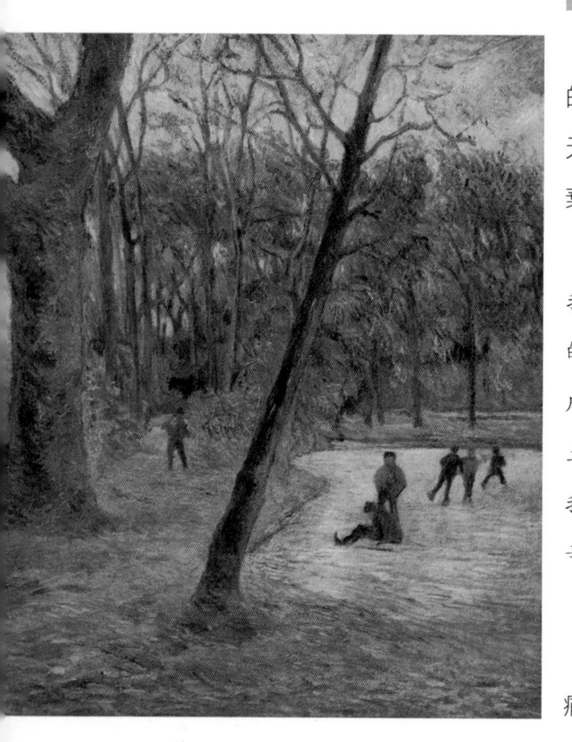

他心中有極大的慾望，想找到一個專屬於他的獨特美學，他認為這是落在他肩上的使命，是上天付予的，必須完成，即使遭人不諒解、責罵、唾棄，他都得勇敢的走下去，他向妻子表白：

我知道我是一個偉大的藝術家，必須忍受許多的苦難，假如我沒有追求自己的路，我將會變成土匪，其實對大多數人來說，我現在不就是土匪嗎！但長久來說，又有什麼關係呢？……我此刻的狀況讓人厭惡，但總要有人做這份艱辛的工作，而那就是我……。

當時冷冷清清，又得不到妻子的諒解，於是忍痛只好一走了之。

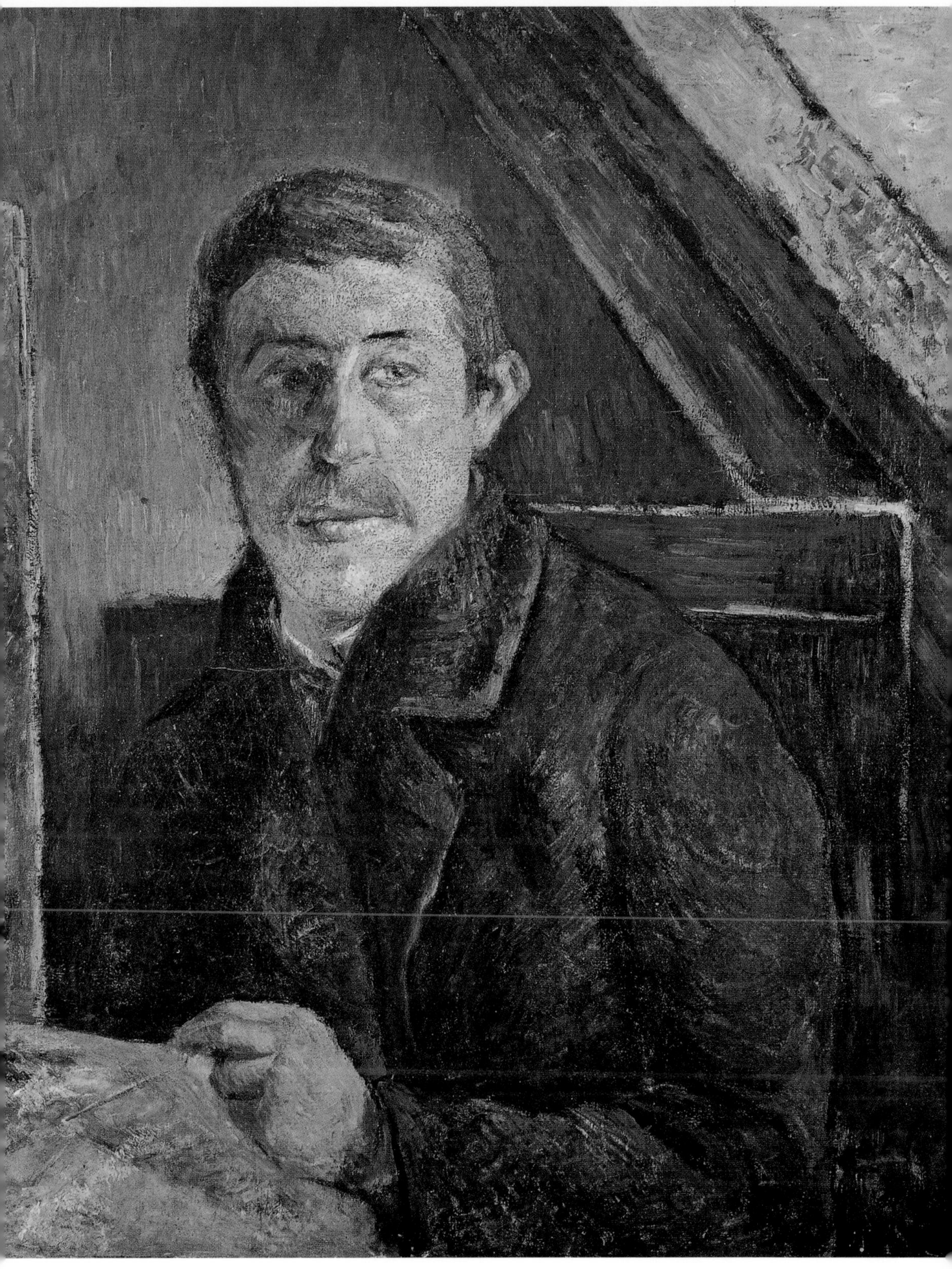

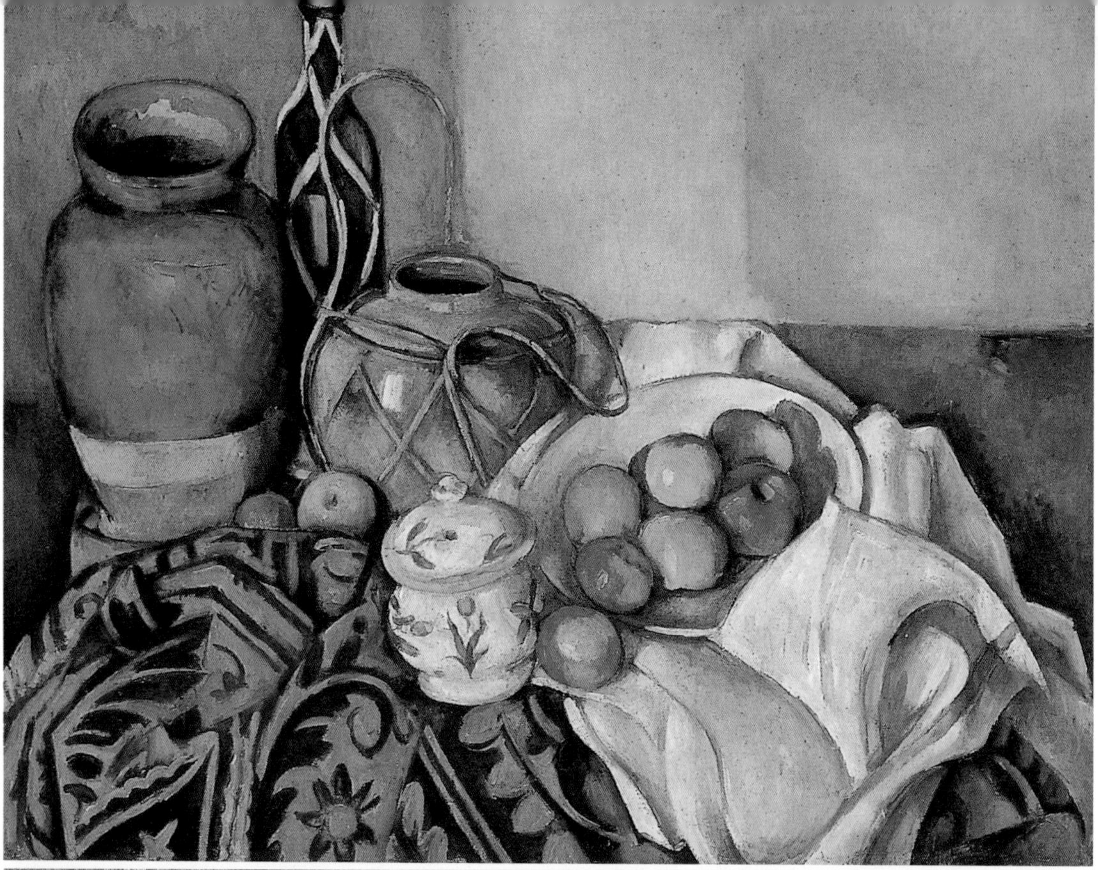

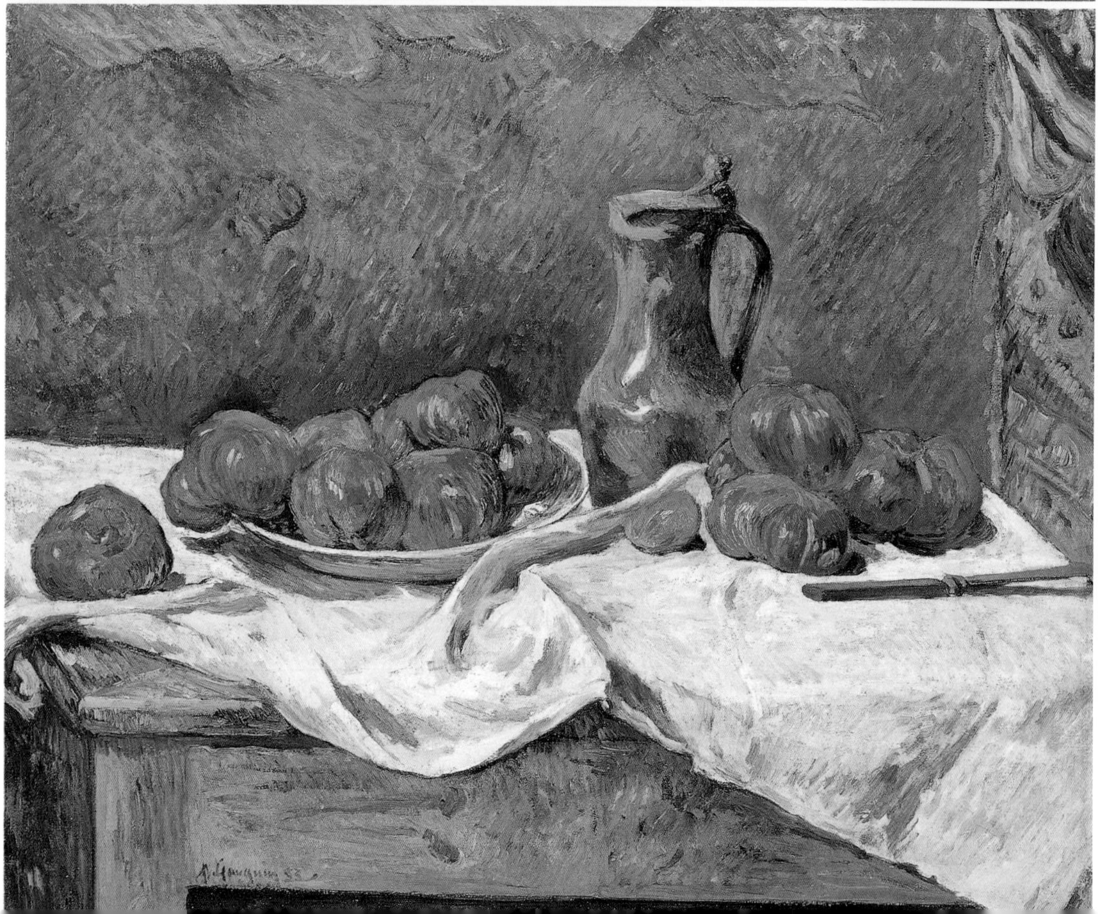

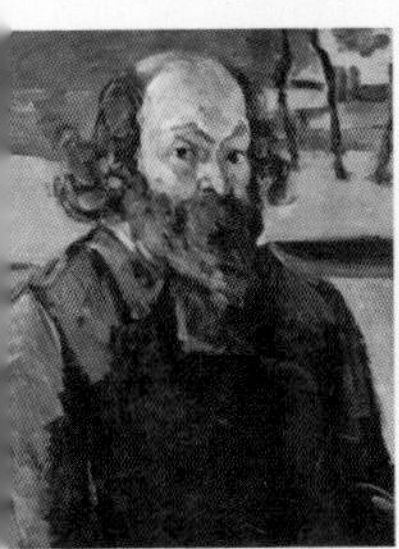
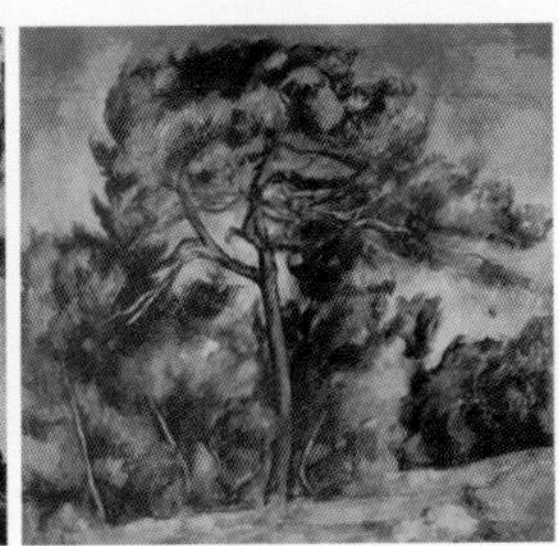
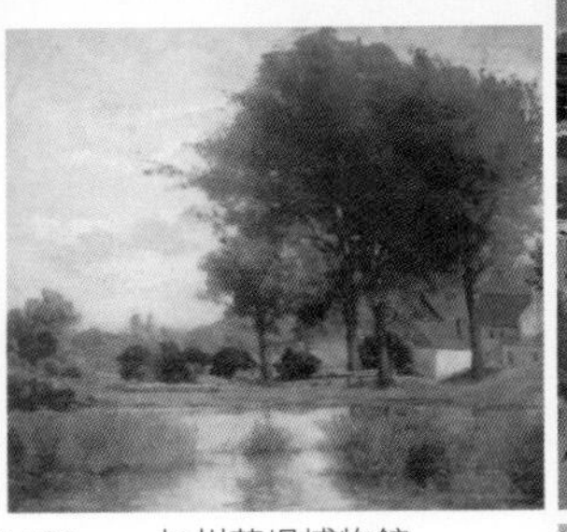
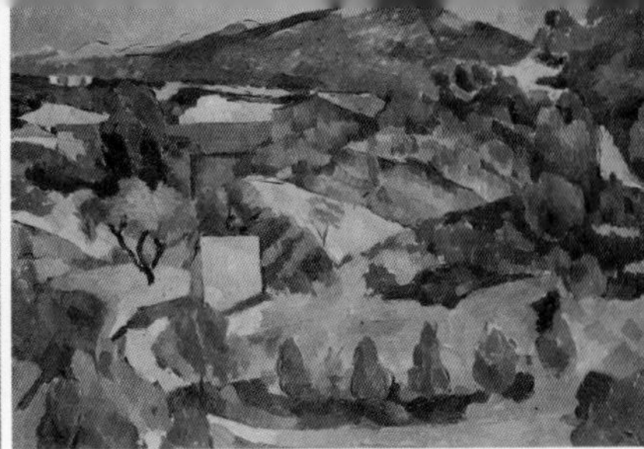
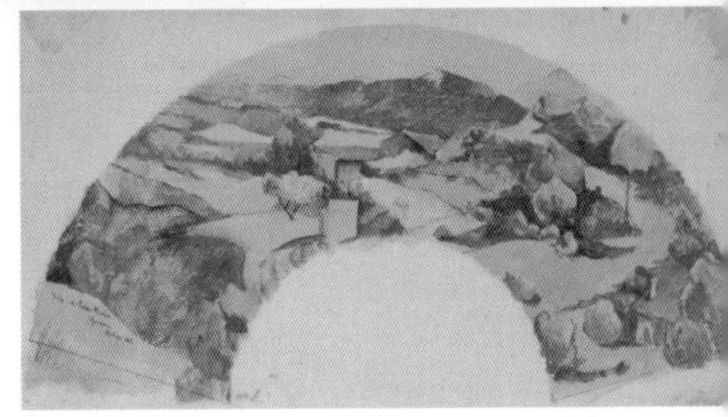

1｜塞尚　靜物與蘋果　1893-94　油彩畫布　65×82cm　加州蓋堤博物館
2｜高更　桌上的蕃茄與有手把的水罐　1883　油彩畫布　60×73cm　私人收藏
3｜塞尚　自畫像　1873-76　油彩畫布　64×53cm　巴黎奧塞美術館
4｜塞尚　大松樹　1892-6　油彩畫布　84×92cm　巴西聖保羅藝術博物館
5｜高更　秋天的風景　1877　油彩畫布　64.8×100.5cm　私人收藏
6｜塞尚　埃斯塔克山脈　1878-80　油彩畫布　53.3×72.4cm　加地夫威爾斯國立博物館
7｜高更　摹擬塞尚的普羅旺斯的風景（扇面素描）　1885年前　水粉畫　28×55cm　哥本哈根新嘉士伯藝術博物館

1 2 | 3 4 5 6 7

解讀10 藝術英雄的景仰

1883年之後，高更受到畢沙羅的風格影響越來越少，漸漸發現學院派的缺點，也開闢出一條美學的大道。

怎麼對待顏色

談到學院派的繪畫時，高更解釋他們將畫的研究過程分為兩個階段，首先學習繪圖，然後再學習作畫，意指的是在預備好的輪廓線內上色，情況就像在刻好的雕塑品上畫畫一樣，所以在他們的觀念裡，只將顏色當作裝飾而已。

然而，高更的想法剛好相反，他說：「顏色勝於線條，它們強而有力，征服人的眼睛，有時情調顯得高貴，有時普普通通，有時呈現寧靜與和諧，足以慰藉人，有時大膽刺激……。」

顏色的起起伏伏，引發的情緒，總能讓他神魂顛倒。

塞尚的偉大

高更收藏藝術品，又畫畫，又做雕塑，又參展，在看遍所有的印象派畫作之後，他下了一個結論，認為顏色上處理得最棒的莫過於塞尚。高更愛上他的作品，可以從他1883年之後的畫看出來，他受到塞尚用色的影響很深很深。

1885年，高更更抒發出他對塞尚的仰慕，也解釋其中的理由：

一來，他用的藍非常的緊湊，他用的紅也顯得很有活力。

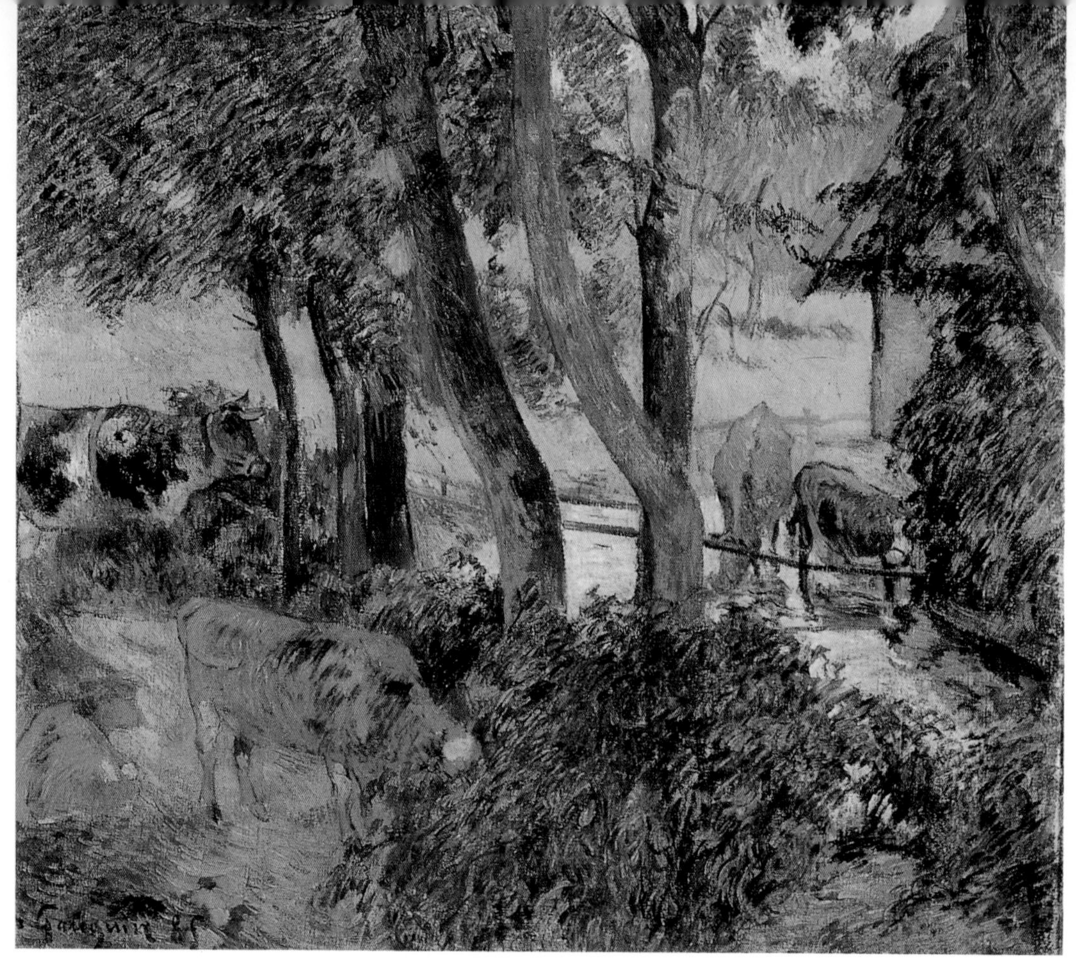

高更
飲水的牛隻（局部）
1885　油彩畫布
81×65cm
米蘭現代美術館

二來，他就像古羅馬詩人維吉爾（Virgil）一樣，總賜予人們豐富的想像，但又不失寫實。

三來，他用的陰暗色調，表達一份神祕，具有不可思議的東方特質。

其實，高更談到的這三點正也他未來追求美學的根基，他以塞尚為顏色的導師，知道顏色的力量勝於其他因素，他要繼續探索，有一天他要超過塞尚，比他畫的更好。

美學的豐收

1885年是他難堪的一年，開始過漂泊的日子，前途一片茫然，然而他在美學領域裡有新的發現，這証明了什麼呢？失去工作與家庭，的確讓人痛苦及焦慮，但其實很多令人讚嘆的藝術是在這種情況下蹦出來的，那麼對高更而言，這是在得到自由之後換來的一大獎勵啊！

第二章

初嚐的原始

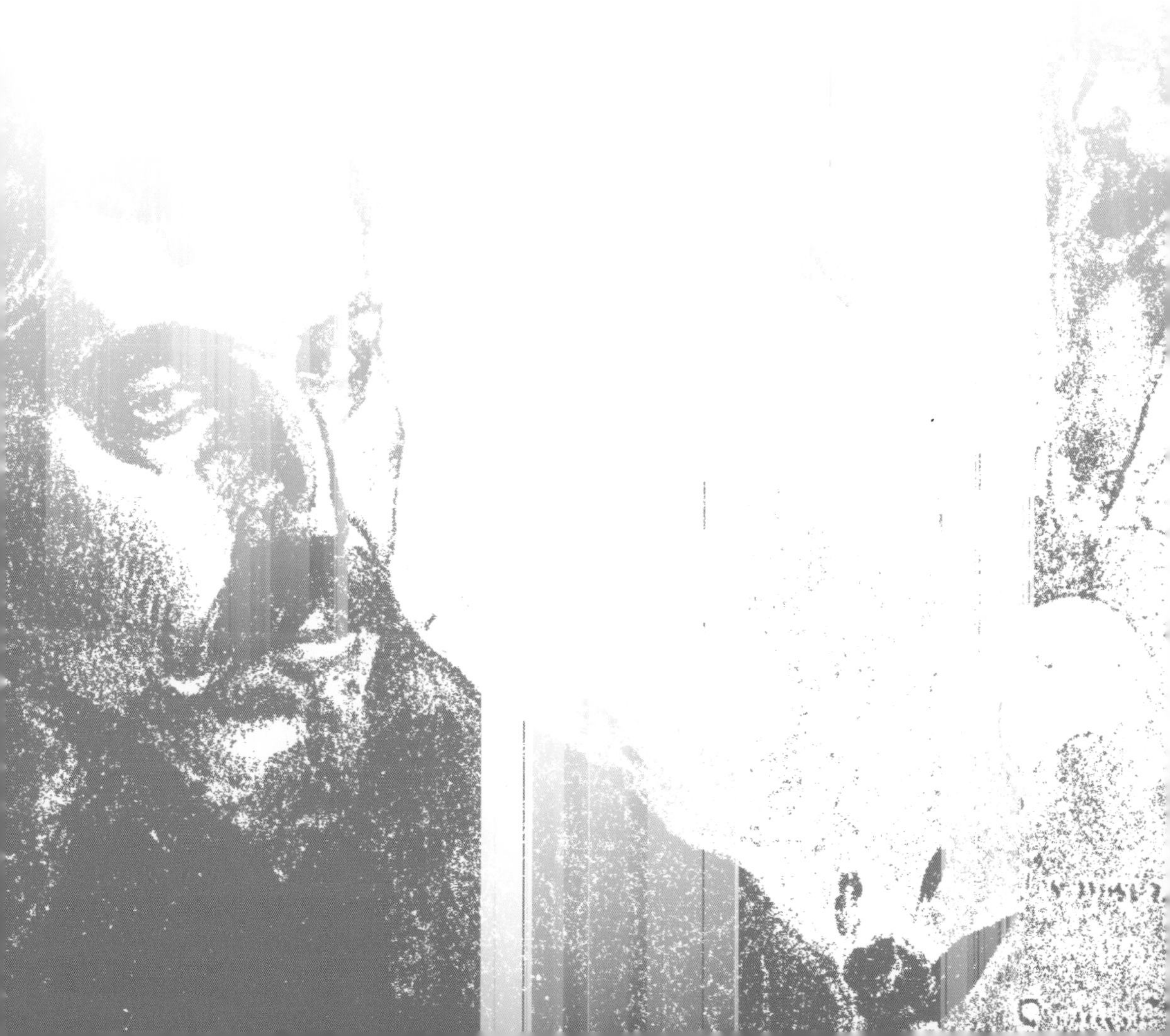

1885
1891

高更生平及年表

1885	37歲	參加哥本哈根藝術之友社團展覽。 離家，帶著兒子克洛維斯到巴黎。
1886	38歲	十九張畫與一件木雕在最後一次（第八次）的印象派畫展展出。將克洛維斯送到寄宿學校。 6月搬到阿凡橋（Pont-Aven），住在閣樓涅克旅館（Gloanec Inn），遇見藝術家伯納德（Émile Bernard）與拉瓦爾（Charles Laval）。11月回巴黎，遇見竇加與梵谷兄弟。
1887	39歲	4月初梅特來訪，將克洛維斯帶回丹麥。 10日跟拉瓦爾一起旅行，兩人經過巴拿馬，到馬提尼克島（Martinique）。 11月因痢疾發燒，不得不回巴黎。暫住舒奈格那兒。透過其介紹，認識畫家蒙佛雷（George Daniel de Monfreid），之後成為一生的好友。梵谷弟弟西奧擔任他的藝術經紀人。
1888	40歲	2至10月跟塞律西埃（Paul Sérusier）、迪漢（Meyer de Haan）、伯納德與拉瓦爾一起待在阿凡橋。白天畫畫，晚上討論藝術，形塑兩個重要的美學：一是綜合派（Synthetism），二是與捏絲琺瑯派（Cloisonnism）。完成突破性的作品〈佈道後所見〉。 10月21日離開阿凡橋，到阿爾（Arles），跟梵谷同住在黃屋。 12月26日回巴黎，待在舒奈格那兒。
1889	41歲	參加巴黎的世界博覽會。跟舒奈格一起舉辦「印象派與綜合派群」展覽，年輕一輩那比派（Nabis，即先知派），藝術家像：德尼（Maurice Denis）、波納爾等對高更作品印象深刻。 10月搬到普勒杜（Le Pouldu）住在馬莉–亨利（Marie-Henry）開的旅館，塞律西埃、迪漢、菲利格（Charles Filiger）等人也隨後加入。
1890	42歲	7月接到梵谷去世的消息。11月回巴黎，待在舒奈格那兒。
1891	43歲	在伏爾泰酒館（Café Voltaire）跟象徵派作家們交往，談藝術。模擬馬奈的〈奧林匹亞〉畫作。 詩人奧里埃（Albert Aurier）寫一篇藝評，稱高更是「現代畫的首腦」。 2月為了籌錢旅行，賣出二十三張畫。3月7日到哥本哈根跟家人道別。 23日友人在伏爾泰酒館為他辦送別會。4月航行大溪地。

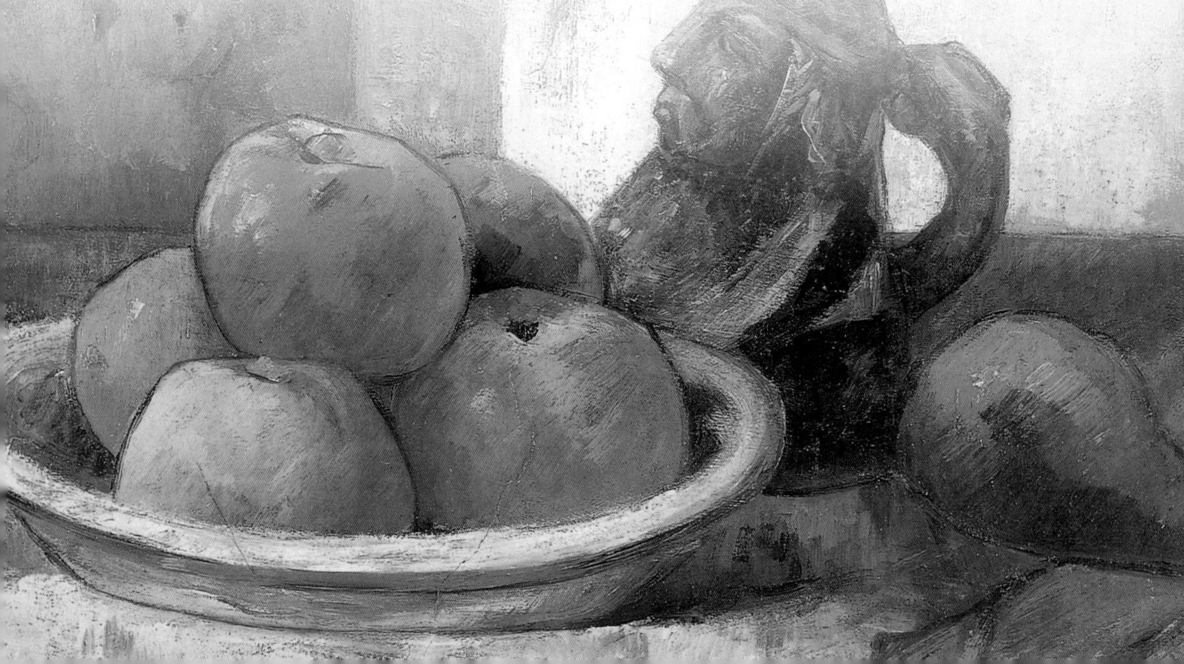

1 | 高更　有蘋果，梨，陶壺的靜物（局部）　1889　油畫木板　28.6×36.5cm　美國哈佛大學佛格美術館
2 | 高更43歲的照片
3 | 高更　正在閱讀的洛維斯　1886　油彩畫布　56.6×40.8cm　私人收藏

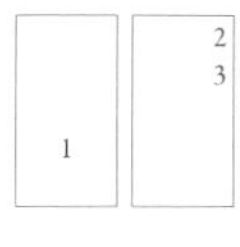

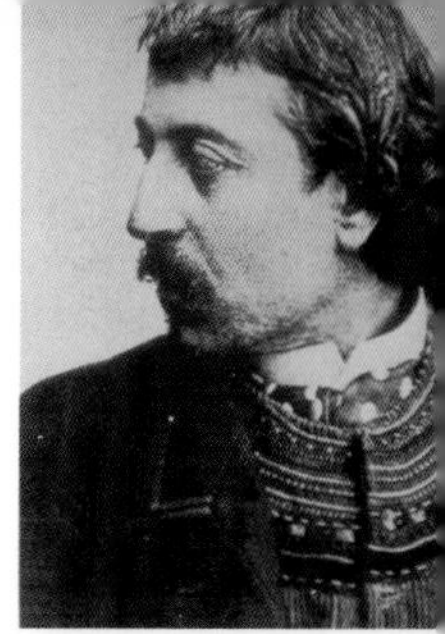

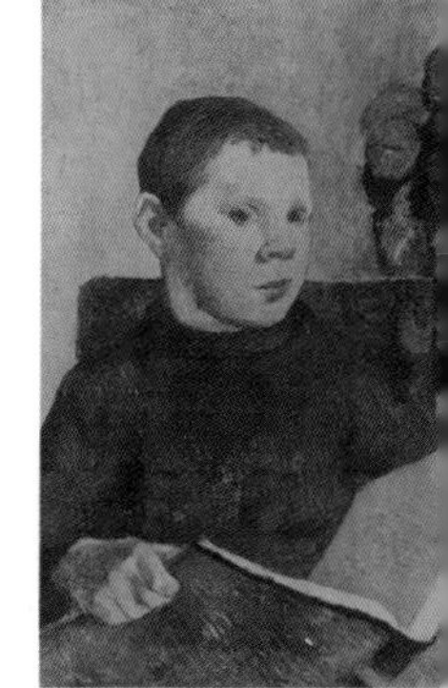

1885年6月，高更離開妻小，走時帶走兒子克洛維斯，首先他投靠好友舒奈格，再跟畢沙羅與竇加會合，然而不幸的當時錢不但花光，兒子又突然患上天花，為了照顧生病的孩子，他不得不委屈自己去當一名貼海報的工人。

住在阿凡橋

儘管生活拮据，高更與巴黎的畫家們聯繫上，也想盡辦法參加1886年印象派最後的一次展覽，這段時間他在一家工廠作陶瓷，賺了一點錢，兩個月後他的心思又回到畫畫上，於是把兒子送到寄宿學校唸書，自己借了一大筆錢跑到布列塔尼（Brittany）的阿凡橋，找到一家閣樓涅克旅館。

居住在阿凡橋，一來沒有妻小的干擾，他享受全然的自由，二來此傳統的古老村落，有自然的風光與純樸的居民，都帶給他無限的靈感，因此他的繪畫、陶瓷與木雕作品，漸漸凸顯那獨特的野性與原始的風格，這是他要找的美學，阿凡橋幫助他瞭解那最深沉的本質。

1886年夏天，二十六歲的拉瓦爾剛完成費爾南．科爾蒙（Fernand Cormon）畫室的訓練，也來到阿凡橋，兩人相見如故，在此住了下來，他很親佩高更，也緊緊的跟隨他；另外，還有一位年輕的藝術家伯納德也抵達此地，他們三人相遇為日後的藝術圈投下一顆美學震撼彈。

停留馬提尼克島

一直想進入更原始的世界，就如他所說「活得像個野蠻人。」1887年春天，他與拉瓦爾結伴到夢想中的「野蠻」國度，原本計畫到塔沃加島（Taboga），但因財務出狀況，最後只能停留在馬提尼克島。

一路上困難重重，身體又不適應，不過還在那兒完成十二幅素描與油畫，待沒幾個月，發燒與痢疾讓他不得不折返，但作品中展現的風格與早期

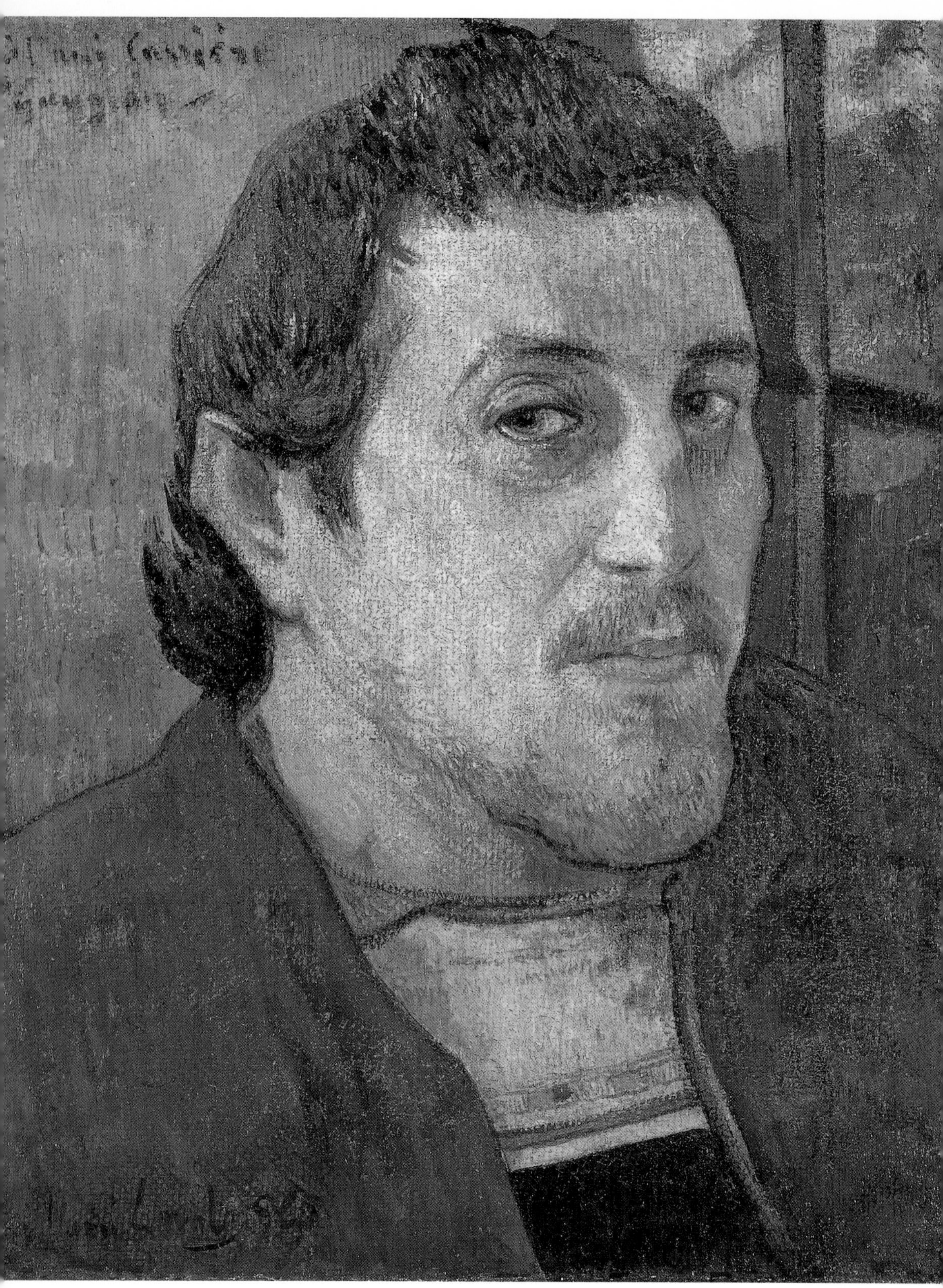

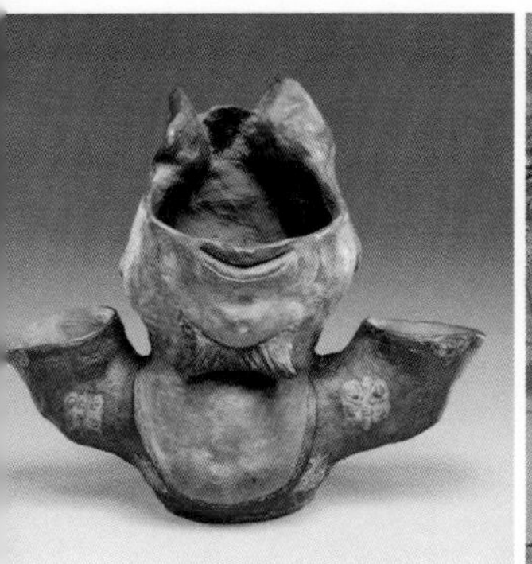

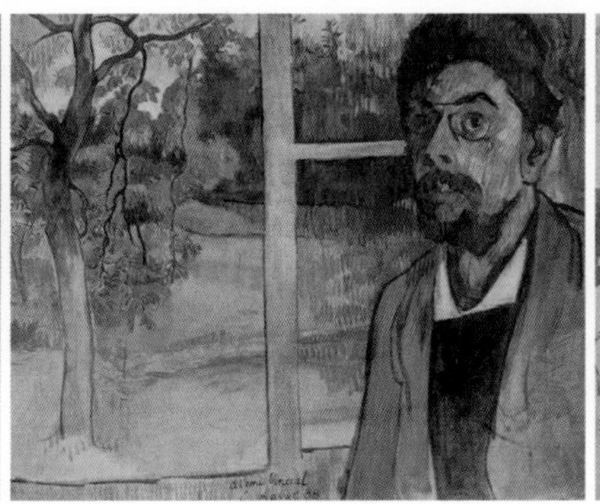

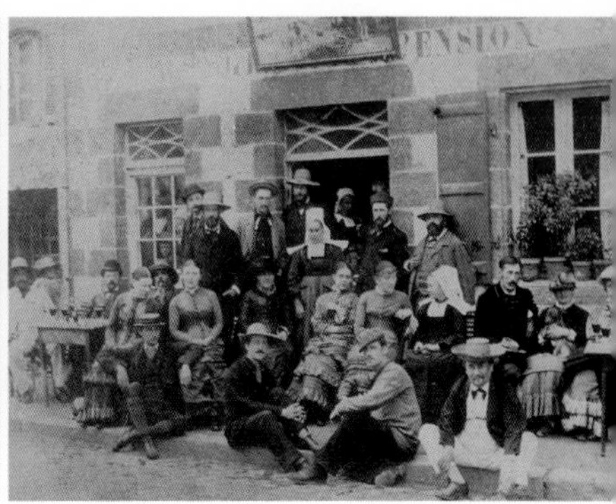

1 | 高更　獻給查拉斯・拉瓦爾的自畫像　1888　油彩、黃麻布　46.5×38.6cm　華盛頓國立美術館
2 | 高更　Atahualpa帝王花瓶　1887-88　陶塑　23.8×28×16.8cm　阿姆斯特丹私人收藏
3 | 拉瓦爾　自畫像　1888　油彩畫布　50×60cm　阿姆斯特丹梵谷美術館
4 | 閣樓涅克旅館
5 | 梵谷弟弟西奧自1887年底開始成為高更的經紀人

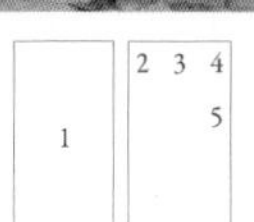

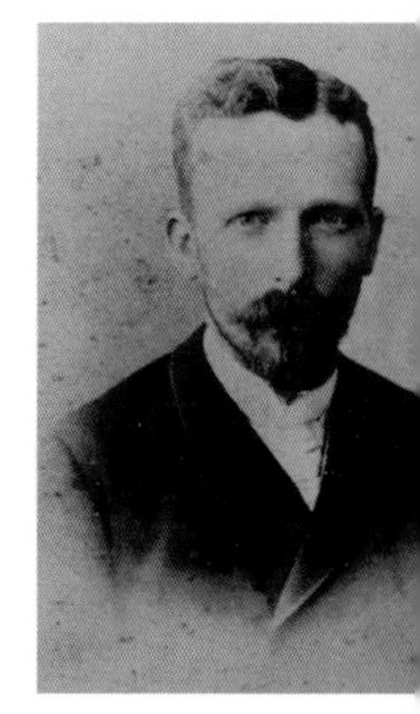

的印象派影響截然不同，重要的是，他那一反歐洲傳統的品味與習慣，已讓他往前踏出一大步，島上的短暫時日倒成了他藝術生涯的轉捩點。

他在太平洋島嶼畫的第一批作品，也帶回巴黎展出，反應正負不一，整體而言畫賣得不好，但卻得到梵谷與弟弟西奧兩人的青睞，西奧開始擔任高更的經紀人，願意每月支付他薪水，條件是到阿爾陪梵谷，並固定交出畫作即可，高更覺得好，便欣然同意。

黃屋的日子

高更在1888年10月23日抵達阿爾，開始跟梵谷住在黃屋，他們一同上酒館、寫生、逛美術館、讀書、談天説地，時常面對同一個景或同一位模特兒來創作。但又因兩人同質性過高，本位主義太強，再加上性格的差異，相處之後簡直水火不容，九個星期後梵谷在被激怒之下自殘，高更受不了也快發瘋，聖誕節一過完他就離開，這一走，他們從此不再相見了。

在黃屋裡高更共創作了二十多張畫，看的出阿爾小鎮對他的影響，更重要的是，那爆發性與高潮迭起的友誼在他藝術裡產生了火花。

回到布列塔尼

1889年2月，高更三度回到布列塔尼，這次待最久，由於阿凡橋越來越多觀光客，他想安靜一點，於是搬到鄰近的普勒杜，住在Buvette de la Plague旅館，他有藝術家塞律西埃、菲利格與迪漢作伴，他們都崇拜高更，迪漢甚至還幫他付房租，他們還合力裝飾旅館的飯廳，高更將心血花在壁畫上，也掛

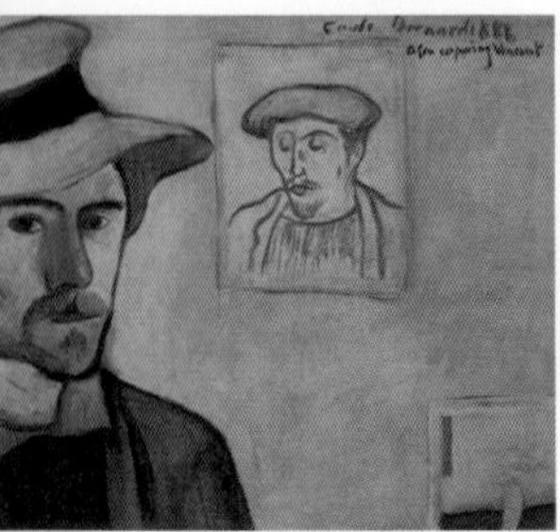

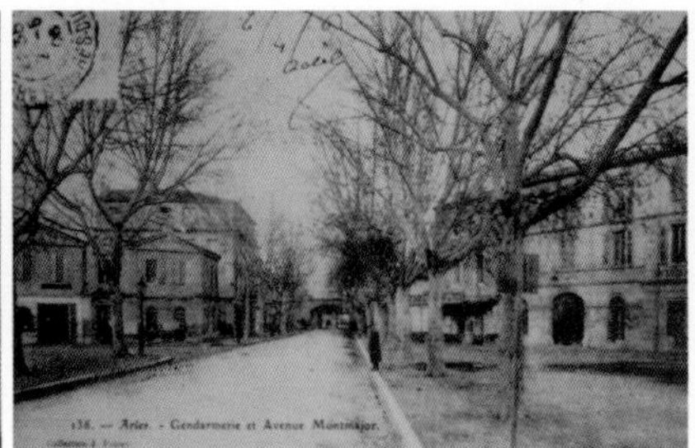

GROUPE IMPRESSIONNISTE ET SYNTHÉTISTE
CAFÉ DES ARTS
VOLPINI, DIRECTEUR
EXPOSITION UNIVERSELLE
Champ-de-Mars, en face le Pavillon de la Presse
EXPOSITION DE PEINTURES
DE
Paul Gauguin　Émile Schuffenecker　Émile Bernard
Charles Laval　Louis Anquetin　Louis Roy
Léon Fauché　Daniel　Nemo
Affiche pour l'intérieur

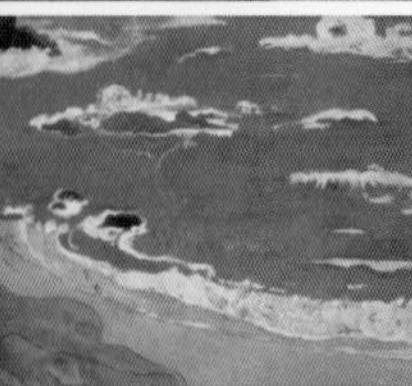

1 | 伯納德　自畫像，牆上掛有高更自畫像　1888　油彩畫布　46.5×55.5cm　阿姆斯特丹梵谷美術館
2 | 黃屋的照片
3 | 佛爾比尼系列的「印象派與綜合派」展覽海報
4 | 高更　普勒杜海灘　1889　油彩畫布　73×92cm　私人收藏
5 | 喬治・卡蘭　1889年萬國博覽會時艾菲爾鐵塔的照明　1889　彩色版畫　巴黎奧塞美術館
6 | 塞律西埃　禱告的布列塔尼女孩　1892　巴黎馬蘭格畫廊
7 | 詩人馬拉美肖像，是高更唯一蝕刻畫。（局部）
8 | 高更　加勒比海的女人與向日葵　1889　油彩畫布　64×54cm　私人收藏

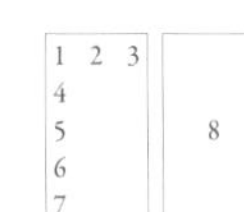

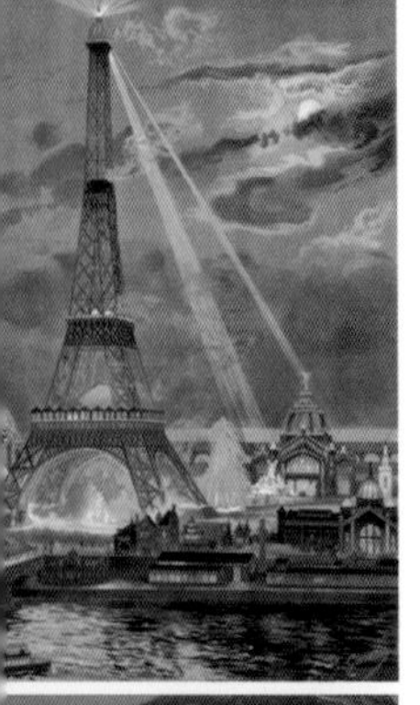

上一些他的畫作。

5到11月，巴黎舉行一個別開生面的萬國博覽會，300公尺的艾菲爾鐵塔是為慶祝這大事而建的，象徵工業的文明，在場也設有法國藝術百年回顧展，呈列1789到1889年間，從大衛（Jacques Louis David）到印象派的作品，當時高更十七件作品就在佛爾比尼系列（Volpini）的「印象派與綜合派」亮相，吸引一群年輕的藝術家前來，對高更仰慕不已，之後還模擬與承襲他的觀念，最後這些人自組團體，稱作那比派。

好景不常，1890年7月他接到梵谷去世的消息，自己的畫也賣不出去，西奧沒多久也生病過世，接下來，迪漢也沒辦法繼續供應高更，吃住頓時成了問題，在諸事不順之下，他考慮再尋找一個新的落腳處。

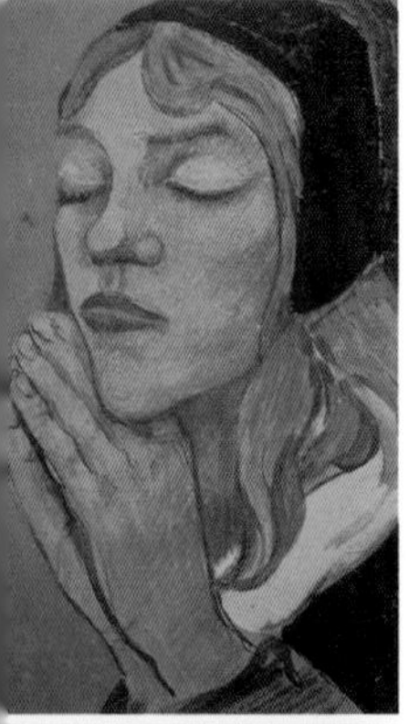

啟行到大溪地

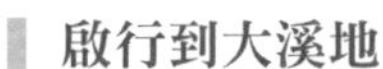

1890年末與1891年初，他在巴黎與哥本哈根渡過冷冷的冬天。

萬國博覽會中，他看到土著文物、舞蹈與表演，再加上童年秘魯的記憶，青少年時的海上探險，以及之前的馬提尼克島之旅，種種經驗都讓他覺得自己就像「野蠻人」，於是，他再次興起遠行的念頭，決定到南太平洋的島上。

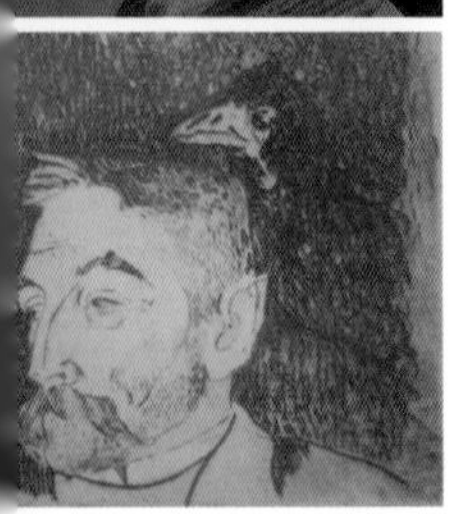

起程前，高更一群朋友為他在伏爾泰酒館辦了一個送別宴席，那天詩人馬拉美（Stéphane Mallarmé）在現場敬酒時說了一段話，是這樣的：

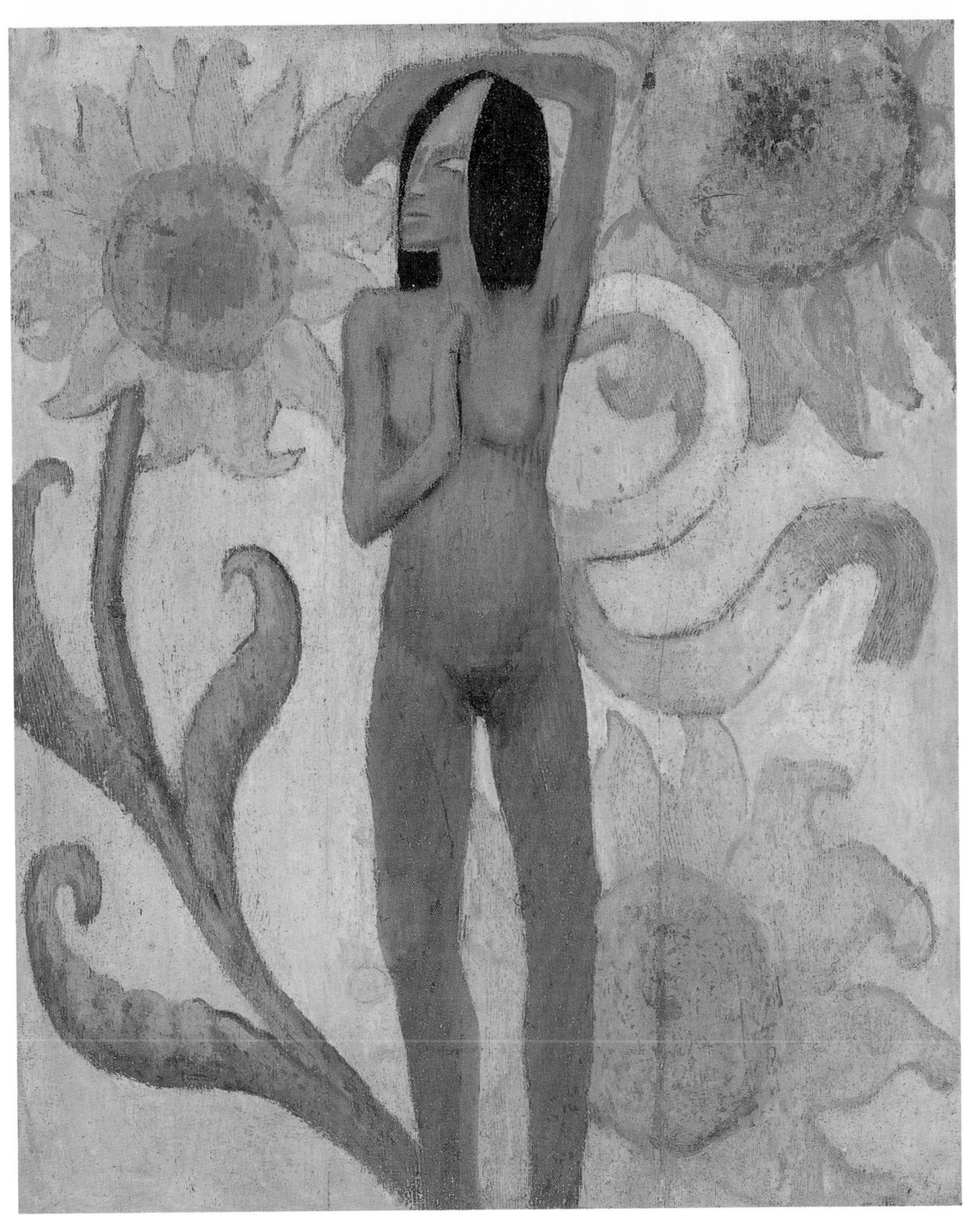

簡而言之，讓我們向高更乾杯，歡迎他回到我們的圈子裡，在他全盛時期，他的熱誠真讓人羨慕，他要到一個遙遠的地方，尋找振奮人心的新事物，並好好深探自己的靈魂。

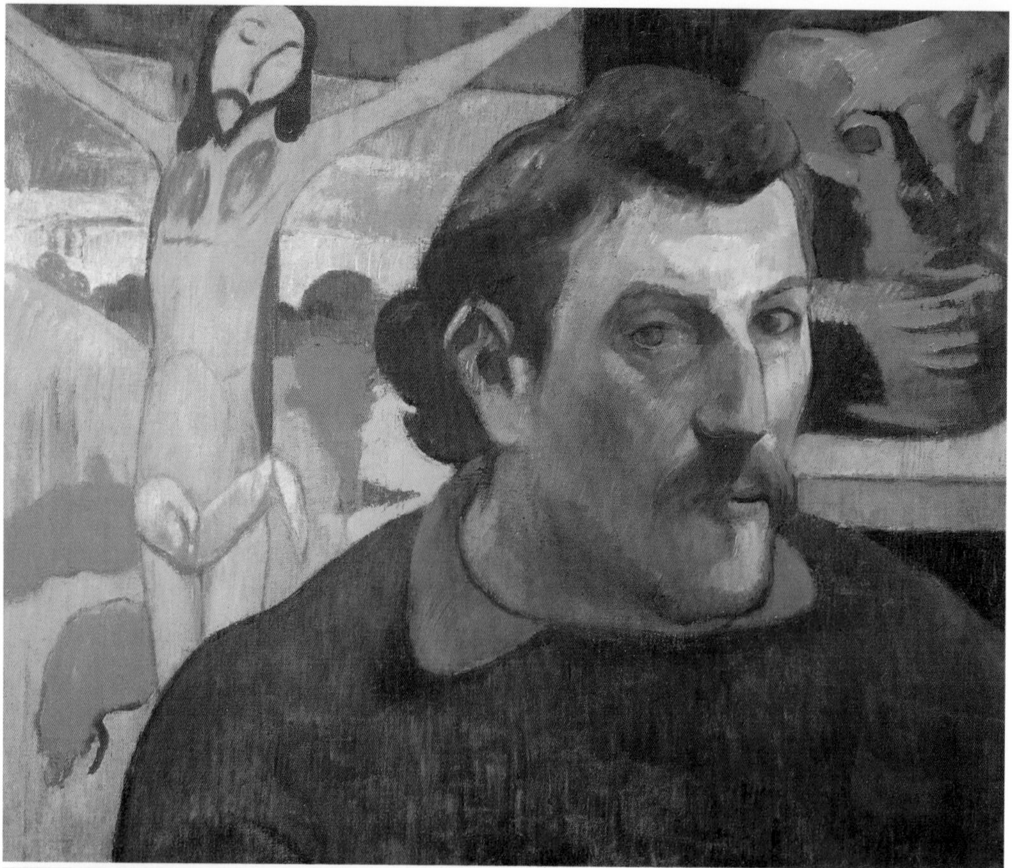

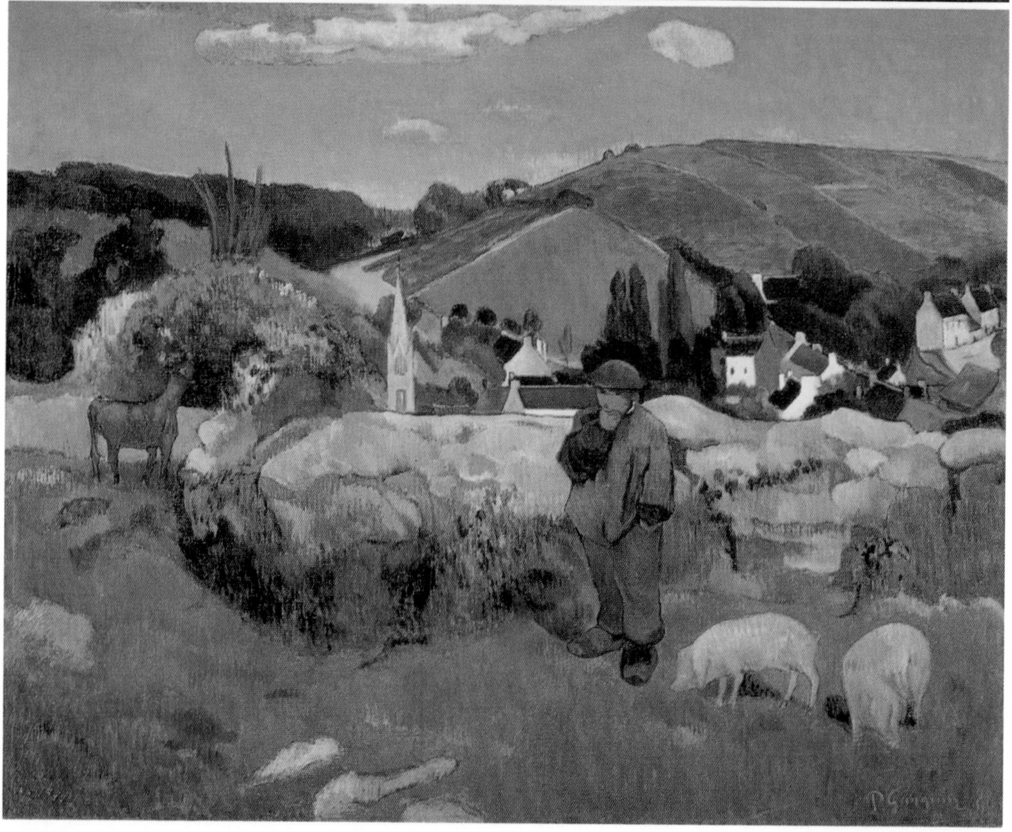

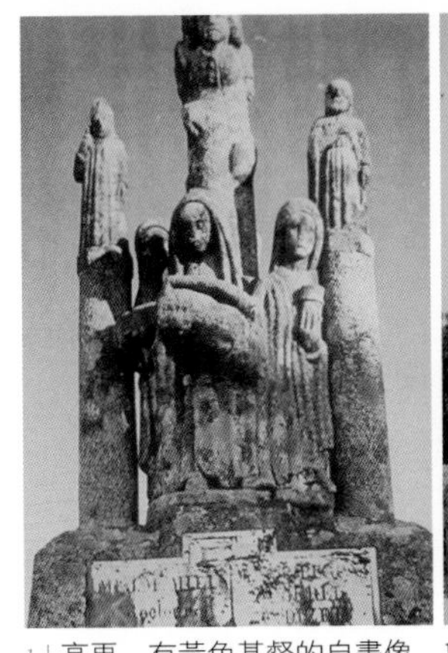

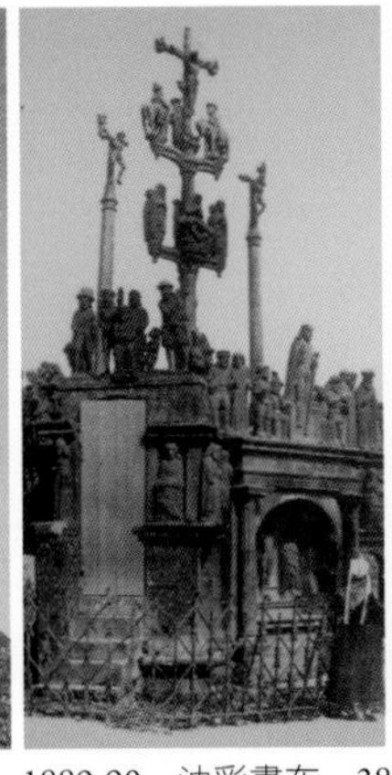

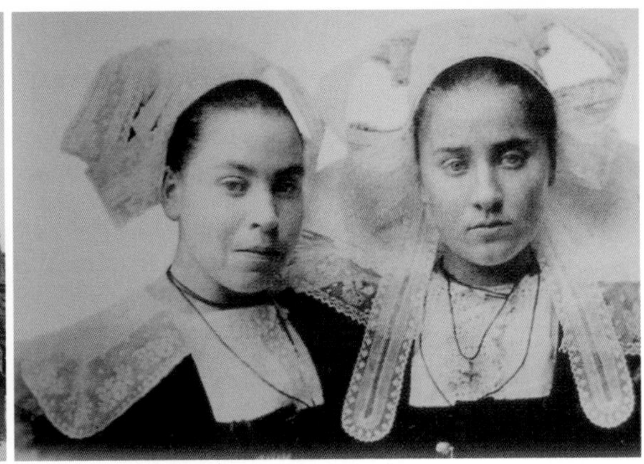

1 | 高更　有黃色基督的自畫像　1889-90　油彩畫布　38×46cm　莫里斯德尼家族收藏
2 | 高更 有牧豬人的布列塔尼風景　1888　油彩畫布　73×93cm　洛杉磯州立博物館
3 | 接近西隆（Nizon）村附近，有一個基督受難像，這「三個瑪麗亞扶持耶穌身體」的形象對高更影響很大。
4 | 高更十分熟悉這地區的神殿、基督受難像與教堂。
5 | 穿上傳統服裝的布列塔尼女孩

是的，為了尋找新的能量與刺激，為了發掘本性，為了探索深邃的靈魂，身為有良知的藝術家，高更必需要離開。1891年4月1日，他搭乘「太平洋號」（Océanien）輪船航行遠方，這次的目的地是大溪地。

那年，高更四十三歲。

解讀1 為何選布列塔尼？

為什麼選擇到布列塔尼呢？

要回答這個問題，得從兩方面來討論，一是實際面，另一是環境面。

實際面

高更之前有個房東名叫裘柏–杜瓦（Félix Jobbé-Duval），也是畫家，他告訴高更阿凡橋有一家不錯的旅館，住在那兒可以賒帳。

那時候阿凡橋有一千五百個居民，當地有三家旅館，其中閣樓涅克旅館最簡陋，但氣氛最友善，費用也較便宜，包括吃住一個月才75法郎，而且從巴黎坐火車去只要十四個小時，感覺上距離不算長，可遠離城市，又能享受鄉村的生活。

當時，高更厭倦了巴黎的紛擾，急切想逃開，身上毫無分文該怎麼辦呢？聽到裘柏–杜瓦的建議，二話不說，他就背起行囊來到此處。

高更　綠色基督（布列塔尼的基督受難像）　1889　油彩畫布　92×73cm　布魯塞爾比利時皇家美術館

環境面

布列塔尼屬於凱爾特之地，當地的人信仰天主教，也有保皇思想，在路邊經常可以看到基督受難雕像、佈滿裝飾的教堂、往神殿步行的朝聖者、奇異的服裝，也能聽到怪異的腔調，整個地方散發出幾近中古的氣氛。

據說四處閒逛時，無意間還會碰到一些古蹟，像石器時代的都爾門、糙石巨柱、史前的石柱群，上面依稀可見繪圖與象徵的符號。當高更住在那兒時，鄰處村落的考古學家還發現到一座高盧神殿，裡面有不少的粗糙雕像。

這些對19世紀法國人來說十分的陌生，但這些古老神秘之物卻深深吸引了高更。這兒的遠古，這兒的自然，這兒的原始，都讓高更沉醉其中，在給舒奈格的信中，他坦承：「你比較喜歡巴黎，但我喜歡鄉下，在這兒，我可以找到野性與原始。」

他又進一步說明：「我愛布列塔尼……當我的木鞋在花崗岩土壤上回響時，我聽到隱約的、沉重的、強而有力的聲音，這正是我在畫裡所尋找的。」

他聽到一種跟都市文明不同的聲音，純然的野性呼喚，這是他要的，布列塔尼讓他找到了自己。

是根，也是跳板

遠在1798年時，詩人程步萊（Louis Chambry）來到此地，讚嘆之餘，寫下：「畫家若想練習畫，布列塔尼村落與臨近處是一個可以提供他們一百個繪畫主題的地方。」

此詩人說的一點也沒錯，這正是高更的體會。他一生來來去去，很少在一個地方久待，唯獨布列塔尼例外，就算離開，他在1886、1888、1889、1890與1894年好幾次回到這兒重溫舊夢。

因為在此，他從純樸、自然、原始文化中，找到簡單的風格；也因在

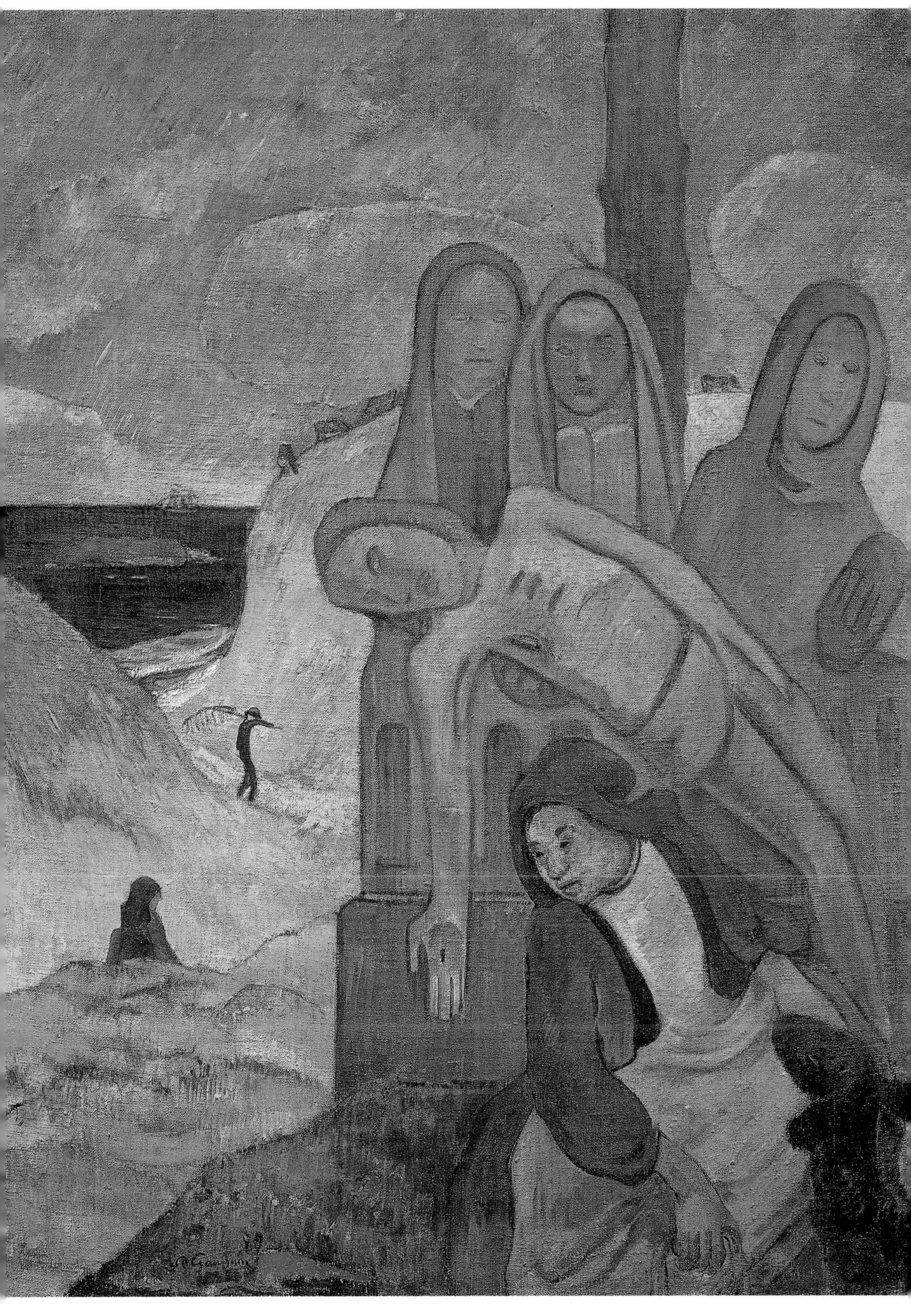

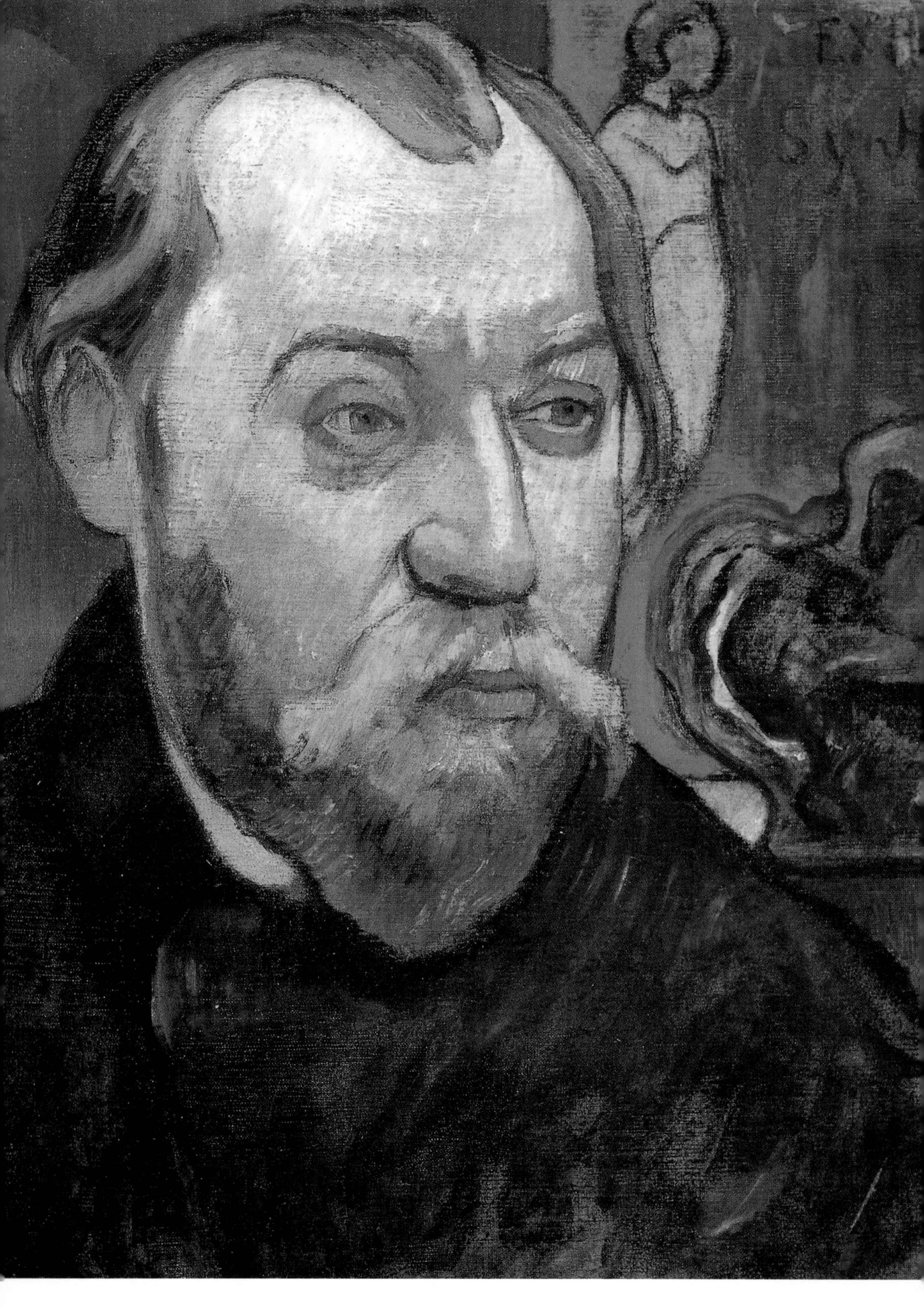

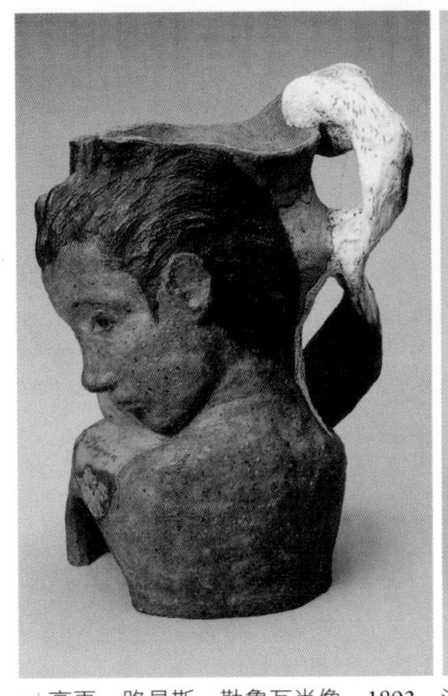

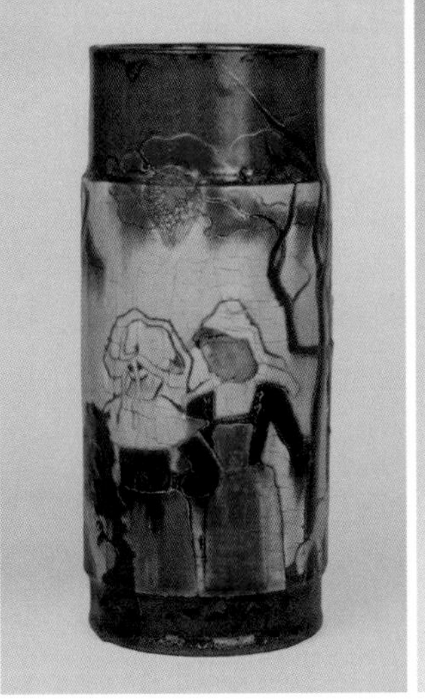

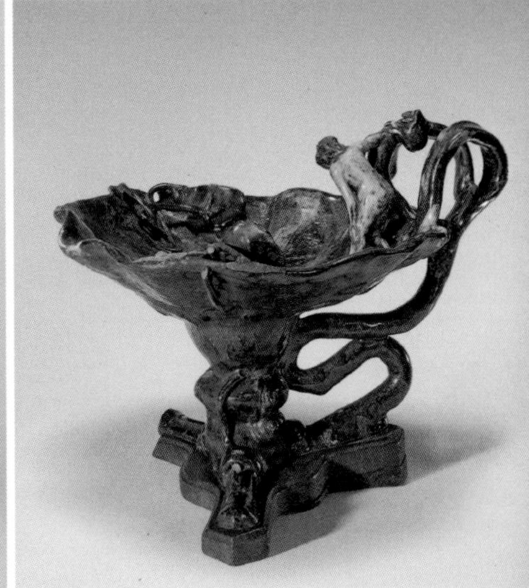

1 | 高更　路易斯・勒魯瓦肖像　1893　油彩畫布　40.5×32.5cm　紐約私人收藏
2 | 高更　麗達與天鵝　1887-88　私人收藏
3 | 高更　裝飾布列塔尼景的花瓶　1886-7　布魯塞爾皇家歷史藝術博物館
4 | 高更　有沐浴女孩的碗　1887-88　薩克勒夫人收藏

此，他遇到伯納德與拉瓦爾，共創一波新的美學觀；也因為在此，他名聲開始散播開來，許多年輕藝術家慕名而來，願意成為他的弟子。

布列塔尼是他藝術的根。

高更踏進布列塔尼，讓他初次嘗到原始與神祕的滋味，引發他更大的野心，到太平洋的島嶼深入探險，真正過野人般的生活，說來，布列塔尼是他藝術生涯的跳板。

解讀 2 對陶瓷的眷戀

在1886年的印象派展覽會場，高更遇到一位知名的陶瓷家夏雷（Ernest Chaplet），他們相談甚歡，之後夏雷教他怎麼用粗陶來創作。

對陶藝的熱誠

學得這一技之長，高更被一家陶瓷工廠聘請，專門製作一些實用品，那時他身無分文，積極地投入陶藝工作，想多賺一點錢養孩子，有趣的是大約在1820年，高更的外婆為了養家，也從事過陶瓷。

短短一年內，高更就創作了五十件以上的陶瓷品，成果驚人。

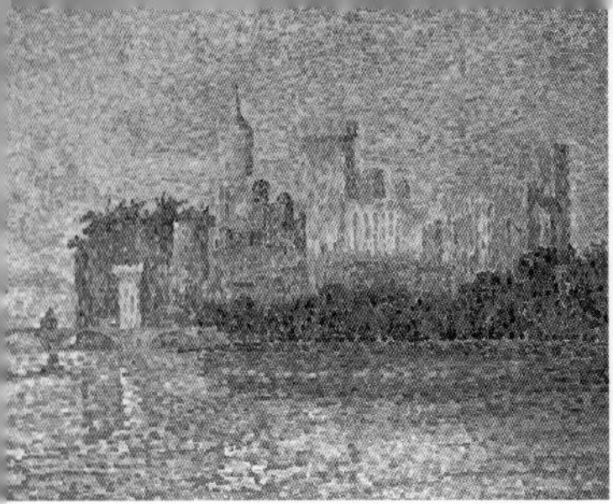
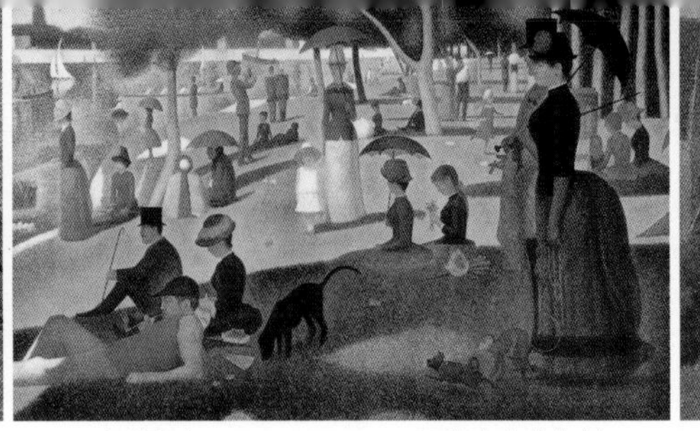
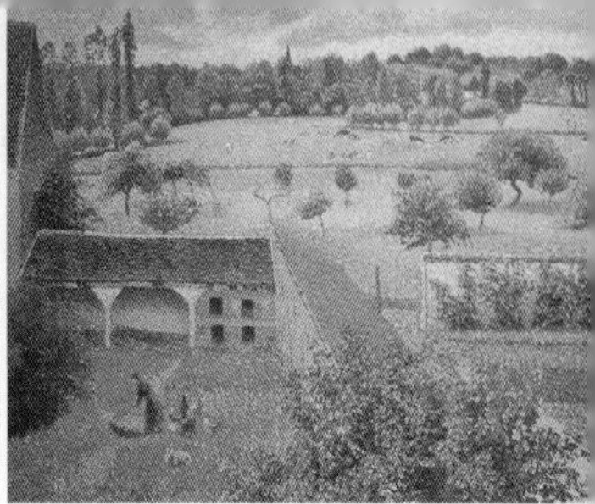

1 | 席涅克　亞維儂夜色（教皇宮）　1909　油彩畫布　73.5×92.5cm　巴黎奧塞美術館
2 | 秀拉　大傑特島的星期天午後　1884　油彩畫布　207.6×308cm　芝加哥藝術機構
3 | 畢沙羅　窗外景致　1886-88　油彩畫布　65×81cm　牛津大學艾許莫博物館
4 | 高更　年輕女人的臉　1886　油彩畫布　46×38cm　東京石橋美術館
5 | 高更　美麗的安琪兒（沙特夫人）　1889　油彩畫布　92×73cm　巴黎奧塞美術館藏

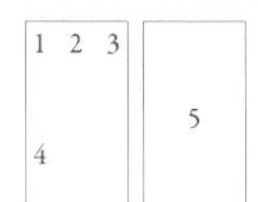

獨特的作風

不像其他陶瓷工的作法，高更沒有使用轆轤，只純粹用雙手來塑造，在他的作品裡，我們可以感受到他風趣的設計、非凡的想像與獨創的風格，由於過度的新穎，對當時的人來說接受度並不高。

高更心血來潮時，也將他的陶瓷品畫入到畫作裡，通常把它們擺在畫面的一個角落做陪襯，但有時候也成畫裡的主角，可見他多麼滿意自己的創作呢！

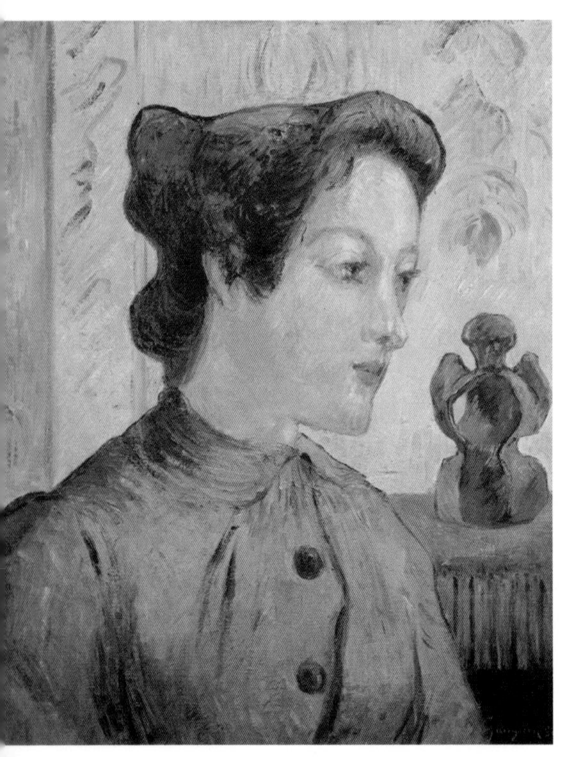

解讀3 打倒點描派

1886年，當高更來到布列塔尼時，在巴黎，席涅克、秀拉與畢沙羅正積極地鼓吹點描派畫風，高更則拒絕淌渾水。

一群化學家

高更對點描派起了反感，主要原因是刻劃都會景象，既繁雜又冰冷，之後他批評席涅克、秀拉等人，說他們的作品「僅是用許多小點堆積起的畫。」

高更還抨擊他們是「一群年輕的化學家。」言外之意，他們根本不配當藝術家，高更甚至認為畢沙羅跟著他們，只是隨波逐流而已。

反擊的作法

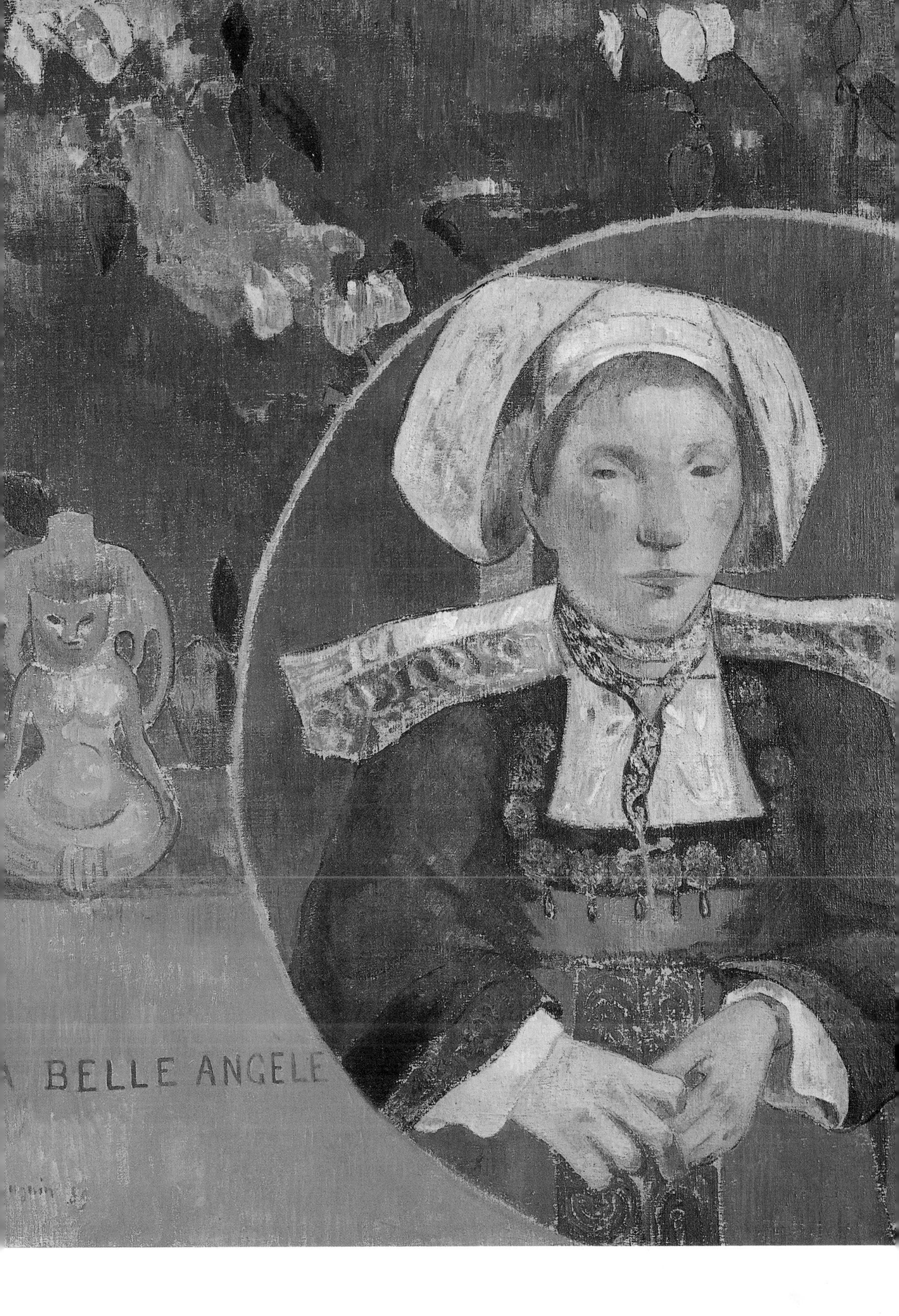
A BELLE ANGELE

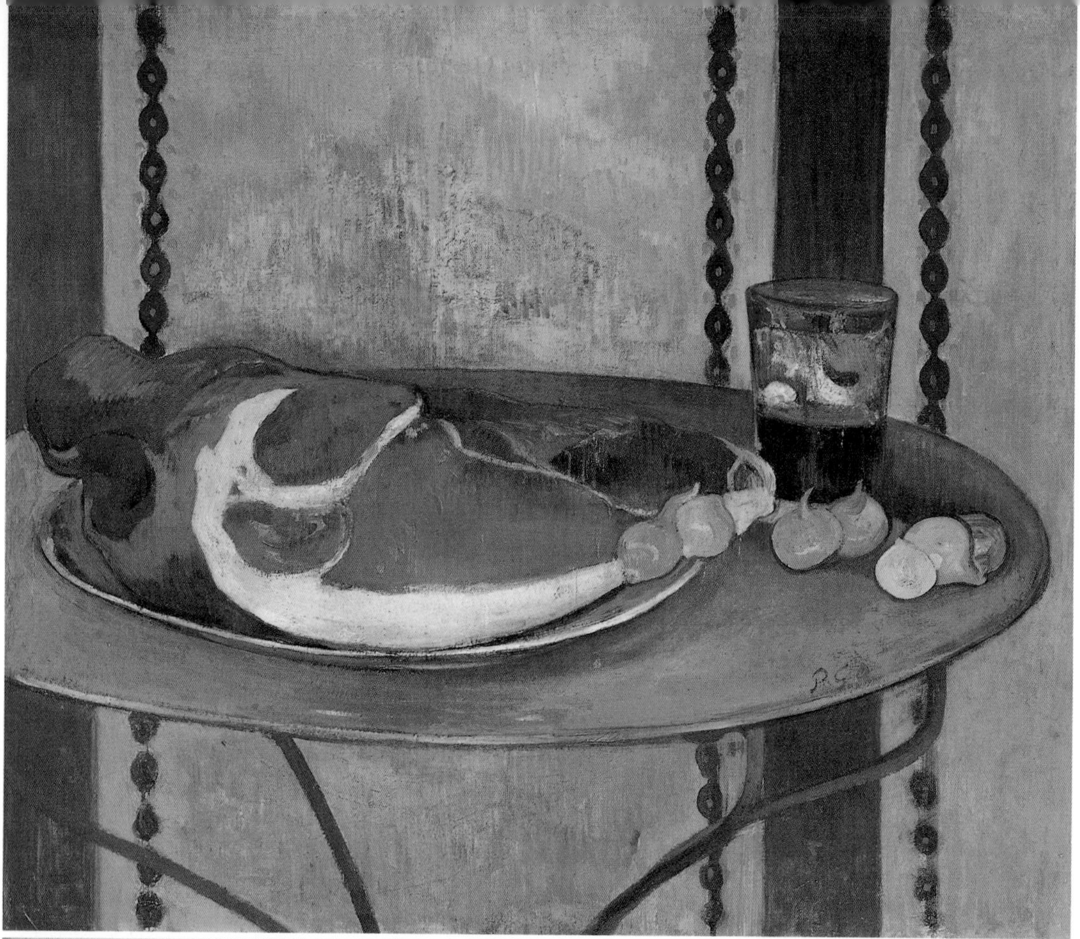

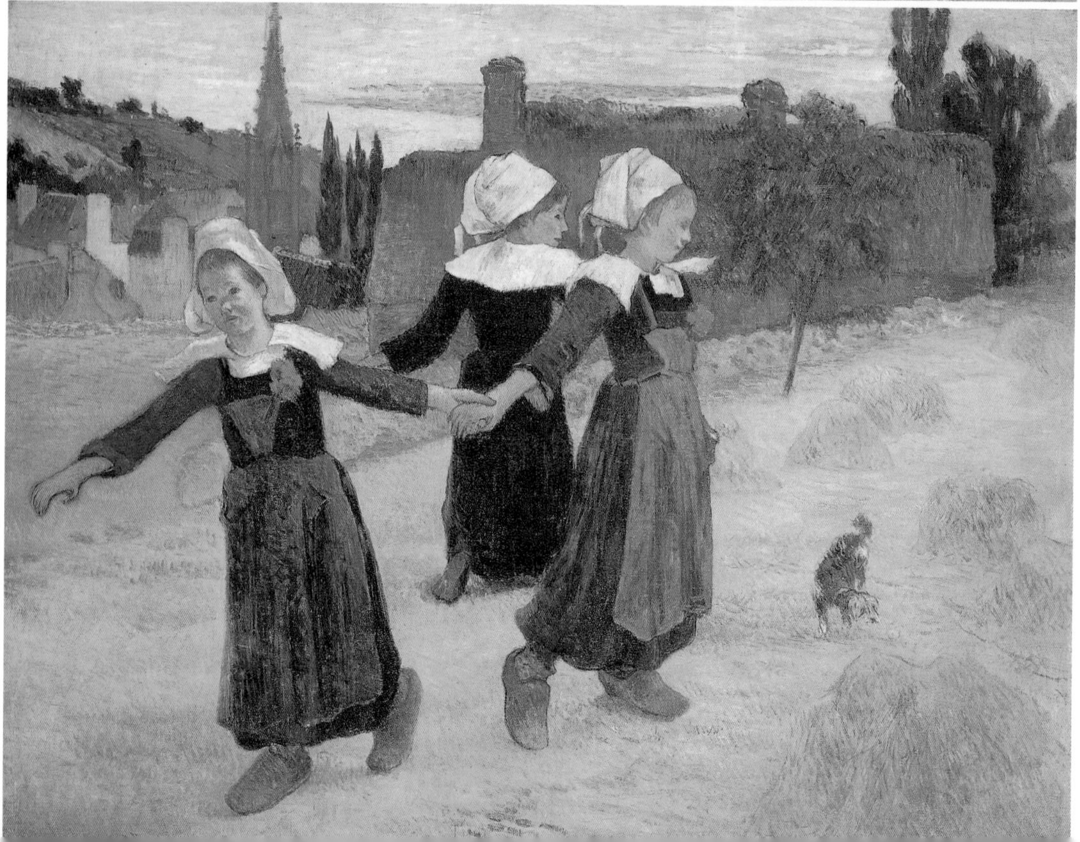

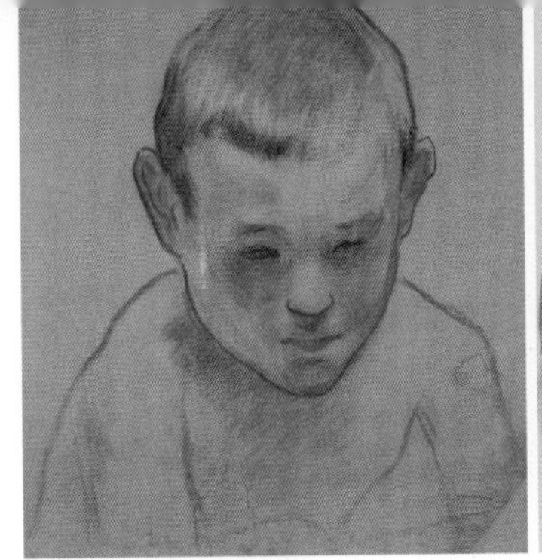
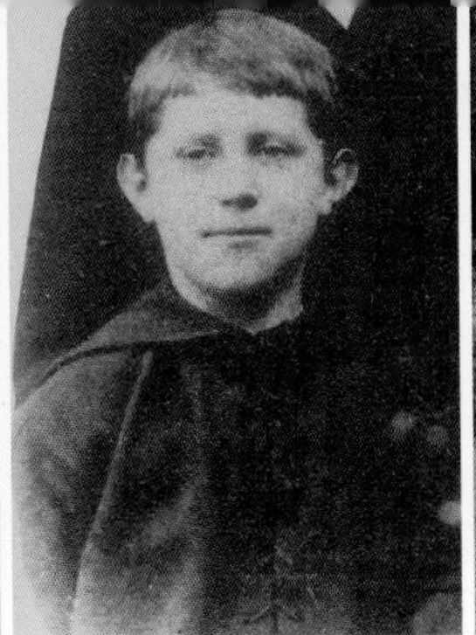
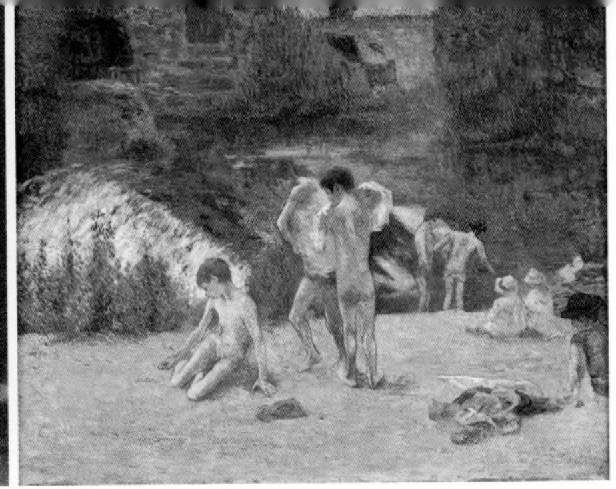

1 | 高更　有火腿的靜物　1889　油彩畫布　50.2×57.8cm　華盛頓菲力浦收藏館
2 | 高更　阿凡橋的布列塔尼少女之舞　1888　油彩畫布　71.4×92.8cm　華盛頓國立美術館
3 | 高更　布列塔尼男孩的頭　1888　碳筆、紅粉筆、粉蠟筆，白水粉顏料　私人收藏
4 | 高更兒子克洛維斯
5 | 高更　愛之森的水車小屋游泳　1886　油畫畫布　60×73cm　日本廣島美術館

為了反擊巴黎這一派，高更採用色彩大塊塗抹的方式，營造出簡單的風格。

解讀4 思念、想像、神遊

1885年高更離開妻子的那一刻，很想帶走所有的孩子，但沒錢又沒有住處，接著得過流浪的生活，怎能帶走五個小孩呢？簡直癡人說夢，於是只好帶了克洛維斯走，但不論到哪兒，他始終惦念自己其他的骨肉。

愛子心切

有一次克洛維斯病得很嚴重，高更口袋只剩20生丁（1法郎等於100生丁），只得趕快辛勤的工作賺錢讓孩子看病，吃些新鮮的食物，漸漸情況好轉，他寫信給妻子：

克洛維斯發燒生病時，躺在我跟他睡的床上，傍晚工作完我回來照顧他……，不用擔心他，他已好轉，我不會將他送還給妳，相反地，等到我貼海報賺更多錢時，我會把其他的孩子接過來。

從這段話，我們感受到他愛子心切，只是高更實在太窮，到死之前，他都無法實現與孩子重聚的心願。

在阿凡橋時，當他看到當地的孩子，也讓他想起自己的寶貝，於是畫

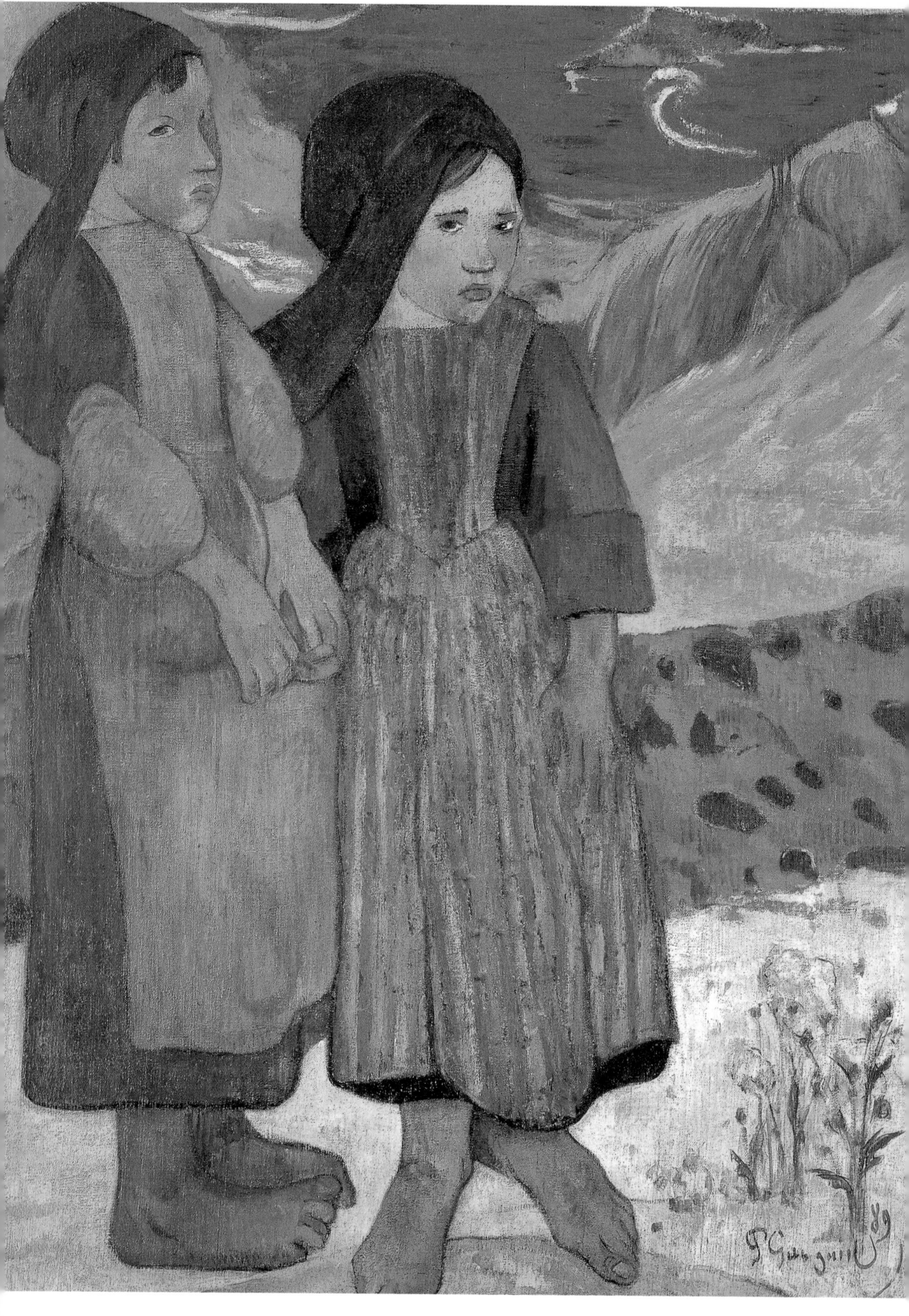

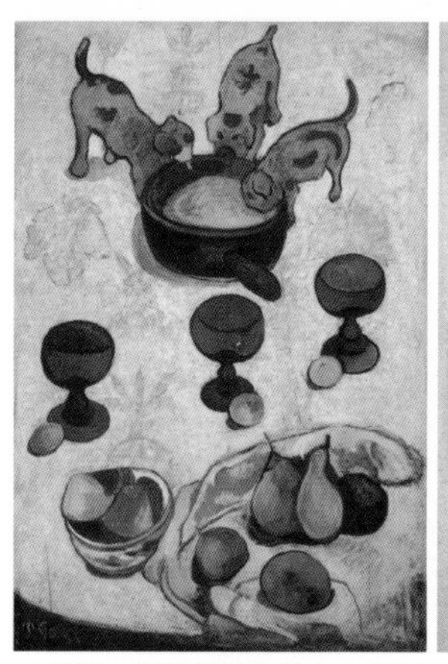

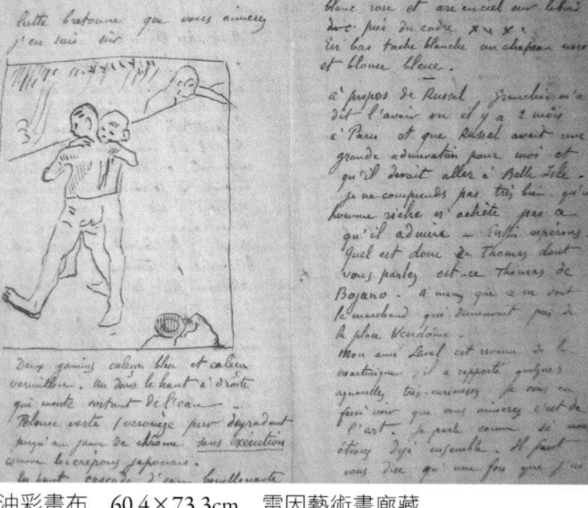

petite bretonne que vous aimerez
j'en suis sûr.

Deux gamins caleçon bleu et caleçon
vermillon. Un dans le haut à droite
qui monte sortant de l'eau.
Pelouse verte (véronèse pur dégradant
jusqu'au jaune de chrome sans exécution
comme les crépons japonais.
En haut cascade d'eau bouillonnante

blanc rose et arc en ciel au bord
près du cadre.
En bas tache blanche un chapeau noir
et blouse bleue.

à propos de Russel Granchi m'a
dit l'avoir vu il y a 2 mois
à Paris et que Russel avait une
grande admiration pour moi et
qu'il devait aller à Belle Isle.
Je ne comprends pas très bien qu'un
homme riche n'achète pas ce
qu'il admire – Enfin espérons.
Quel est donc ce Thomas dont
vous parlez est-ce Thomas de
Bojano – à moins que ce ne soit
le marchand qui demeurait près de
la place Vendôme.
Mon ami Laval est revenu de la
Martinique; il a rapporté quelques
aquarelles très curieuses je vous en
ferai voir que vous aimerez c'est de
l'art. Je parle comme si nous
étions déjà ensemble. Il faut
vous dire qu'une fois que je

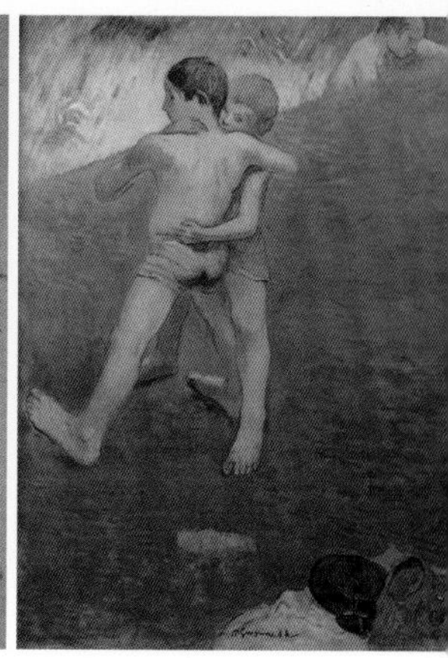

1｜高更　布列塔尼牧羊女　1886　油彩畫布　60.4×73.3cm　雷因藝術畫廊藏
2｜高更　有三隻幼犬的靜物　1888　油彩畫布　91.8×62.2cm　紐約現代美術館
3｜1888年7月高更寫信給梵谷，提到〈摔角男孩〉，也抒發觀點。
4｜高更　摔角男孩　1888　油彩畫布　93×73cm　裘斯佛衛茲收藏

了不少男孩與女孩嬉戲的情景，甚至一些童趣的畫作，來紓解心中的思念之情。

摔角男孩

其中有一張在1888年畫的〈摔角男孩〉，高更非常喜歡它，特別顏色的安排令他最為滿意，他當時寫下畫中的細節：

有兩個男孩，他們穿的短褲顏色分別是藍與朱紅，畫面右上方還有一個男孩剛剛爬出水面，一片綠色草坪，彷彿像一處單純的威洛納（Veronese）景象，點綴著些許的鉻黃，猶如厚厚的日本皺紋織物。
在上端，有發出水泡的瀑布，加上玫瑰白，接近框的邊緣有一道彩虹。
在下端，濺落了白，一頂黑帽與一件藍襯衫。

整個畫面猶如一處純真的天堂，草原綠得這麼清新，瀑布的水沖得如此激烈。

美妙的神遊

當時高更正發現到一種「想像」的美學，人物取自於真的模特兒，但風景描繪可憑空想像，藝術家對孩子的思念轉為幻想，畫作中出現的是美妙神遊後的結果。

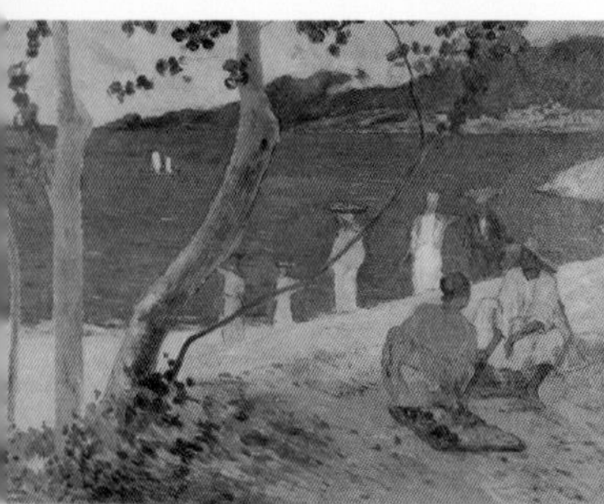

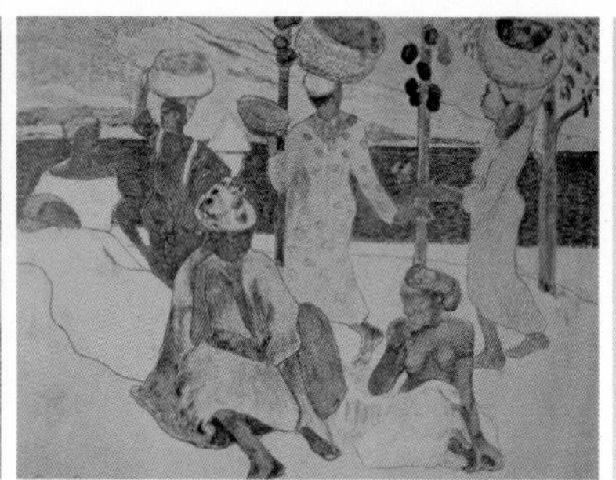

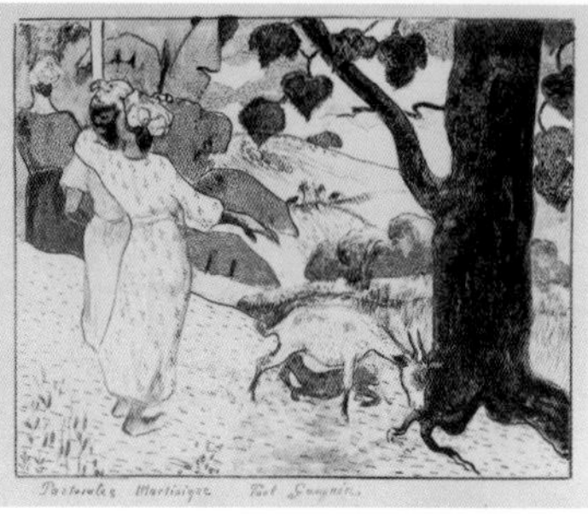

1｜高更　海邊　1887　油彩畫布　46×61cm　私人收藏
2｜高更　佛爾比尼系列：蚱蜢與螞蟻　1889　史坦夫婦收藏
3｜高更　馬蒂尼克島田園風景　1889　石版畫拓印黃紙上　17.6×22.2cm　紐約大都會美術館
4｜高更　熱帶地區的女黑人正在聊天　1887　油彩畫布　私人收藏
5｜高更　馬蒂尼克的海岸風景　1887　油彩畫布　54×90cm　丹麥新卡斯堡美術館

1 2 3 | 4 5

解讀5 馬提尼克島的新刺激

高更在馬提尼克島時，因為發燒又患痢疾，所以沒待幾個月就回到法國，時間不長，卻畫了許多素描與油畫，在這趟千辛萬苦的旅程中他有什麼收穫呢？

海邊的景色

他寫信跟好友舒奈格說：「我們住的附近都是沙灘與海，在那兒可以游泳，而且處處都看得到棕櫚樹及其他水果樹，這些真是風景畫家的理想天堂啊！」的確，藍藍的海、淺色的沙灘、菊與綠相襯的樹，以及點綴的人群是風景畫的好元素，好題材，高更將這些都一一記錄下來。

女人的搖擺

在這島上，最讓他愉快的莫過於當地的人，他說：「每天都有女黑人來來往往，穿著華麗的服飾，顏色十分強烈，她們以變化萬千的姿態與優雅的步伐，四處走動。」

當地女人穿的衣服非常亮眼，移動時形成一種視覺的韻律感，高更吸取這個部分，再發揮到畫布上，在每個細節，都有絢麗的色彩與抖動的筆觸，將整個畫面表現得動感十足。

在女子走動方面，高更觀察到她們頭上的物品、手的姿態及屁股的搖擺，這幾個因素綜合起來，使她們全身看起來十分的誘人，不但自然、和諧，也很性感。

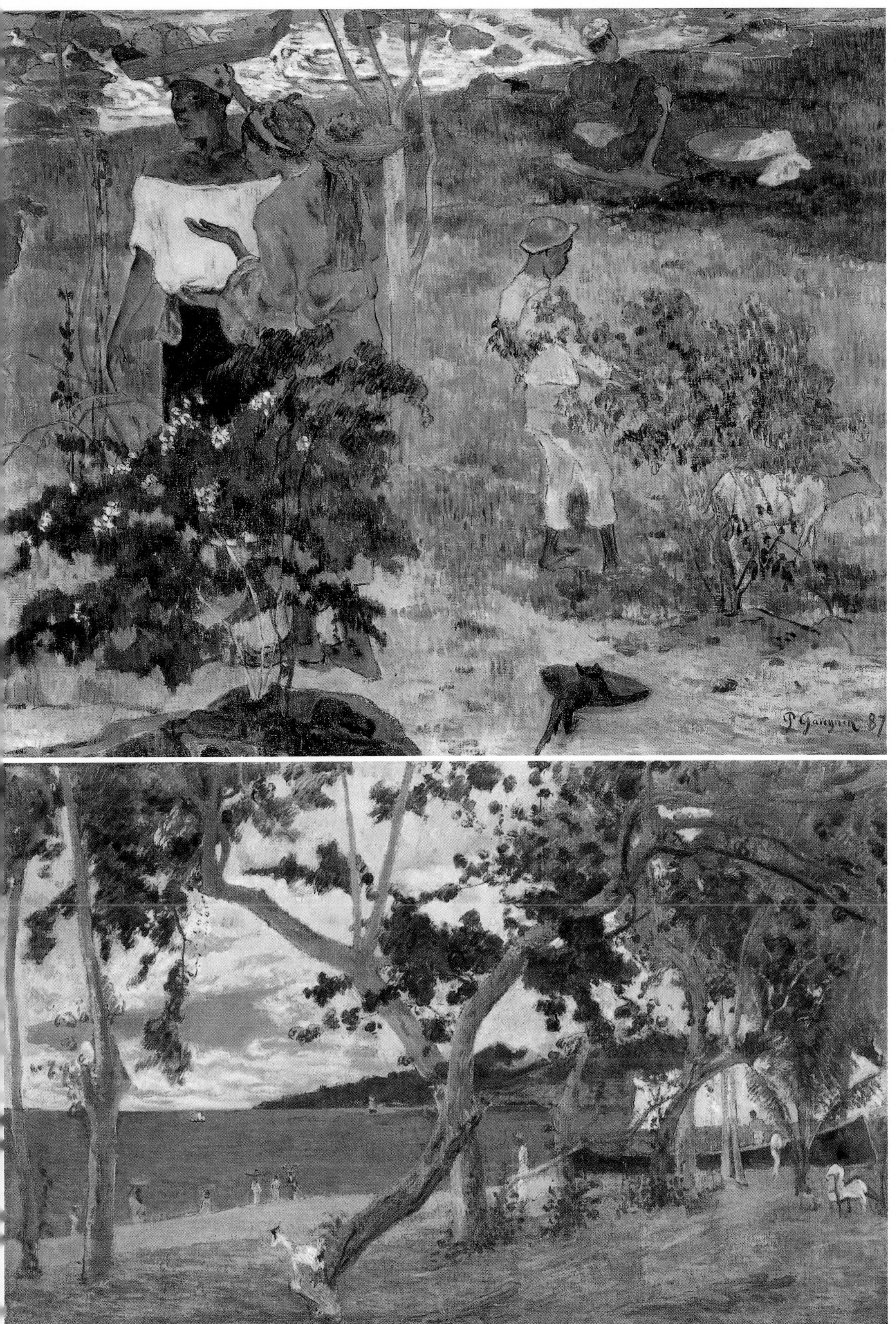
P Gauguin 87

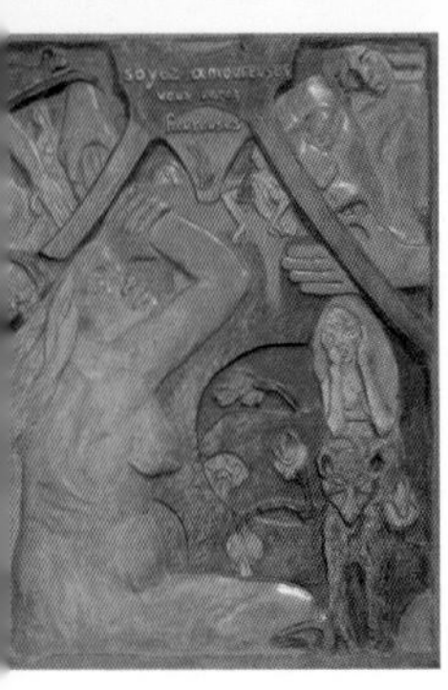

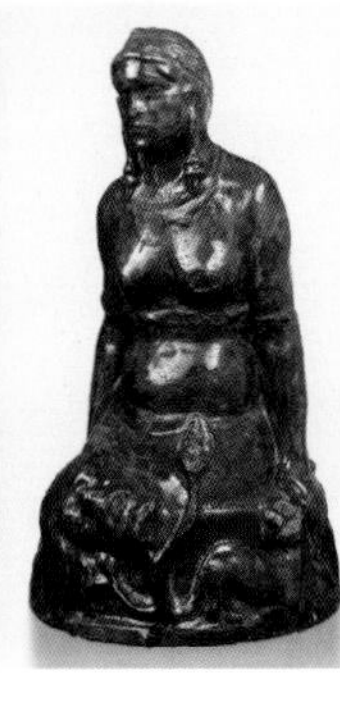

1 | 高更　戀愛中的女人都是幸福的　1889　木雕著色　97×75cm
波士頓美術館

2 | 高更　莎樂美（黑膚維納斯）　1889年春夏　雕塑　高50cm×寬18cm
納索郡博物館

3 | 高更　馬蒂尼克島風景　1887　油彩畫布　116×89cm
愛丁堡蘇格蘭國立美術館

4 | 高更　芒果樹叢中的女子　1887　油彩畫布　92.4×72cm
Joe L. Allbritton夫婦藏

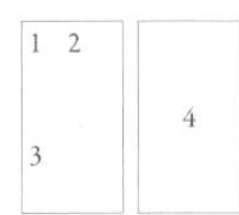

大色塊的運用

由於女子走來走去，總停不下來，雖然能欣賞到她們千變萬化的姿態，但因無法細膩畫下他們，也成了他一個很頭痛的問題，他說：「這時刻，為了穿透她們的性格，我素描一張接一張地畫，密集的畫，但她們卻無法停下來為我擺姿。」因為畫的速度趕不上人的移動，在用色上，只能大片大片的塗，不得不疏忽細節，大塊筆觸就這樣形成。

叢林景象

在島上到處可見熱帶植物，如此蒼翠與茂盛，高更針對這類景象也畫了好幾幅，因此，簇葉就成為畫面的焦點，他如何表現這個部分呢？在簇葉的處理上，它們形狀分明，上下走向的筆觸，降低遠近的對比，抽象感也隨之浮現出來。

其他像土壤、果子、海、動物等等，他同時更大膽的使用紅、黃、藍原色，更增加每處細節的緊度與強度。

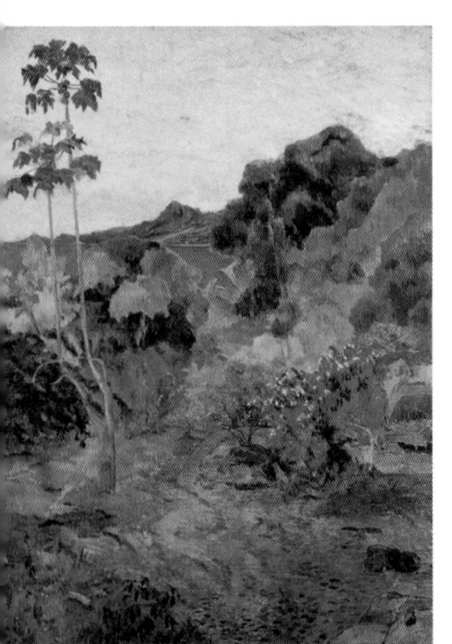

他有時用樹叢掩蓋建築物，有意在這畫中製造一種神祕，無污染的，像伊甸園一樣純然的世界，最後讓人感覺像一幅幅細工織成的掛毯。

性的誘惑

在這裡，不缺誘惑男人的女人，高更就碰到了一個經驗，一位十六歲的女孩遞給他一粒被切開擠壓過的番石榴，他收下之後，她就離開，在正要吃下去的時刻，有一名混血的男子看到，立即把水果搶走扔到地上，還警告高更：「你絕對不能吃不知從何而來的水果，這水果有魔法，一旦吞下，你就會被她指使。」

這個魔法指的就是性的迷惑，所以高更寫道：「在這兒，一個

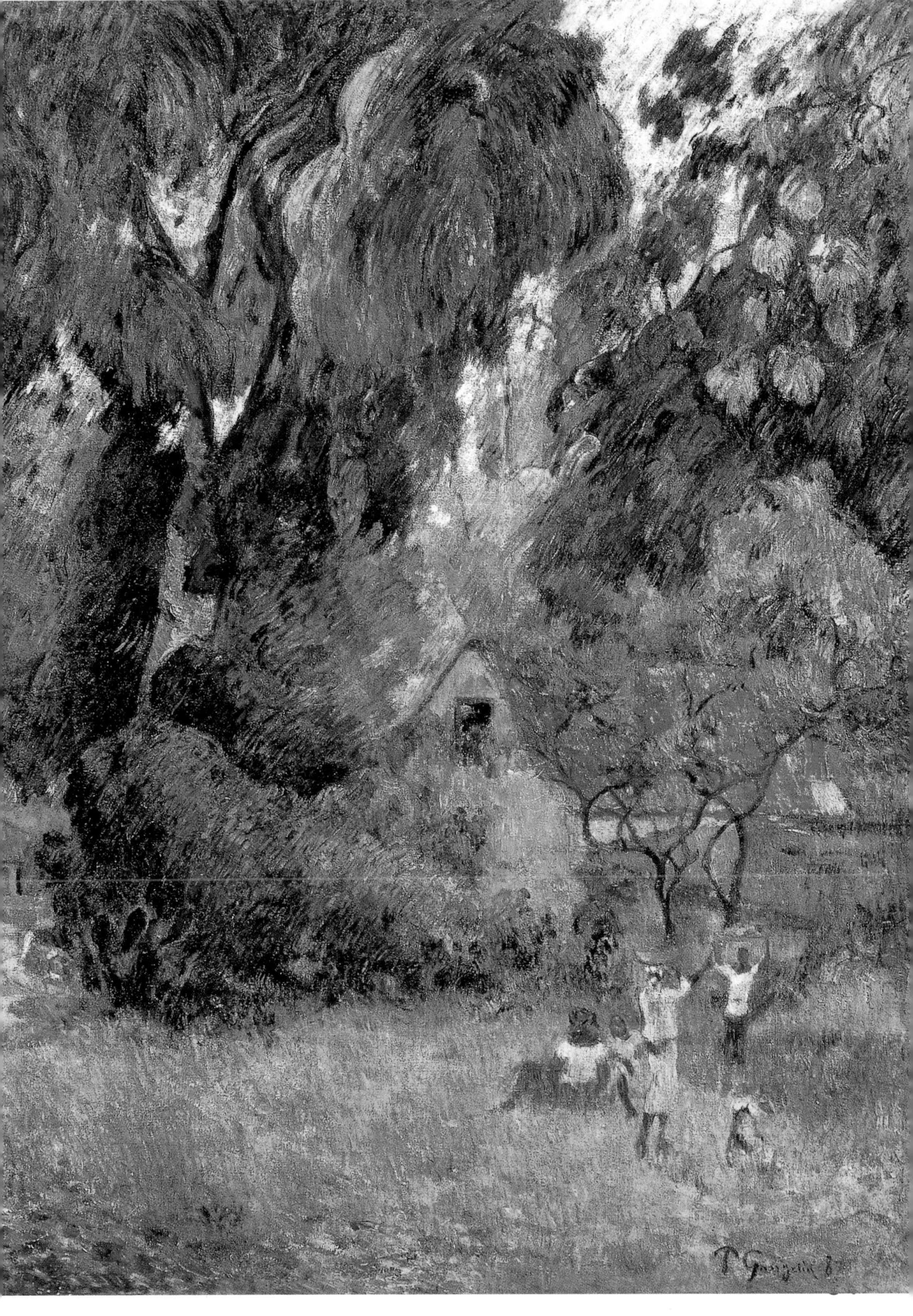

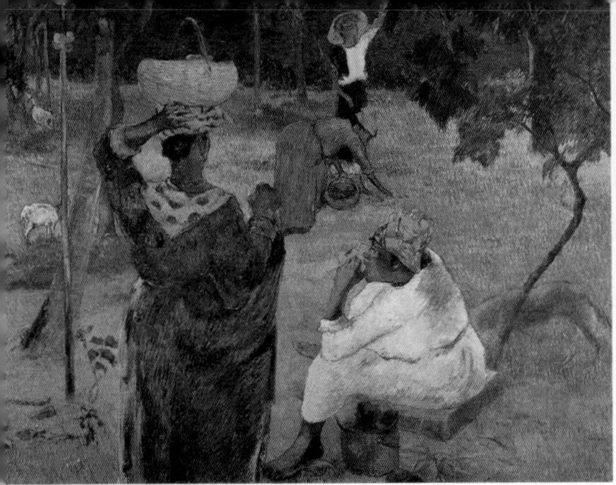
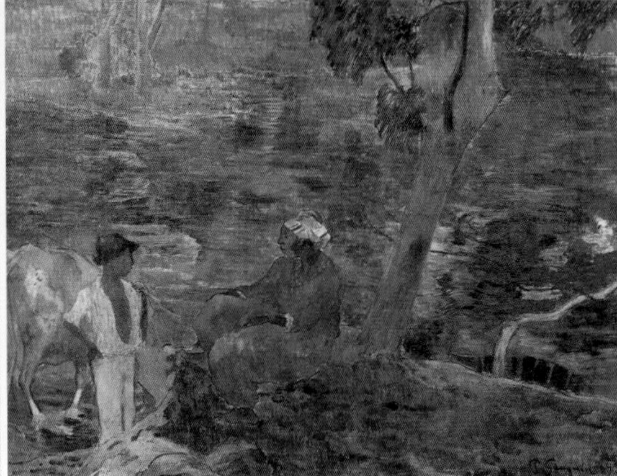

1｜高更　馬蒂尼克島的採芒果的人　1887　油彩畫布　89×116cm　阿姆斯特丹梵谷美術館
2｜高更　池塘邊　1887　油彩畫布　54×65cm　阿姆斯特丹梵谷美術館
3｜高更　早安高更先生　1889年　油彩畫布　113×92cm　布拉格國立美術館

白人是很難保守貞潔的。」

簡而言之，此地是性愛的天堂。

何需考慮道德或社會輿論的約束呢？在歐洲，女人將自己裹得緊緊的，裝出一付冷冰冰的模樣，然而島上的女人熱情與迷惑，讓高更嘗到一種解放與自由的快感。

島上的大豐收

雖說在馬提尼克島上得到痢疾，之後花了好幾個月時間養病，但在美學與性愛觀上，他卻往前跨了一大步！

解讀6 從印象派中出走

回到法國，高更將自己在馬提尼克島上創作的一批畫整理出來，呈列在巴黎的波帝美術館（Arène Portier Gallery），觀眾與專家的反應不一。

觀眾的負面反應

對於這些新作品，一般觀眾與藝術愛好者期待看到一種「被征服的新顏色」，也就是說，陽光照耀後全然的閃亮，他們更期待看到狂暴的效果。高更使用原色，無論在濃度與亮度上都很足夠，但他添加的陰影帶有紫與黑調性，這點卻讓巴黎觀眾不太滿意。

另外，許多觀眾已習慣席涅克、秀拉與畢沙羅鼓吹的點描派畫風，對高

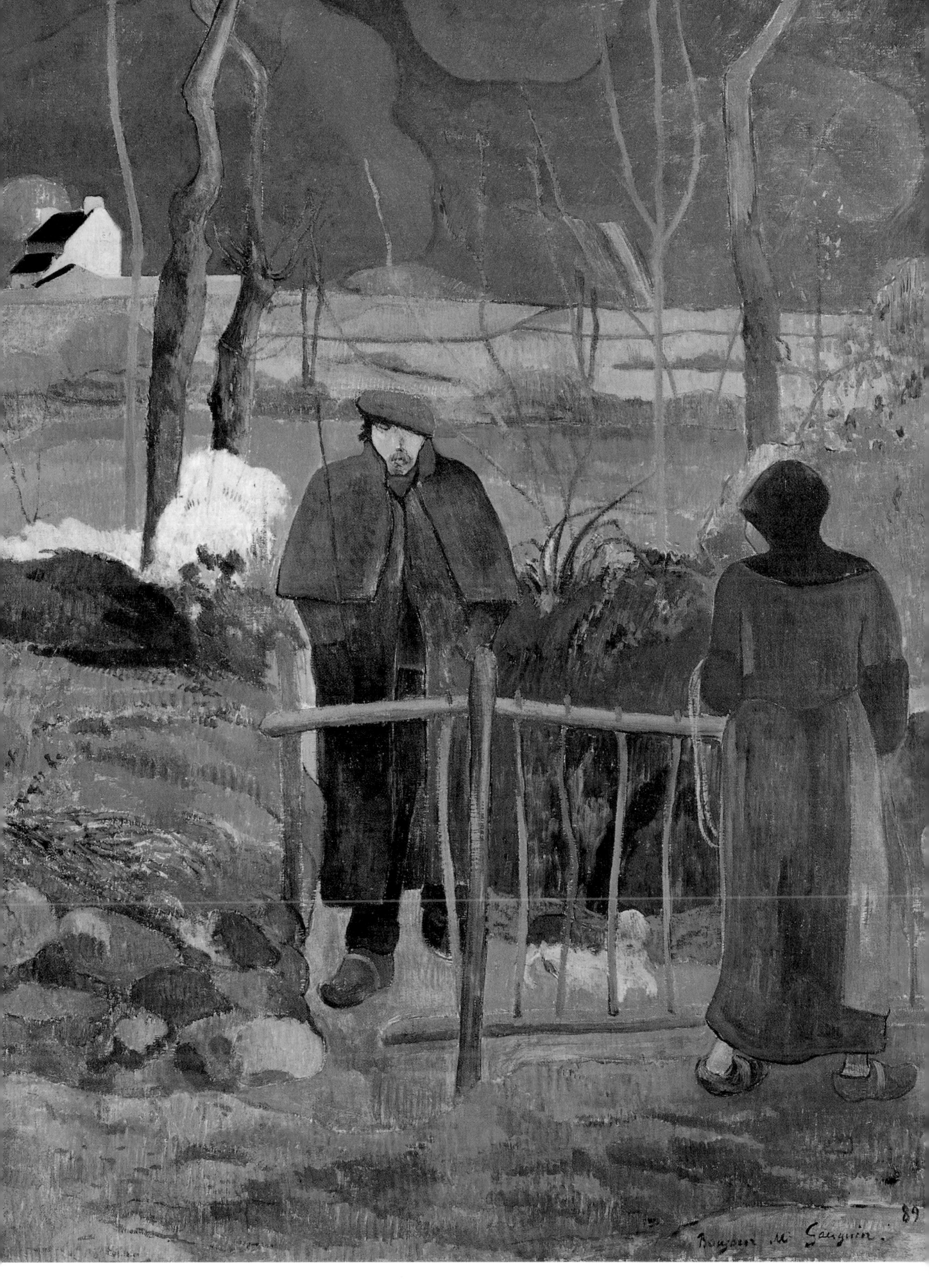
89
Bonjour M Gauguin.

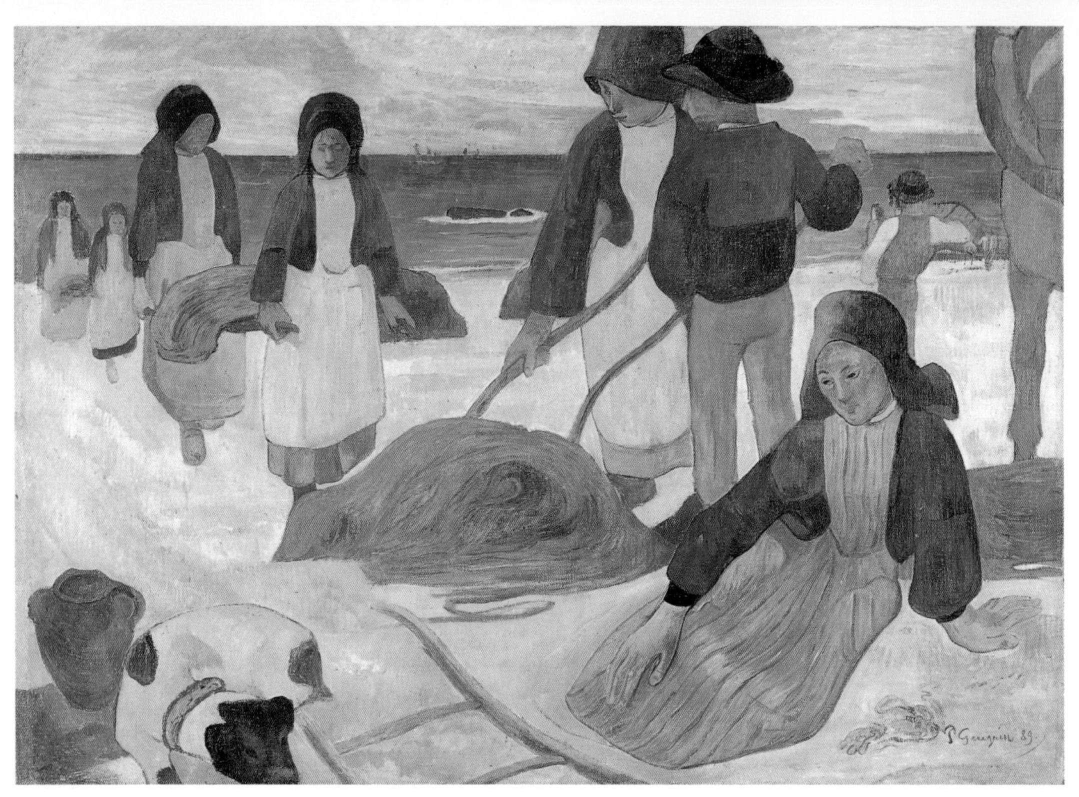

更自成的風格一下無法接受，詩人卡恩（Gustave Kahn）就寫下當時的反應：

高更展或許預示某種未來，但他的畫不是點描，也不是視覺混合……人們真的沒辦法用興奮的心情去理解。

高更的新作品已經明顯的跟印象派區隔開來，是他離開繁華都會後的收穫，但內容讓人難理解，又賣不出去，他付出了慘痛的代價嗎？在一時的藝術市場或許是吧！但在美學裡，他往前邁出一大步了。

少數人的辯護

在展場僅有少數人替他辯護，其中一位是好友畢沙羅，他解釋：「在這些（熱帶）國家，形式被光吞沒了，細微的差別已不存在，因此藝術家無法將它描繪出來，所以才會在畫裡產生另一種反效果。」

觀眾的期待跟高更的經驗簡直大相逕庭，畢沙羅嘗試打破眾人的迷思。

最令人振奮的是，藝評家莫布（Octave Mirbeau）也加入辯護的行列，稱

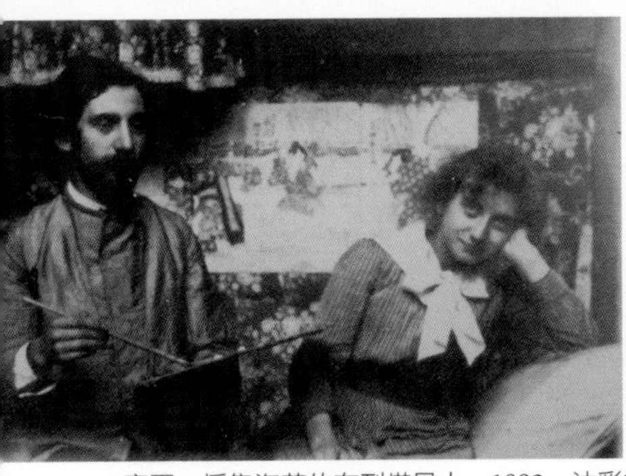

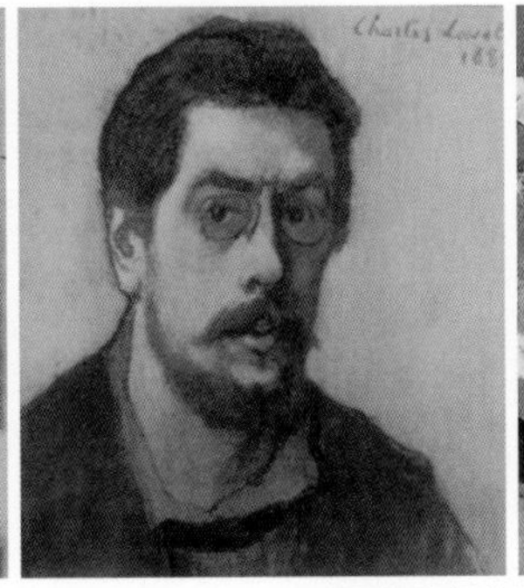

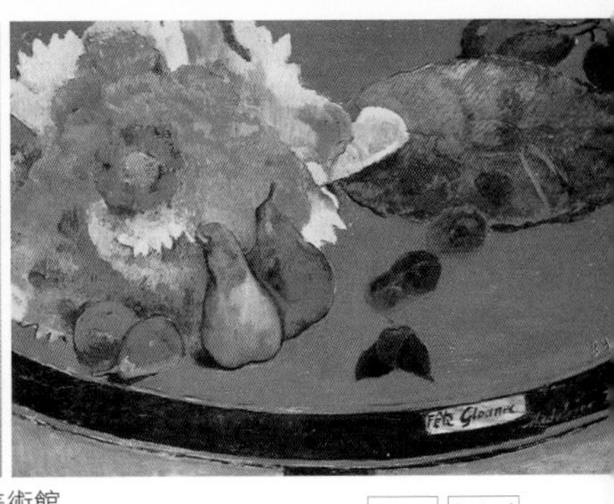

1｜高更　採集海草的布列塔尼人　1889　油彩畫布　87×123cm　德國福克望美術館
2｜伯納德與妹妹瑪德琳1888年在阿凡橋時的合照。
3｜拉瓦爾1888年的自畫像，當時他正與瑪德琳熱戀。
4｜高更　靜物，閣樓涅克饗宴　1888　爾良美術館　高更畫完這張畫就送人，但簽的卻不是自己的名字，而是瑪德琳的名字，並說這是一件「業餘畫家的作品」。

1 | 2 3 4

讚這批新作：

此系列的畫布，的確讓人眼花撩亂，同時產生很驚人的效果，在這些畫裡，高更已征服他整個性格……從此，他是自己的主人。

藝術家走出印象派的影子，發展屬於自己的美學體系，也因為如此，他不再是別人的奴隸，已經是自己的主人了。

創新美學的動力

在馬提尼克島的一系列畫作，藝術家簡化顏色與細節，畫上紫與黑的輪廓，塗上沉重與溫暖的陰影，造成的模糊地帶也變成了抽象的原型。同時，他強烈地意識到顏色給予的情緒、繪畫的精神體現，以及想像的騷動與活力，所有也都成為20世紀初美學革命的動力。

解讀7 給瑪德琳的愛與祝福

藝術家伯納德有一位妹妹名叫瑪德琳（Madeleine），她與母親在1888年夏天來到阿凡橋，她才智非凡，熱愛藝術，長得漂亮，性情又活潑，待在藝術村時，變成人人專注的焦點。

高更的愛意

高更對她一見鍾情，他四十歲，她十七歲，儘管年齡的差距，一段期

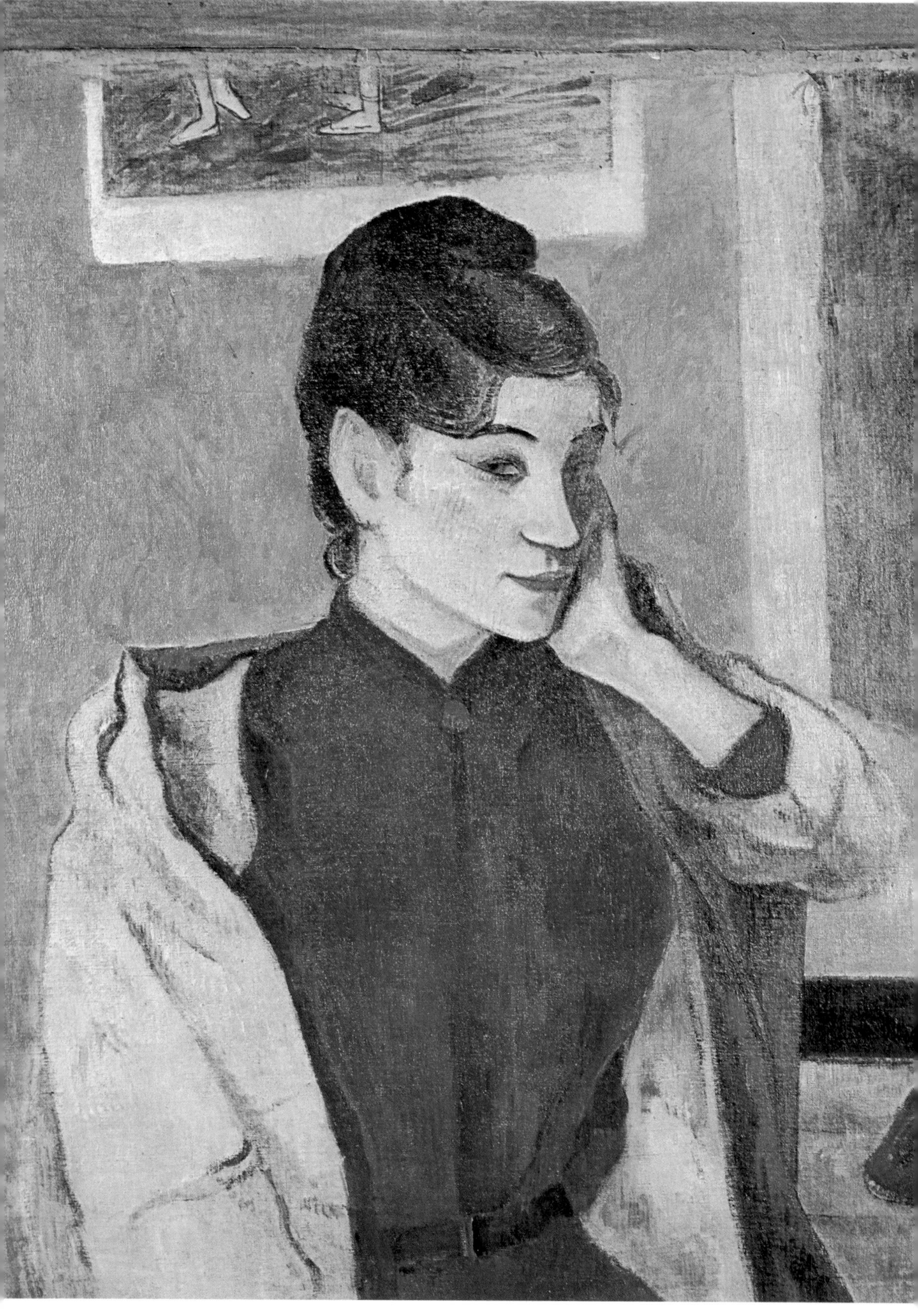

1 | 高更　瑪德琳肖像　1888　油彩畫布　72×58cm　法國格倫諾博美術館藏
2 | 1888年的高更，當年40歲。

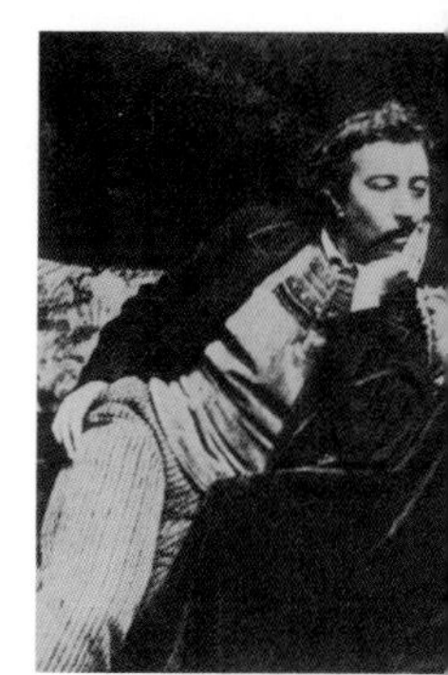

間，瑪德琳的確對他有愛意，不過很快的，她轉向另一位年輕的畫家拉瓦爾，他們相戀之後訂婚，但高更依然窮追不捨。

當時，高更畫了一張她的肖像，畫中，藝術家用紅、黃、藍調性來處理畫面，以稍微側面的角度來刻劃女主角的頭，她的手臂壓住臉龐、五官輪廓與髮絲的走向，串聯在一起時，呈現出一條對角線，顯得相當撫媚，特別那上揚的眼角，像在跟高更拋媚眼似的。

美麗的隕歿

當她離開阿凡橋之後，高更還寄了一封長信給她，說她多特別，鼓勵她未來要好好開闢出一條屬於自己的路，然而，她無法實現高更的願望，之後沒幾年未婚夫拉瓦爾生了一場重病，在照顧他的同時，瑪德琳也患上肺結核，二十四歲那年就離開了人間。

解讀8 迷人的綜合元素

馬提尼克島回來之後，從高更辦的幾場展覽可以看出他在藝術上的突破，直到1888年10月他依然留在阿凡橋，並跟伯納德一起創立一個新的美學，稱之為綜合主義，那是什麼呢？

從1888年1到10月底，高更與梵谷經常通信，當時高更正在畫一件綜合風格的作品，他一邊畫，一邊在信裡抒發他的想法，這張畫標題叫〈佈道後所見〉，這不但是高更的第一件宗教性作品，也是他美學轉變以後的關鍵之作。

在這幅畫，藝術家如何表現獨特的綜合主義呢？

色彩的安排

畫裡有兩群布列塔尼女人正在禱告，她們身穿濃暗的黑衣，戴上白帽；

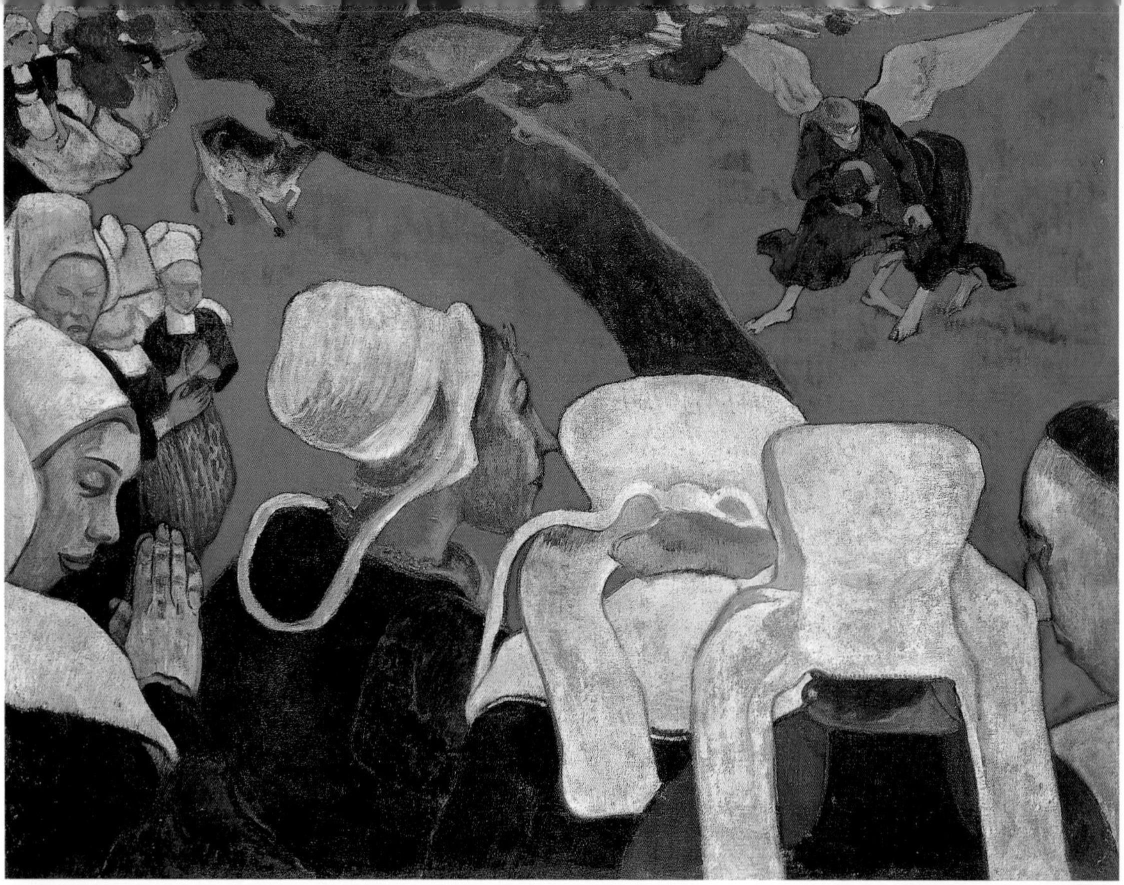

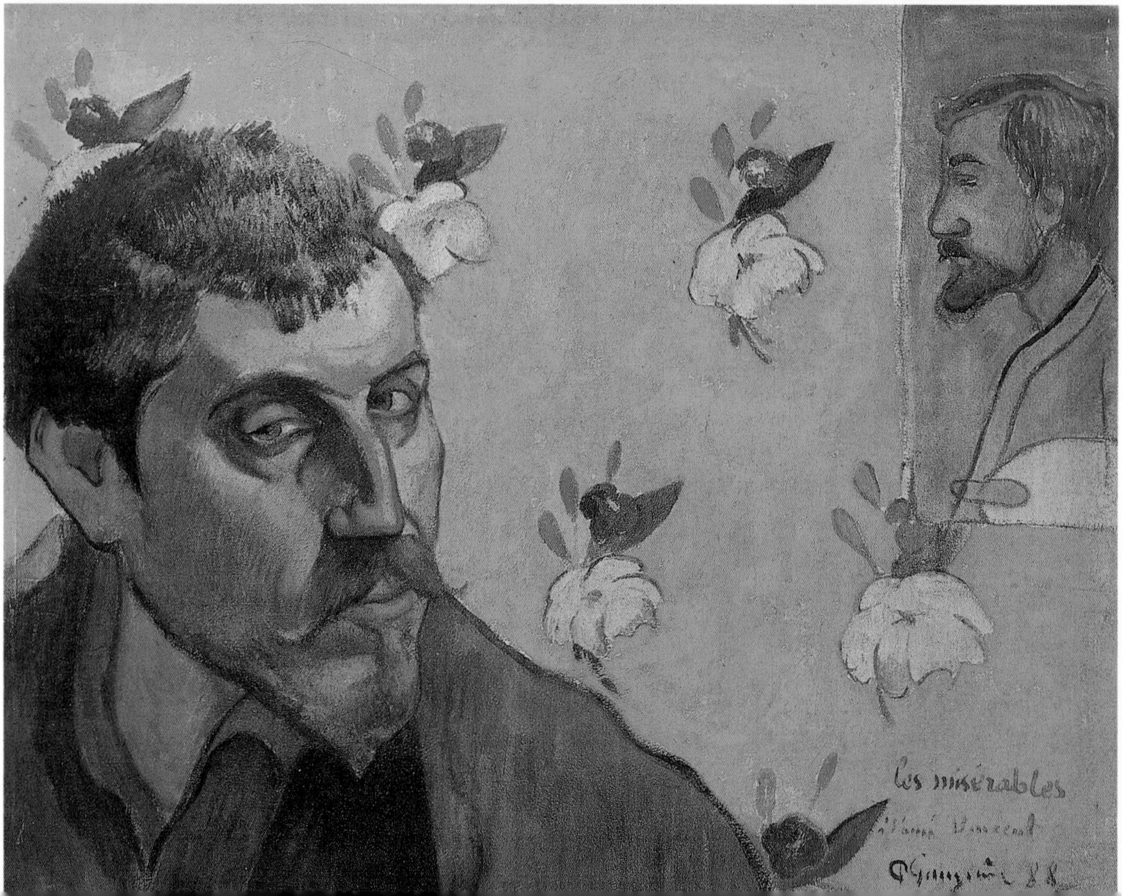

les misérables
à l'ami Vincent
P Gauguin 88

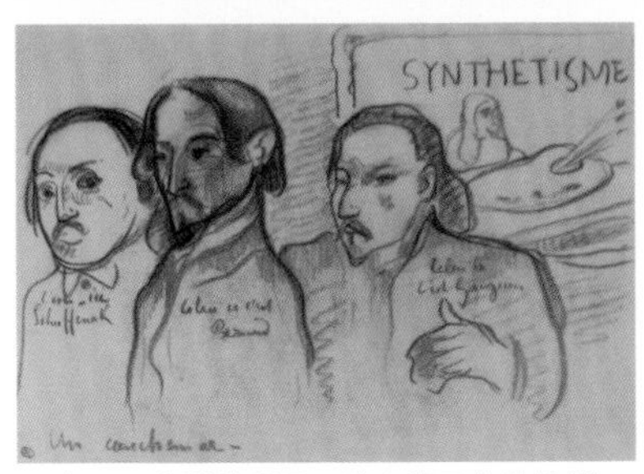

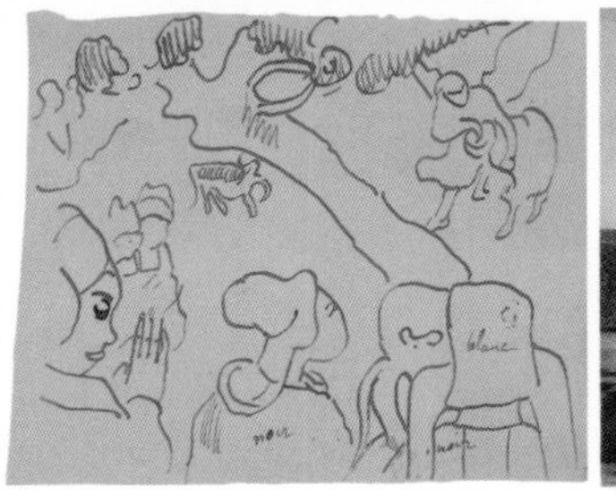
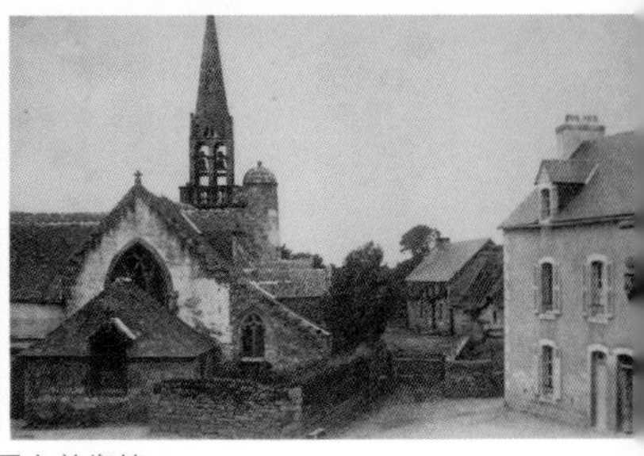

1 | 高更　佈道後所見：雅各與天使的格鬪　1888　油彩畫布　72.2×93cm　蘇格蘭國立美術館
2 | 高更　獻給梵谷的高更自畫像　1888　油彩畫布　45×55cm　阿姆斯特丹梵谷美術館
3 | 1889年，在伯納德的素描本裡，高更畫下〈綜合主義，一場夢魘〉，
圖上人物是高更、伯納德與舒奈格（右至左），背景有「綜合主義」的字樣。
4 | 1888年9月高更寄上〈佈道後所見〉素描給梵谷　阿姆斯特丹梵谷美術館
5 | 約1890年西隆教堂的照片

中央有一棵蘋果樹以對角線劃過畫面，樹上的綠葉偶有綠黃隙縫，據高更說這是為了製造陽光的效果；右上角位置有一對人正在比賽摔角，有翅膀的一位是天使，他穿上群青色的衣袍，有一對烙黃色的翅膀，另一位是《聖經》裡的人物雅各，他身上一襲深綠，兩人的腳全橘。

地上被畫的紅紅，根據高更所言，這渲染的純朱紅有個目地，他希望這畫可被掛在教堂裡，若能如願，教堂牆面的石子與彩繪玻璃將會減低色調，最後變成紅棕，這是他想達到的效果，不過當此畫完成後，高更示意給西隆教堂，但他們一點興趣也沒有，回絕了他。

人物的外表

前端的這些女人不僅黑衣白帽，跪下來禱告，虔誠的模樣，高更在她們身上用的顏色是幾乎未經調和的，也用藍黑的重色來畫輪廓，高更說：

我相信這些人物已表達出一種強烈的質樸，以及散發的簡單，整個看起來非常嚴肅。

的確，他將這群女人的簡單、樸質與對神的敬畏，表達的淋漓盡致。

人物的內心

〈佈道後所見〉右上方打鬥的這一對，從外表來判斷，無論姿勢與位置，高更應是從日本畫家葛飾北齋一系列摔角作品得來的靈感。

在內容上，有關天使與雅各的爭鬥，已被不少藝術家們處理過，譬如像

1 2 3 4

1 | 林布蘭特　約伯跟天使摔角　約1660　柏林國家普魯士文化遺產博物館
2 | 德拉克洛瓦　約伯跟天使摔角　約1850-6　巴黎聖敘爾皮斯教堂
3 | 波納特（Léon Bonnat）　約伯與天使的爭鬥（習作）　1876　紐約達西斯博物館
4 | 摩洛　約伯跟天使摔角（習作）　約1878　巴黎摩洛美術館

迪布來（Jan Theodoor de Bry）、林布蘭特、德拉克洛瓦等等，所以高更並非第一位畫此主題的人，不過，真正的重點還是背後深藏什麼意義？高更怎麼詮釋此主題呢？

高更讀過《創世紀》，知道在32章23-31節裡記載這段雅各與天使對抗的故事，那是善與惡、上帝與魔鬼的交戰，在每場的試煉，人總會經歷這般的騷動。

對高更而言，人性絕不單純，外表所見的並非一切，當他看到這群女子禱告時，他在想像她們的內心，她們可能正處於某種的抗爭，雅各與天使的存在象徵她們內在的動盪。

若說女子們正經歷一場道德的試煉，地面的朱紅象徵她們靈魂交戰時的燃燒，而這棵蘋果樹呢？代表伊甸園中的那一樹，當亞當與夏娃吃下禁果後，人們不再懵懂無知，但隨之而來的是一波接一波的災難，也就如此，衝突與騷動將持續，在人間永不停止。

樹後的小牛

左上方有一隻小牛，高更對此並沒有多加解釋，只說：「樹下有一隻牛，若拿牠跟真的牛相比，體積小得多，牠將前腿舉起。」這隻牛頗有西班牙鬥牛之姿，這可能跟高更的西班牙血統有關，他曾計畫晚年要到西班牙看一看，並說想體會鬥牛的快感，因此畫中的這隻小牛只是他的幻想而已。

想像與真實

我們會發現高更將女子、樹、摔角與牛的大小比例畫的不一致，為此，他解釋：「對我來說，在這幅畫，風景與爭鬥僅存在於人們的想像裡，特別當她們聽到佈道禱告時，那也就是為什麼人物本身跟風景與爭鬥之間會形成如此的對比，所以風景與爭鬥的部分看起來不像真的，比例也不對……。」

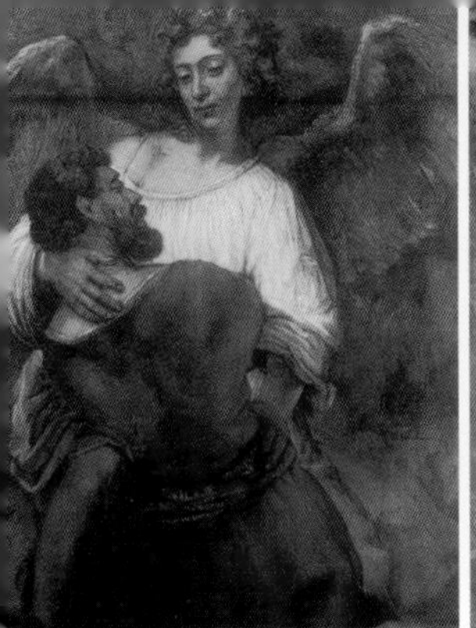
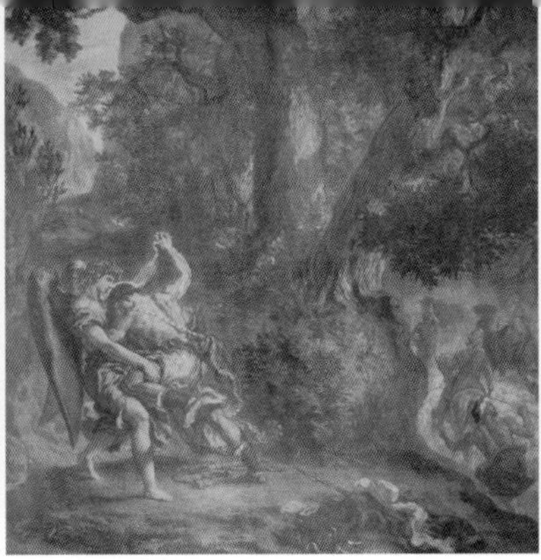
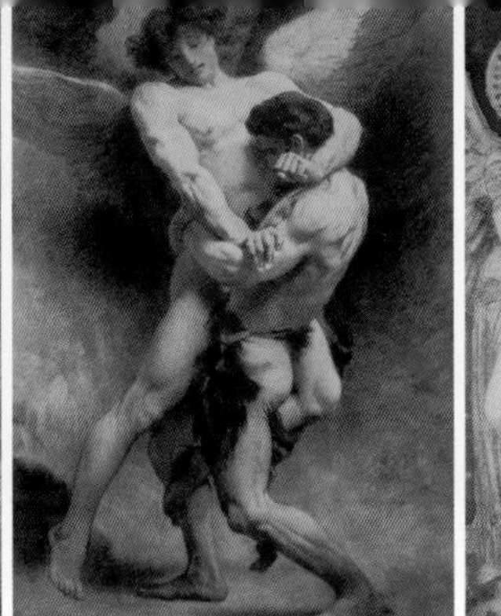
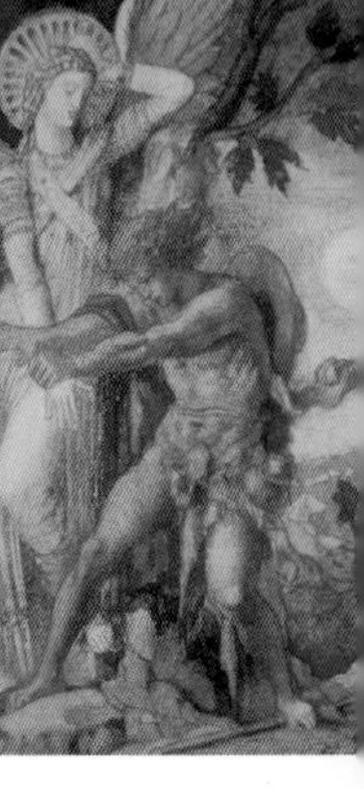

原來「不一致的比例」為了區別想像與真實的差異，女子是從真正的實體取出來，因不是憑空想像的，所以高更將她們的比例畫得恰到好處；然而樹、摔角與牛都是想像出來的，所以不是畫得很大，就是畫得很小。

革命性的美學觀

在〈佈道後所見〉，藝術家從實體、想像、觀察、過去的藝術、多文化與宗教中，取自各種不同的因素，運用上抽象或象徵的手法，將它們綜合在一起，這項革命性的美學觀，就是所謂的綜合主義。

解讀9 在黃屋的歲月

1888年10月23日，高更來到阿爾跟梵谷住在一起，九個星期後，高更悵然的離開。他們住在黃屋的故事到底是怎麼一回事呢？高更的觀點又是什麼呢？

紅與黃

在屋子裡，梵谷特意將高更的房間佈置成一片泛黃，包括向日葵畫作、牆、窗簾等等，其實對高更而言，太過「刺眼」了。

高更說：「在阿爾的時光，我們瘋狂的很，一直爭吵什麼是好顏色，對我來說，我愛紅，但哪裡可以找到完美的朱紅呢？」

高更愛紅，但在阿爾看到的全是黃，讓他感到痛苦。

極端的性情

雖然梵谷與高更成長背景不同，但兩人屬於非學院派，年紀大之後才決

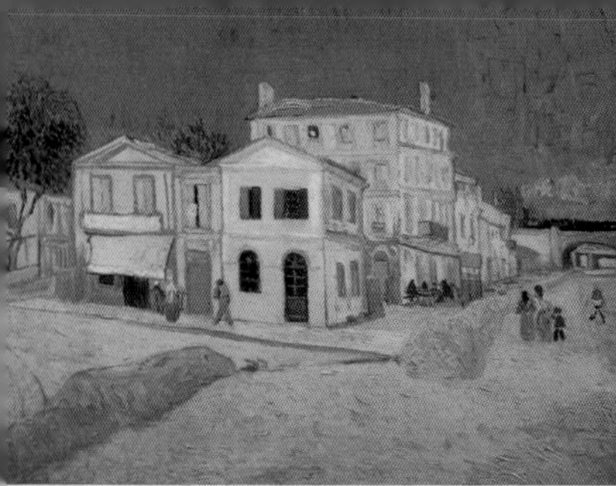
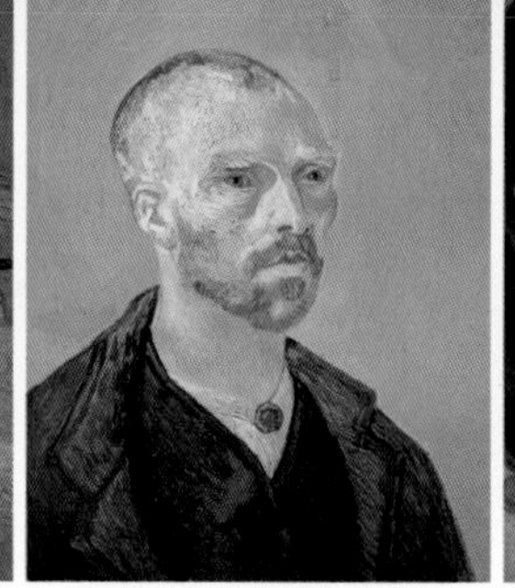
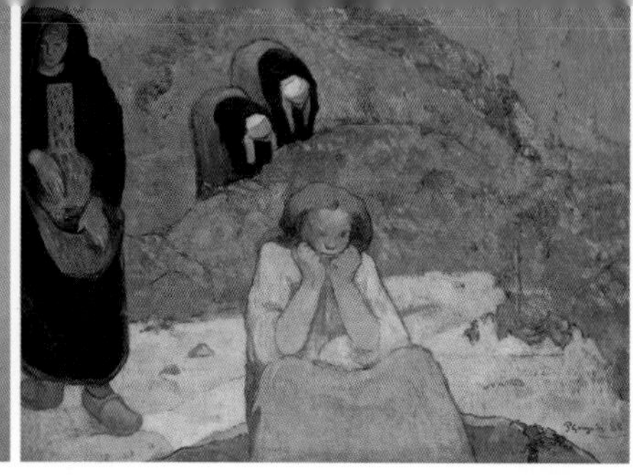
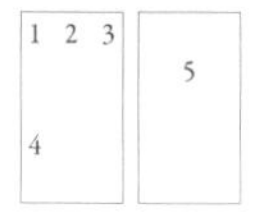

1 | 梵谷　黃屋　1888　油彩畫布　72×91.5cm　阿姆斯特丹梵谷美術館
2 | 梵谷　和尚的自畫像　1888年9月於阿爾　油彩畫布　60.5×49.4cm　阿姆斯特丹梵谷美術館
3 | 高更　阿爾的葡萄豐收（或稱人間的悲劇）　1888　油彩畫布　73×92cm　丹麥奧德普加特美術館
4 | 梵谷　戴紅色貝雷帽的男子（後考證畫的是高更）　1888年　油彩、麻纖維　37.5×33cm　阿姆斯特丹梵谷美術館
5 | 高更　畫向日葵的梵谷　1888　油彩畫布　73×92cm　阿姆斯特丹梵谷美術館

定當畫家，喜歡逃離都市到處流浪，在許多方面是類似的，還有，他們獨立性過強，兩人脾氣也不好，在生活上很難妥協，難怪爭執的厲害。

就如高更所言：「在兩人之間，他和我，一個全是火山，另一個在燒滾。」

「火山」加「燒滾」，不就等於火山爆發嗎！

藝術喜好的差異

梵谷與高更一同寫生、逛美術館、談天說地，也針對同一景或同一模特兒來創作，但他們喜歡的藝術家也不一樣，經常爭到面紅耳赤。

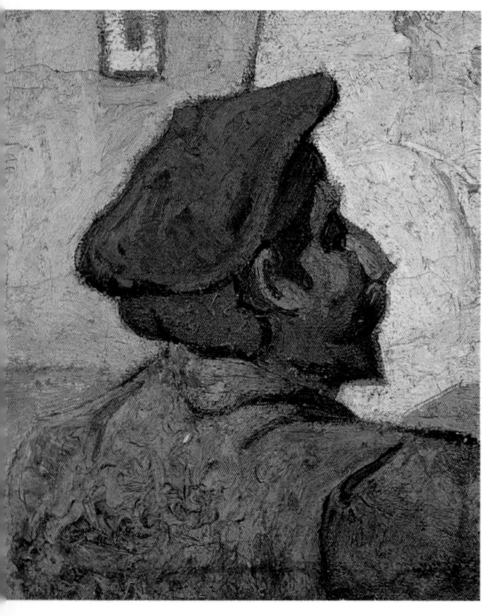

高更說：「梵谷對梅松尼爾（Meissonier）無限的崇拜，很痛恨安格爾（Ingres），竇加讓他絕望，塞尚不過是個笑話，想到蒙地伽利（Monticelli），他就會哭。」

但問題是梵谷不喜歡的畫家，像安格爾、竇加與塞尚，卻是高更最崇拜的藝術家。

即使他們的藝術品味大相逕庭，梵谷倒聽從高更的建議，開始用「純想像」來畫畫。

次序與混亂

高更當過水手，又在證券公司工作過，在處理事情上頗有條理，當他住在黃屋時，看到梵谷什麼事都弄得亂七八糟，簡直嚇壞了。

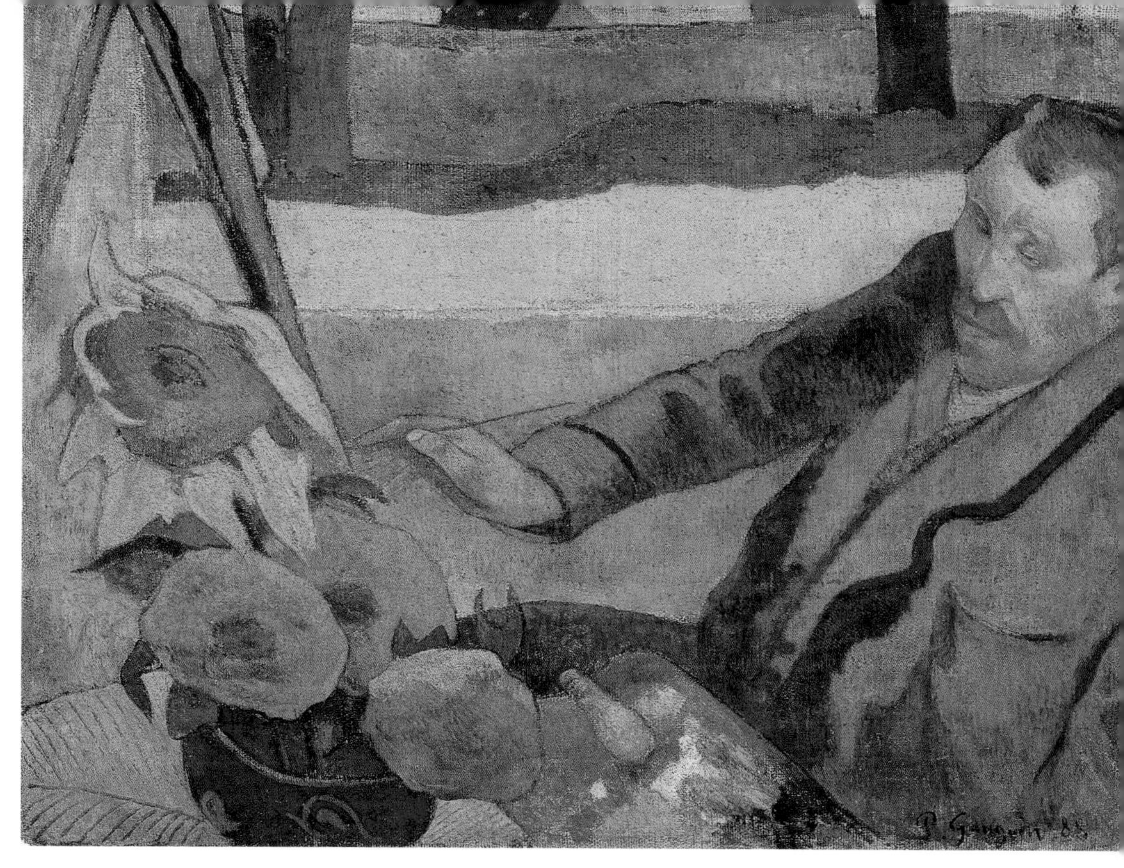

譬如在顏料處理上，梵谷每條擠過的軟管蓋子都沒蓋好，而且全放在一個小漆盒裡；但高更卻不同，他知道顏料很貴，絕不能浪費，所以用完一定合上。

在餐飲上，梵谷喜歡做湯，但高更卻不知道湯裡混著什麼東西，看起來很像他畫布上的顏料，弄得他不敢吃；最後高更決定自己煮飯，梵谷負責買菜。

在財務分配上，他們依賴西奧匯來的錢過日子，梵谷常常不知如何省吃儉用，於是高更想出一個方法，那就是：將他們晚間外出、煙草、房租及其他花費的錢放在一個盒子裡，上面放有一張紙與一隻筆，每人得誠實的寫下拿了多少錢；另外的錢則放在另一個盒子裡，用在吃的上面，分成四份，每份一個星期，剛好一個月的費用。

高更的來到，希望帶給梵谷一個穩定有次序的生活，他說：「我盡所有的能力在他的混亂的頭腦裡灌些理性與邏輯的東西，但是我還是無法讓他了解……」但無論怎麼做，都不能改變梵谷，所謂本性難移也就是如此。

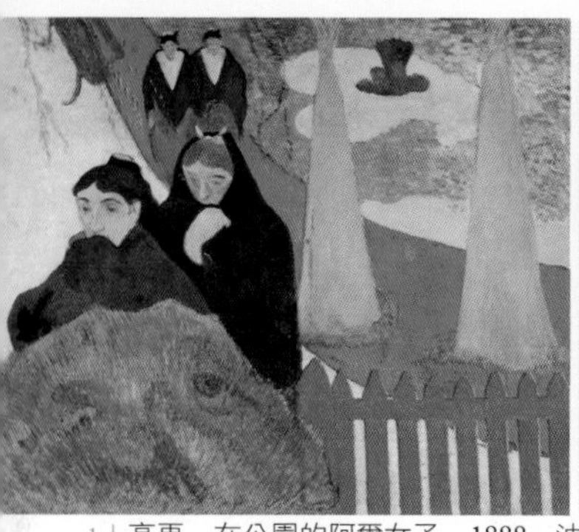
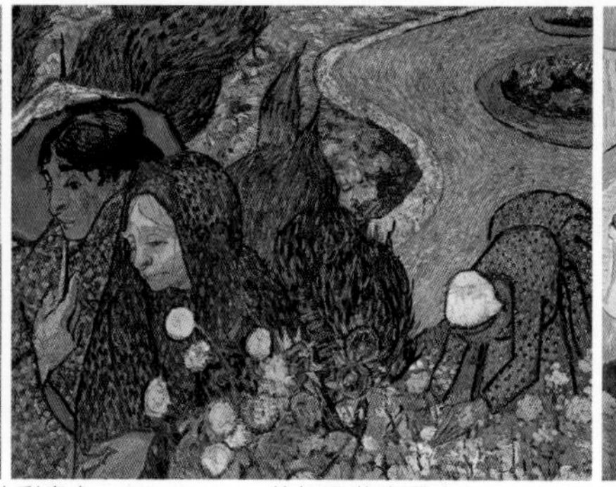
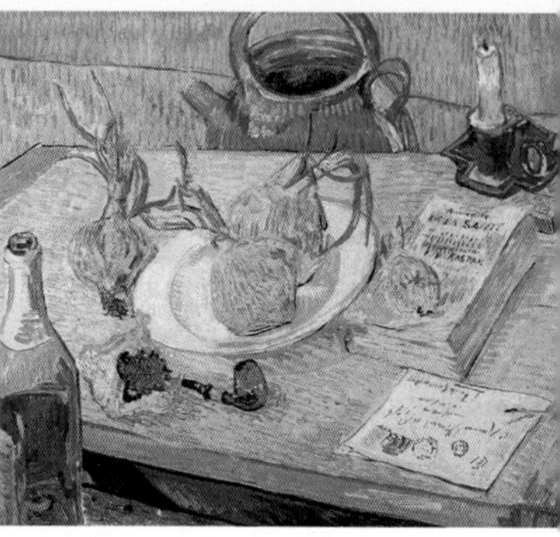

1 | 高更　在公園的阿爾女子　1888　油彩畫布　73×92cm　芝加哥藝術學會
2 | 梵谷　在埃頓花園的記憶　1888年11月　油彩畫布　73.5×92.5cm　俄羅斯聖彼得堡艾米塔吉博物館
3 | 梵谷　盤，洋蔥，健康年冊，與其他的物品　1889年1月　油彩畫布　50×64cm　荷蘭克羅勒－穆勒博物館
4 | 舒奈格　靜物與一盤水果　1886　油彩畫布　65×54cm　荷蘭克羅勒－穆勒博物館
5 | 舒奈格一家人的照片，舒奈格本人站在妻子的後面。

但至少梵谷很尊敬高更，視他如師如友，他願意在高更設下的遊戲規則裡過日子。

像一個世紀這麼久

高更說梵谷是個易怒的人，但也很溫柔，因為他過度的敏感，所以事事都得小心，必要時還要用甜言蜜語哄騙他才行，這完全不符合高更的性格，但為安撫他，高更盡力做一些妥協，希望相處的和諧一點。

黃屋的歲月過得怎樣呢？愉快呢？還是痛苦呢？

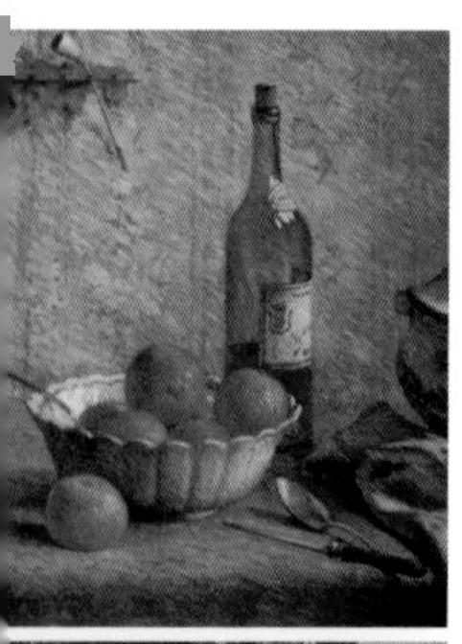

我們在一起有多久？我沒辦法講，完全忘了。儘管淒慘事件緊接發生，儘管我狂熱的工作，對我來說，整件事好像一世紀之久。

九個星期對高更來說，卻像一個世紀這麼長，可見日子有多難熬！

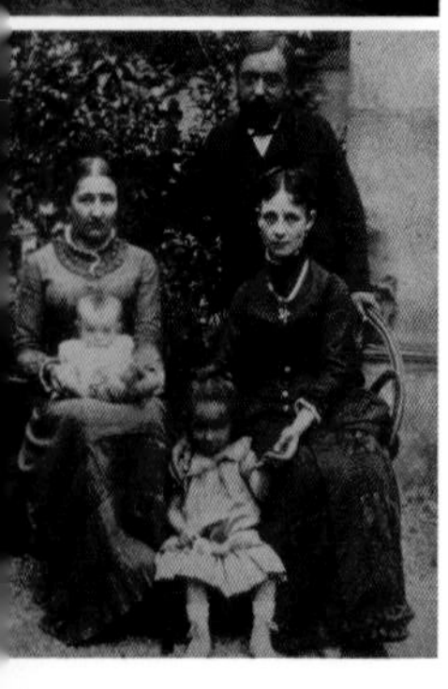

解讀10 好友家有惡妻

每當高更落難時，好友舒奈格都即時伸出援手，收留他，幫他忙。1889年年底，當高更停留巴黎時，如往昔住在這位老友的工作室。

患難好友

他們從1872年就認識，兩人在同一個證卷公司上班，下班與週末時會一

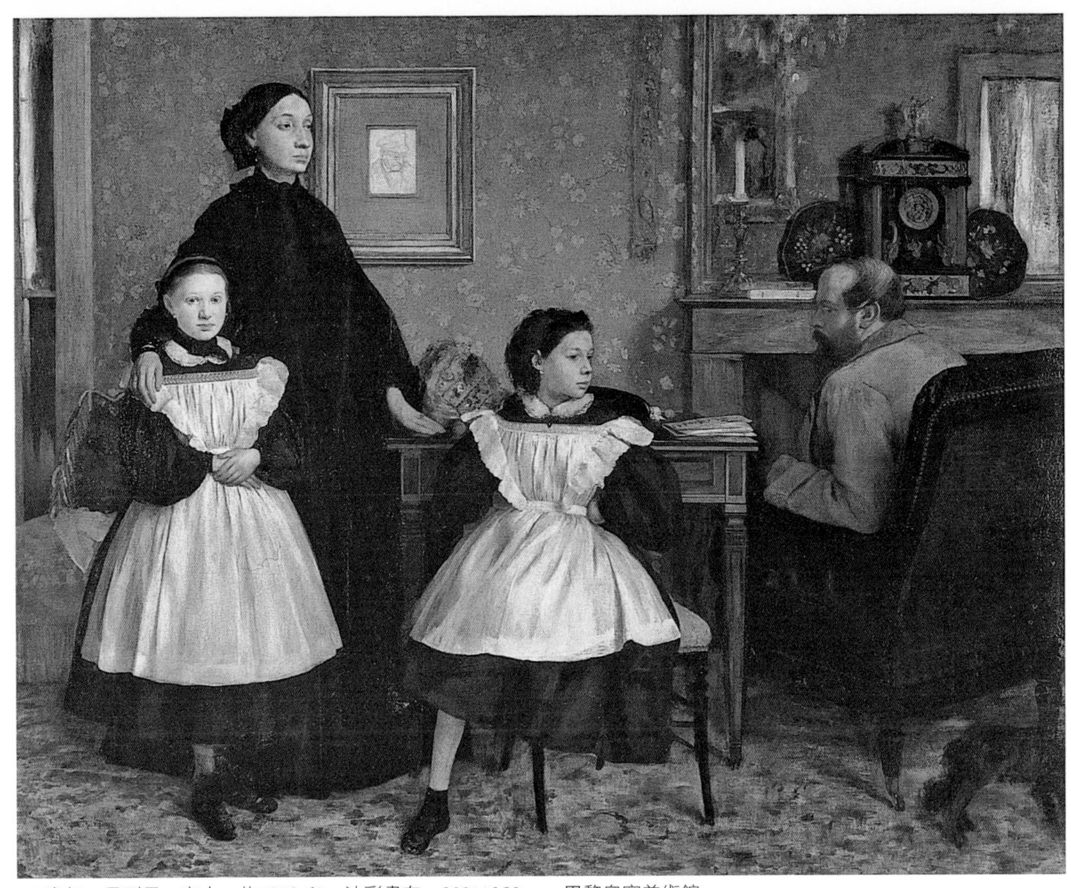

6｜竇加　貝列里一家人　約1858-60　油彩畫布　200×250cm　巴黎奧塞美術館

同到科拉羅西學院學畫、逛美術館、到室外作畫，以及與其他藝術家研討藝術。

舒奈格先辭掉工作，專心畫畫，由於他家境很好，不但介紹一些藝術界的朋友給高更認識，也常在金錢上援助他。

一家人的肖像畫

1889年，高更拜訪竇加，剛好看到竇加的名畫〈貝列里一家人〉，之後與舒奈格會合時，便心血來潮，畫下一張全家福肖像，標題叫〈舒奈格一家人〉。

若仔細觀察，我們會發現舒奈格握著手，縮在左邊狹窄的角落，一付卑微樣子；位在中間的是他的妻子與兩個女兒，表情非常冷酷，高更把好友的妻子畫的恐怖，手像動物的爪一樣，活像一隻母老虎。

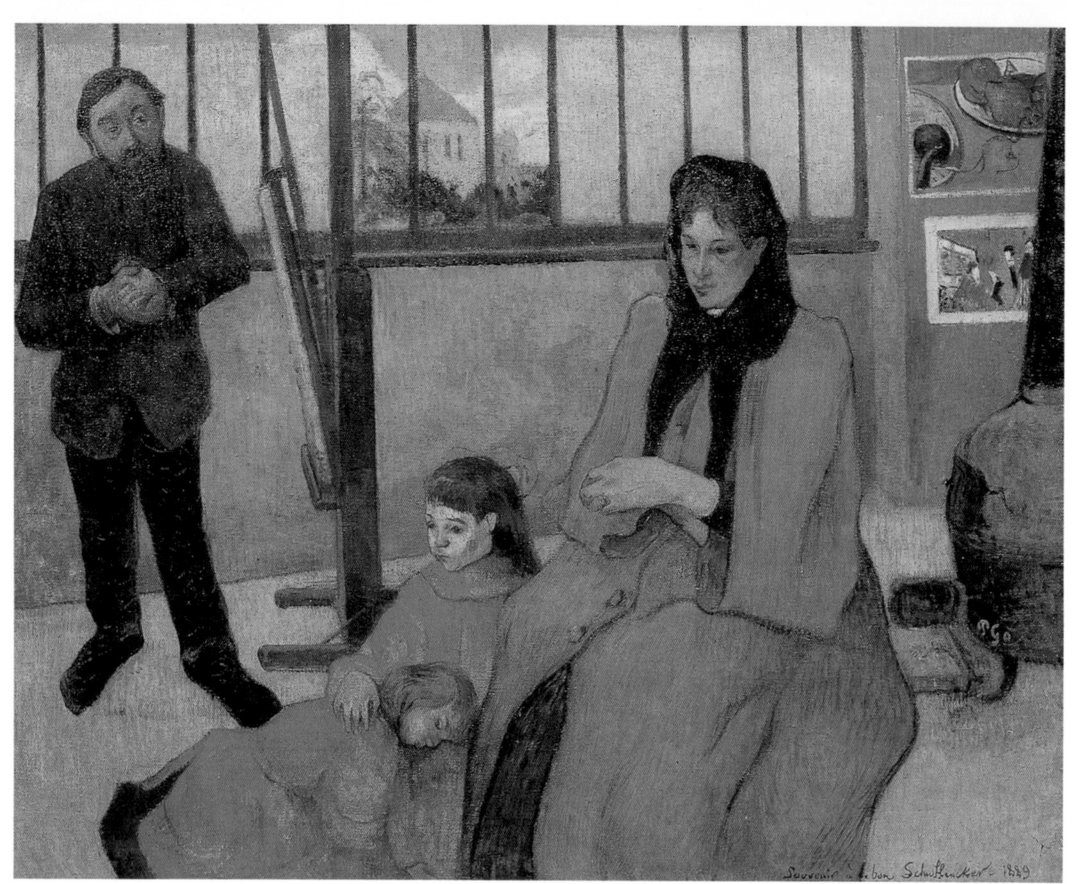

高更　舒奈格一家人
1889　油彩畫布
73×92cm
巴黎奧塞美術館

悍婦的性格

高更若談到舒奈格夫人，常用悍婦、貪婪、冷酷與「糾纏不休」來形容她，可見他對她的印象有多差！舒奈格夫人怎麼看高更呢？也好不到哪兒去，她看到他遊盪，又經常來麻煩她的丈夫，所以兩人厭惡彼此的程度是可想而知的。不過，多年後舒奈格也描述自己的妻子：「她可憐，可悲的生活，殘酷地把我鎖住，就像拴著鐵球的囚犯。」

在這張〈舒奈格一家人〉，牆面全藍，地面全黃，整個很有壓迫感，這是高更的想像，他特意製造一種幽閉恐怖的氣氛，來傳達一個女子霸道的性格。

過於真實

其實，高更早就看出他們婚姻的問題：舒奈格太軟弱，妻子太過強勢。

這張畫表現的過於真實，但到了殘酷的地步，高更與舒奈格活的時候，從未在任何美術館展過。

第二章

狂野的愛情

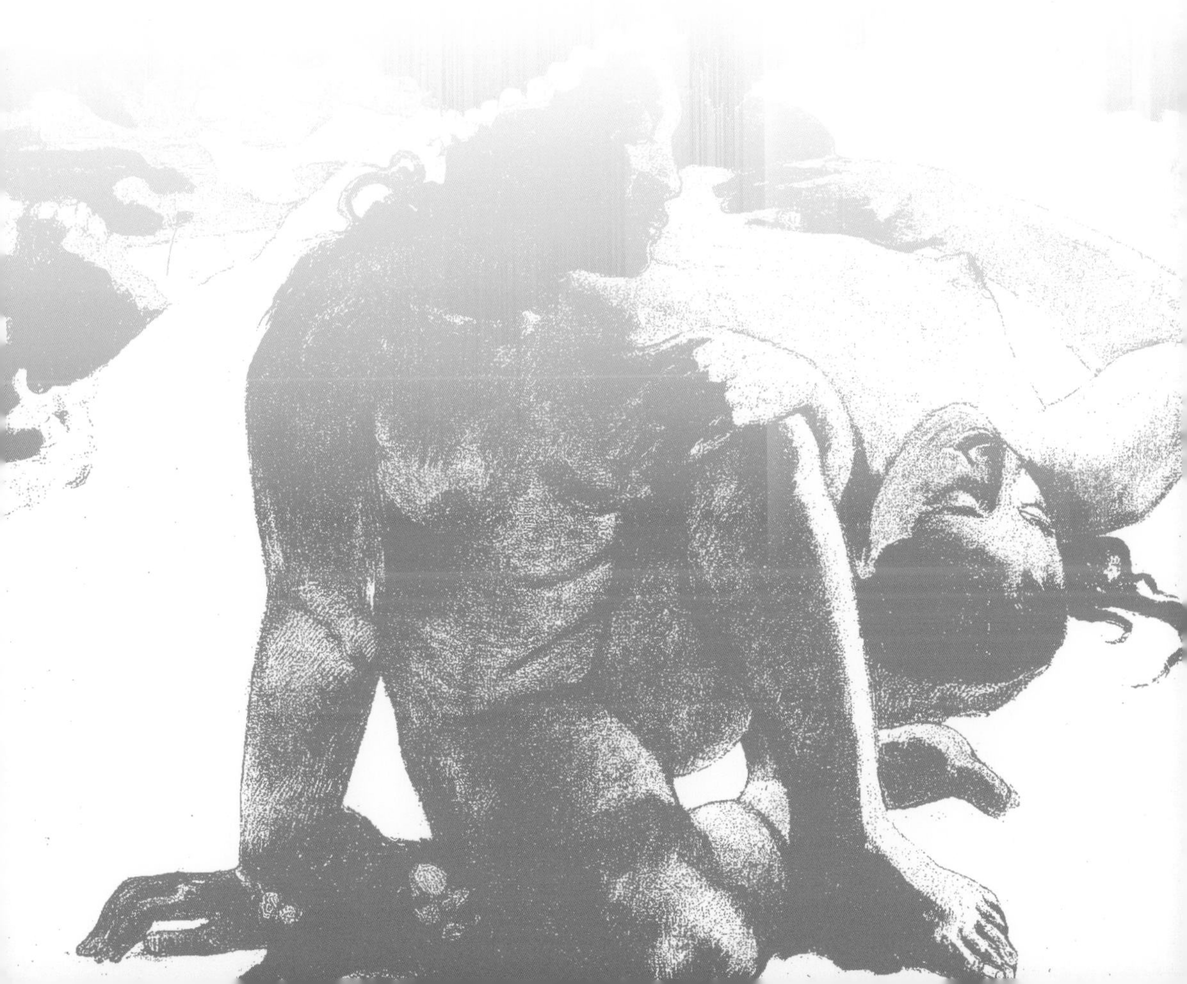

1891
1893

高更生平及年表

1891	43歲	6月9日抵達大溪地島，先暫居在法屬玻里尼西亞首府巴比提（Papeete），但不爽當地的歐洲人，幾個月後再南遷至馬泰亞（Mataiea）區，距離首都25英哩處。開始著手寫《香香》（*Noa Noa*，亦可直譯為《諾亞．諾亞》）。
1892	44歲	寄九張畫給梅特參加哥本哈根的藝術展
1893	45歲	3月25日哥本哈根的藝術展開幕，展出他的五十件作品。7月離開大溪地，前往法國。

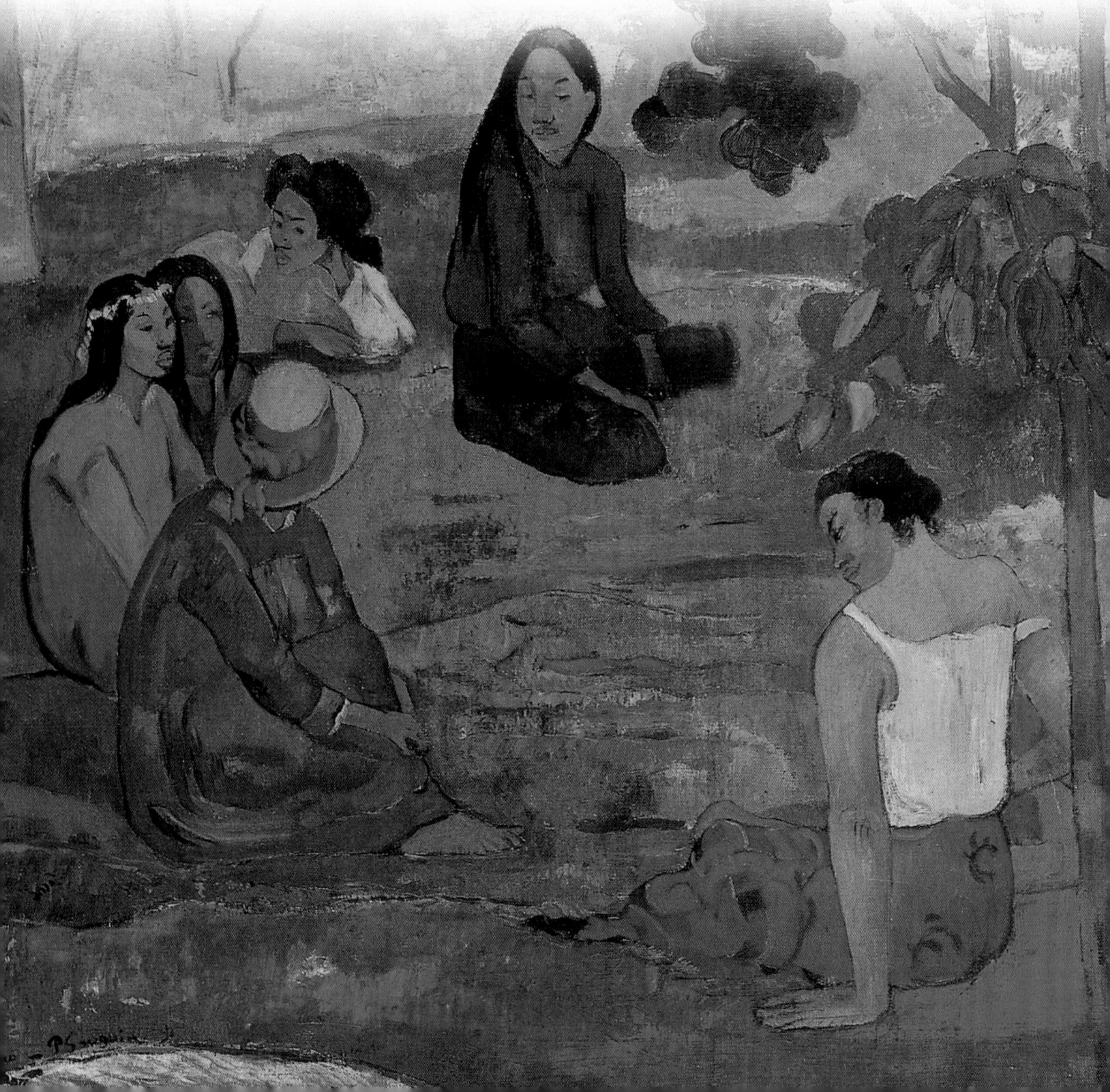

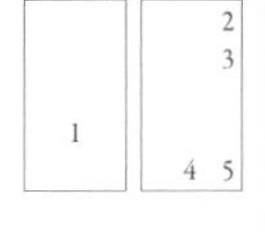

1 | 高更　交談（局部）　1891年　油彩畫布　70.7×93cm　聖彼得堡艾米塔吉美術館
2 | 高更　自畫像　1889-90　油彩畫布　46×37cm　莫斯科普希金美術館
3 | 高更　蘇珊·班布里居肖像　1891　油彩畫布　比利時皇家美術博物館
4 | 高更　花束　1891　油彩畫布　95×62cm　莫斯科普希金美術館
5 | 搭乘「南橫號」（Croix du Sud）輪船到大溪地島

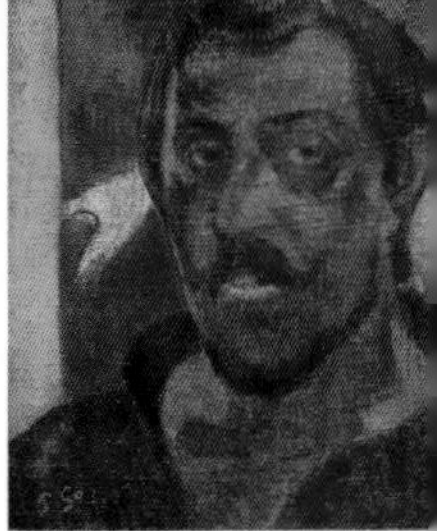

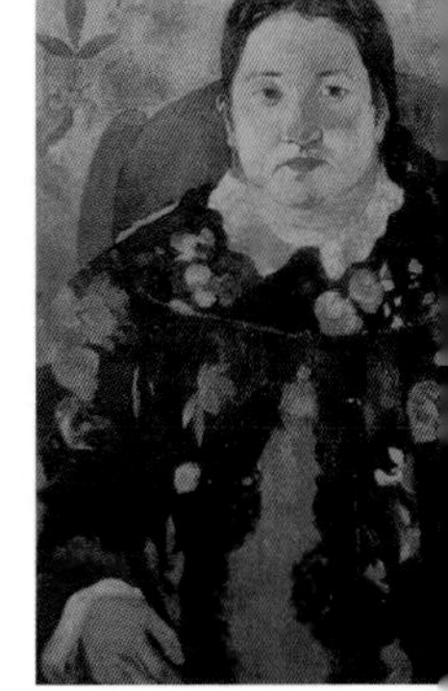

高更在海上航行兩個月，1891年6月9日抵達了大溪地，首先他待在島上主要港口巴比提，在那兒，他參與一些活動。

巴比提的日子

他所參加的活動，印象最深刻的莫過於帕馬爾五世（Pomaré V）的葬禮，亡者是大溪地最後一位國王，觀看整場儀式讓他不禁悲從中來，自從法國殖民後，島上的傳統的習俗逐漸式微，他將這葬禮視作一場悲劇的象徵。

待在巴比提期間，他畫下許多風景與人物的素描，這過程一來幫助他適應新的環境，二來還可以了解當地的顏色、溫度、光與感覺，藉此，他仔細觀察人臉的特徵、身體的比例、習慣、姿態與表情，之後這時期的素描都成了他作畫的模型，此探索與練習讓他往後有信心去描繪異國的人、事、物。

錢始終是高更的憂慮，常常有一餐沒一餐的，為了維生，他不得不替歐洲上流人士畫肖像，但委託他的人並不多，不過倒有一位叫蘇珊·班布里居（Suzanne Bambridge）的婦人對他十分友善，她熟知島上的人，毛利語也很流利，還教高更如何求生存。

深入荒野

在文明席捲的都會裡，許多西化的現象讓高更看在眼裡卻痛在心裡，於是他深入荒野，移居島的南方，在距離首都25英哩處，找到馬泰亞區住了下來，他的屋外圍繞濃密的樹叢，前方也有礁湖，同時他也找到一名女伴杜芙拉（Teha' amana），整整兩年他倆形同夫妻，她的身影經常出現在高更的作品中。

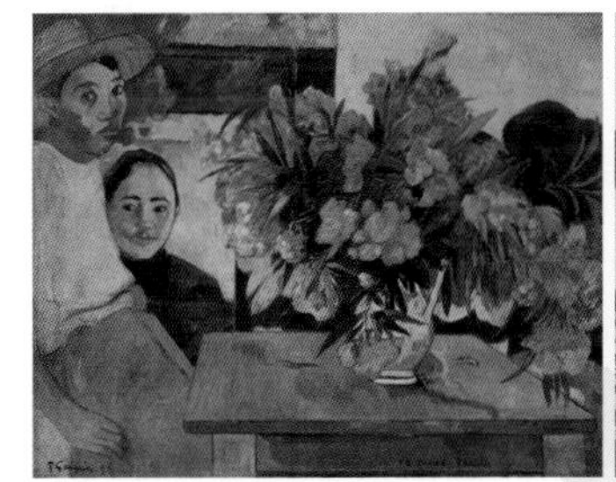

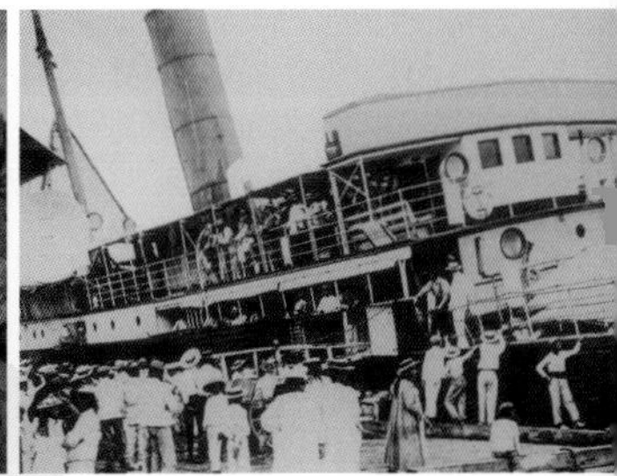

為了更了解當地的習俗，他勤

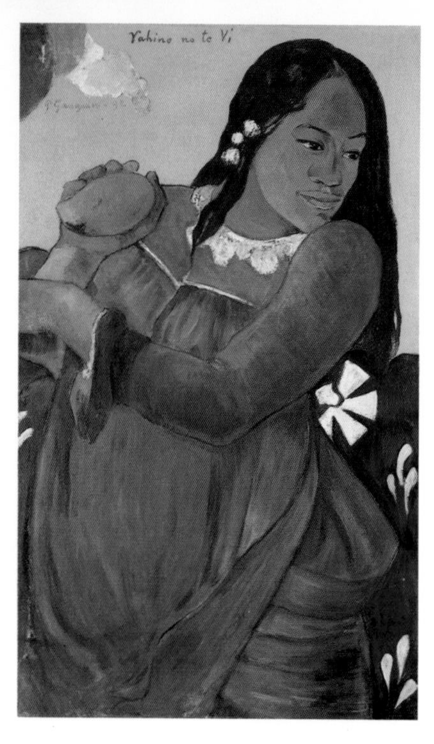

讀比利時作家摩仁郝特（J. A. Moerenhout）1837年出版的兩冊《大西洋之旅》，高更的畫作與雕塑，還有他之後撰寫的《古毛利人的崇拜》（*Ancient Maori Cult*）與《香香》兩本書，都深受摩仁郝特觀點的影響。

在馬泰亞，他決定拋棄過去的習性，徹頭徹尾當一個「野蠻人」，他不但留長髮，裸著身體，也學會捕魚，到山上砍樹，完全跟大自然合而為一。

滿懷的雄心壯志

在大溪地待了兩年之後，他越來越窮，身體也越來越差，決定回法國一趟，看看能否在家鄉重新出發，他當時說道：「我覺得自己年輕二十歲，性情更狂野，一切更有充分的準備。」他的野心漲大，這次扛著大溪地的作品回到巴黎，期待掀起一陣旋風。

那年，高更四十五歲。

解讀1 為什麼選大溪地？

遠在1866年，十八歲的高更坐著「智利號」航行世界時，有一站就是大溪地，所以他曾見識過這個地方，不過當時，法國還未在這兒殖民（1880年才正式成為法屬地）。

書中充滿讚詞

1891年，當高更表示想離開歐洲，畫家雷東（Odilon Redon）的妻子建議他可以到馬達加斯加，而好友伯納德又有另一個建議，說大溪地比較好，於是高更借了一本洛蒂（Pierre Loti）寫的《大溪地》，讀了之後被小

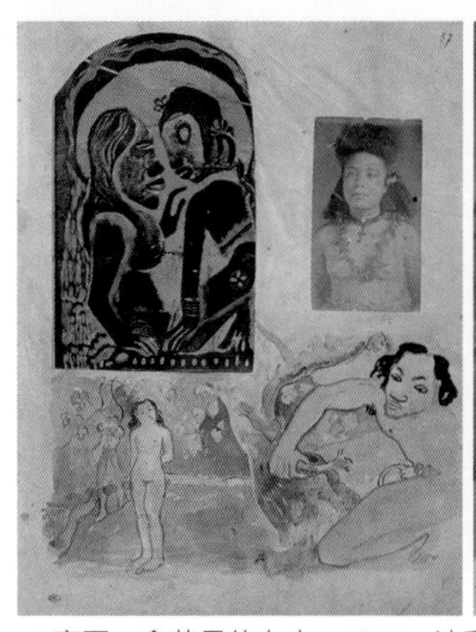

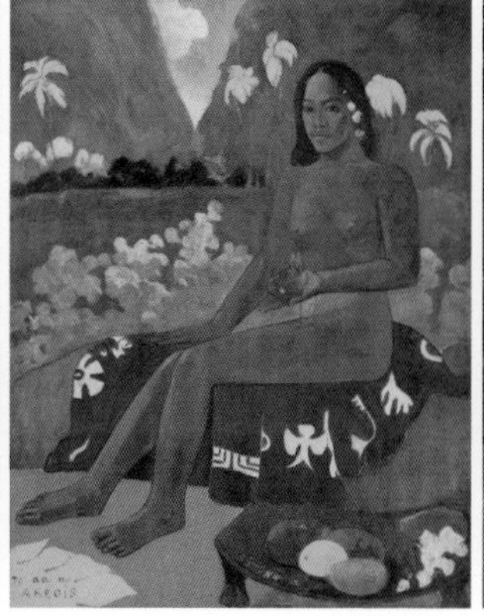

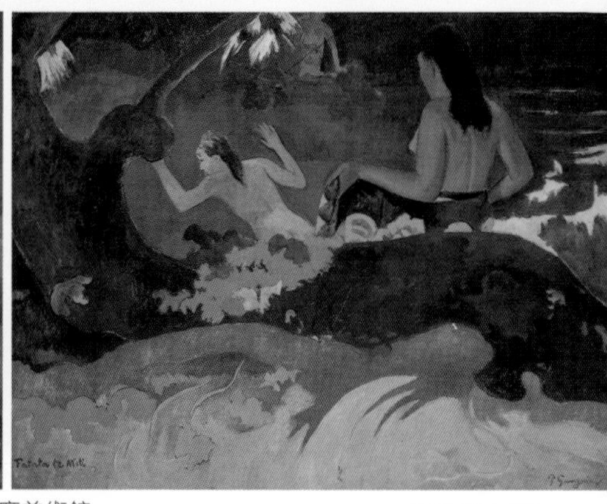

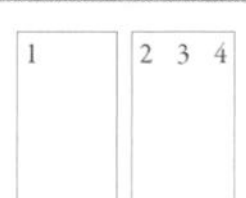

1｜高更　拿芒果的女人　1892　油彩畫布　72.7×4.5cm　美國巴爾德摩美術館
2｜《香香》筆記中的一頁，諸神木刻畫殘片；右上是戴十字架的大溪地女孩相片；下面是西諾（Hiro）的水彩，高更用不同的媒材來拼湊大溪地的模樣。
3｜高更　Areois的種子　1892　油彩畫布　92.1×72.1cm　紐約現代美術館
4｜高更　法達達米迪——海濱　1892　油彩畫布　68×92cm　華盛頓國立藝術館

說的情節所感動，他也找到法國官方手冊，其中談到的大溪地全都是讚詞，譬如：

這遙遠的南洋天堂住著一群幸運的居民，他們只知道生活最開朗的一面，對他們而言，活著就是去唱，去愛。

然而最讓高更心動的，還是手冊裡描述的大溪地女人，上面寫著：

她們有大大的、深邃的眼睛，如此清新美好；她們的嘴唇豐厚，富有表情；她們有潔白與整齊的牙齒，真令人驚嘆！她們看起來多麼甜美、純真與性感。

對藝術家而言，沒有比這段文字更吸引人、更有說服力的了，於是他立即寫信給雷東，告知要到大溪地。

無道德約束的世界

高更因野性與原始本性逐漸擴大，急切地想找一個新的環境來發展自己的藝術，同時，他也嚮往一個性愛自由與無道德約束的世界，大溪地的確是一個不錯的選擇。

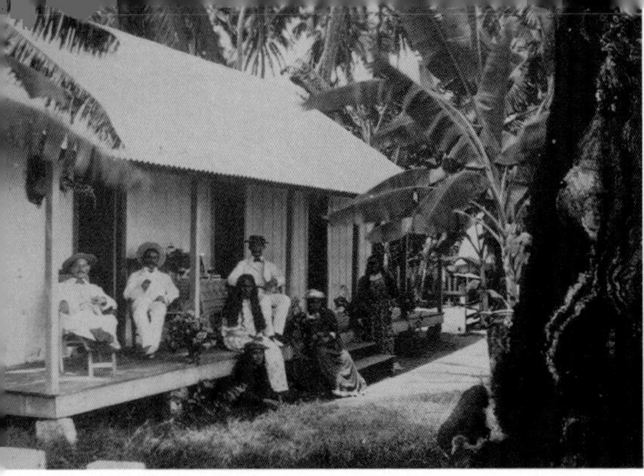
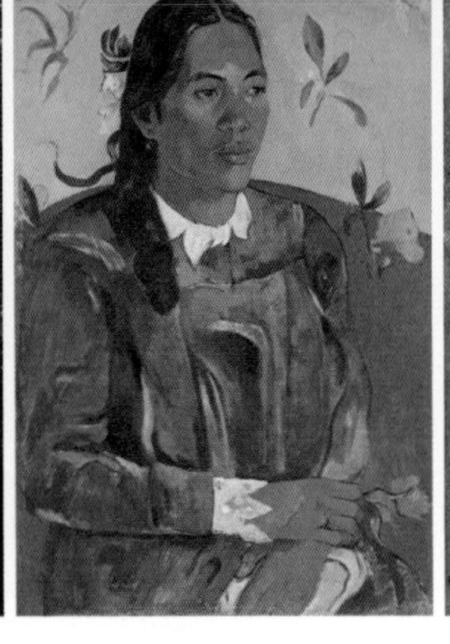
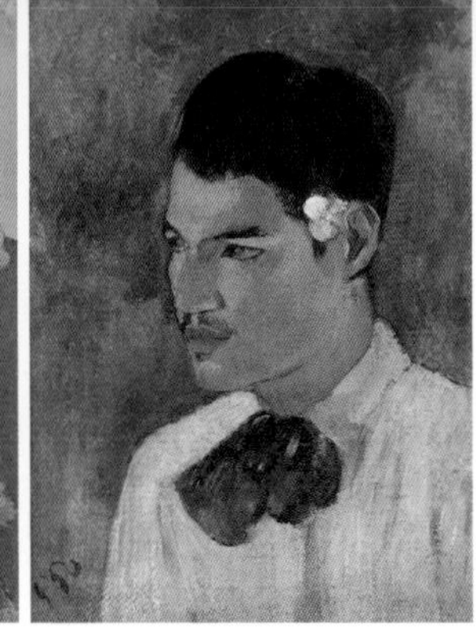

1｜西方男人與大溪地女人正享受午休
2｜高更　持花的女人　1891　油彩畫布　70.5×46.5cm　哥本哈根新卡斯堡美術館藏
3｜高更　戴花的年輕男子　1891　油彩畫布　46×33cm　私人收藏
4｜腰上圍著花布的女子（約1890年）
5｜高更　聖母經　1891-92　油彩畫布　113.7×87.7cm　紐約大都會博物館
6｜高更　午睡　1892　油彩畫布　88.9×116.2cm　紐約大都會博物館

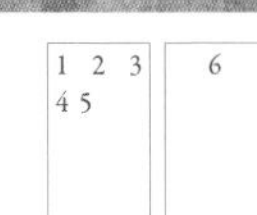

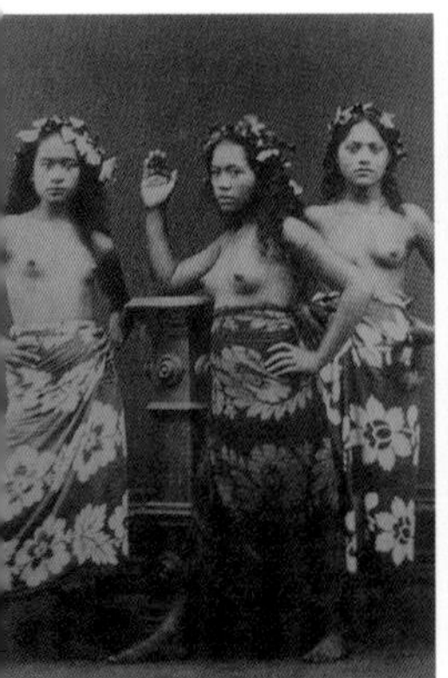
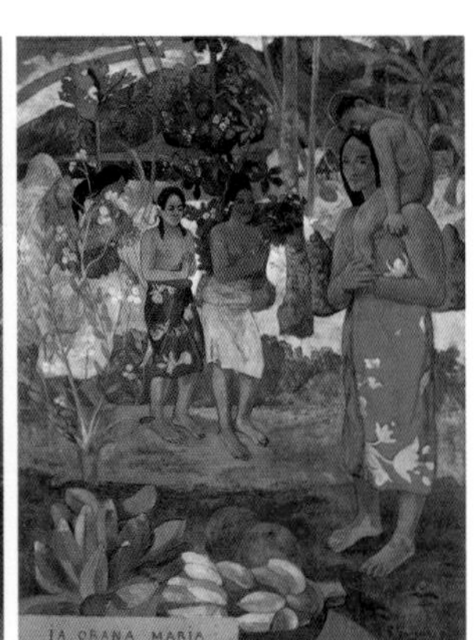

解讀2 島嶼的西化

高更一到達大溪地，就發現自己陷入在一個不想看到的世界裡，落得他非常失望，國王帕馬爾五世的葬禮，讓他體會到島上過去的傳統一一逝去，隨著他的死去，一切也都難以重生了。

詩性一一摧毀

當時高更感歎地寫下：「大溪地整個土地漸漸變成法國的，一點一點的，所有舊的制度將會煥然一新。我們的傳教士更將新教的偽善帶進來，正把這兒的詩性一一摧毀。」

法國人到這裡殖民之前，傳教士已經在1797年抵達此地，一百多年來，可以想像當地人在穿的、用的、住的、習俗、宗教等等，各方面都受其影響而改變。

當時，高更誠實的畫下被改變的模樣。

普遍的西洋服

〈午睡〉這張畫作是高更來到大溪地初期時完成的，我們看到一群女子正在享受下午的休息時間，她們躺臥在屋外的走廊上，並沒有穿上傳統的圍裙，取而代之的是寬鬆的傳教士風服飾，頭上戴的是西洋式夏帽，顯示許多當地的人的生活習慣與穿著被西化了。

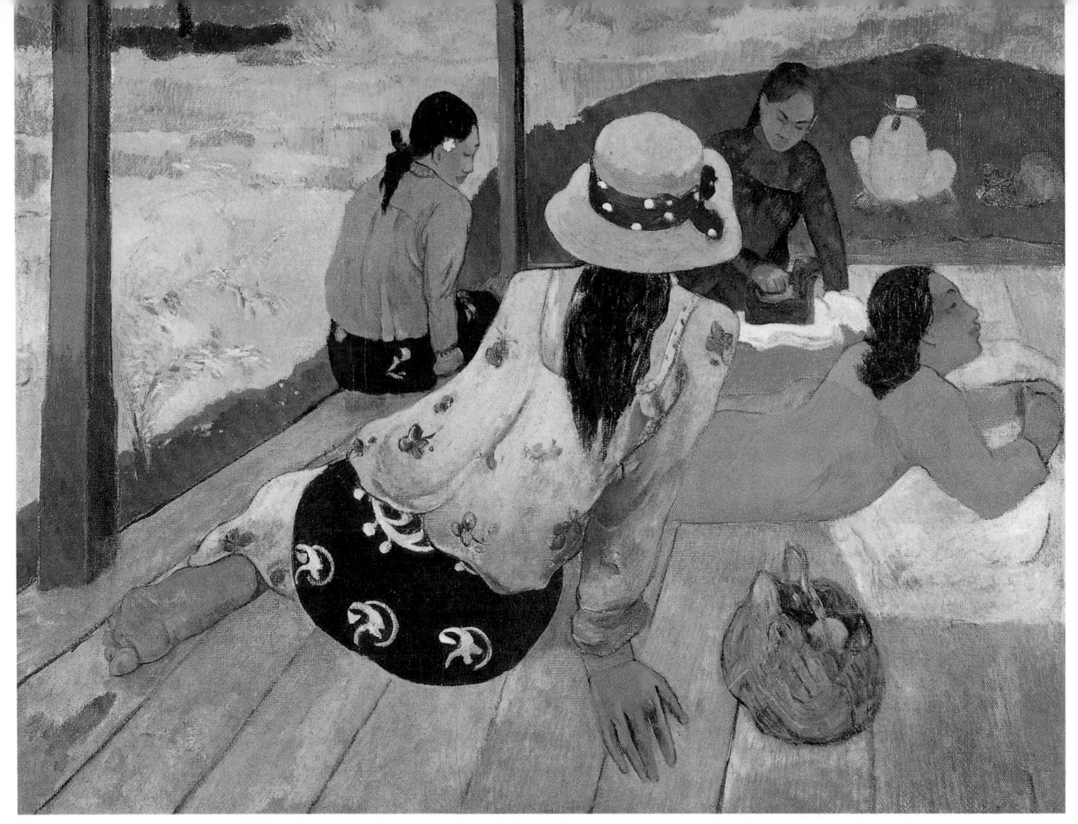

其實，高更想看到的不是這些西洋服，而是圍腰的長方形布巾。

解讀3 高貴的野蠻人

搬到馬泰亞區後，高更體會到一種舒暢及格外的愉悅，這是他在歐洲，甚至在大溪地的首都巴比提經驗不到的。

所謂的野蠻人

此刻，他深入荒野，待在一個簡陋的小屋裡。

高更認為這裡的人過著自己要的日子，小孩不用父母整天看顧也能長得很好；居民若想到其他村落，也行，要走哪一條路，要怎麼睡，在別人家吃什麼，都不用擔心，自然會有人幫忙；基本上人們不需多禮，因為他們相信只要做好事自然有好報。

高更說：「他們唱歌，他們從不偷竊，像我的門從不關上，他們不殺人……，然而，人說他們是野蠻人！」顯然他住在一個不拘禮節，治安也

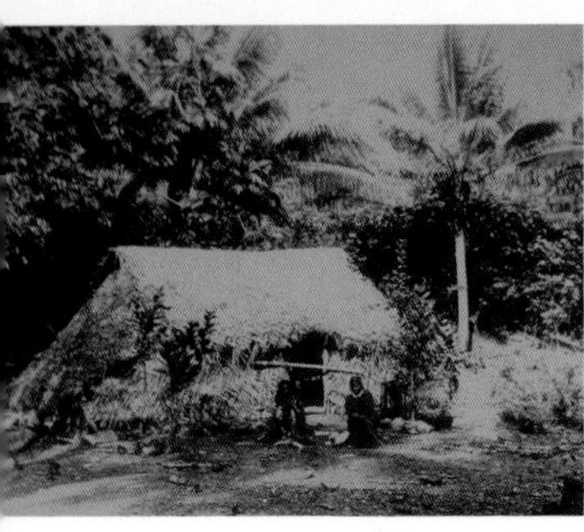

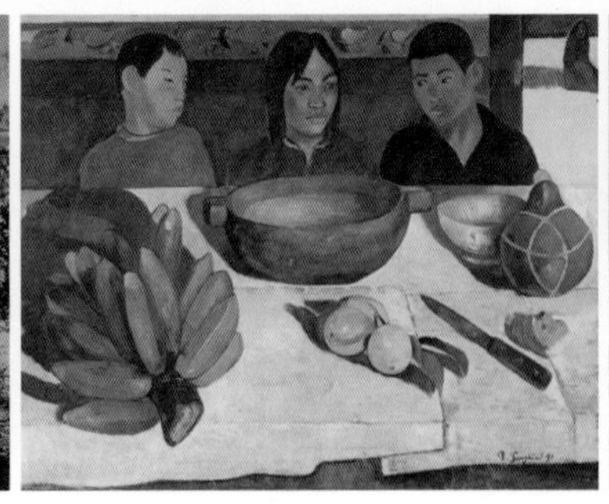

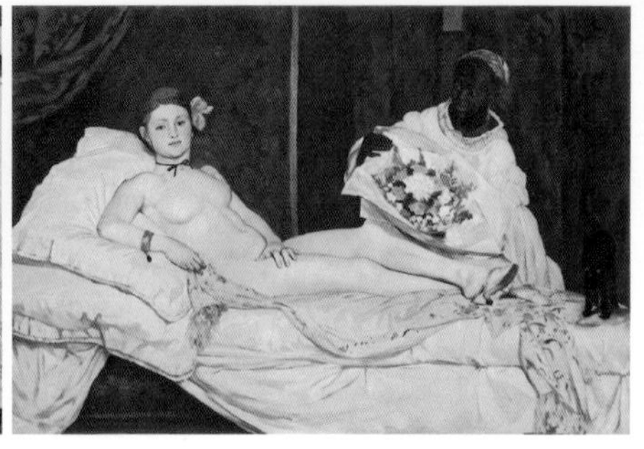

不錯的環境裡。

高貴的情操

當歐洲人用輕蔑的語氣稱當地土著是一群野蠻人時，高更極力辯駁，將負面的形象轉為正面，不僅如此，他也用他的一生來履行一個「高貴的野蠻人」的志願。

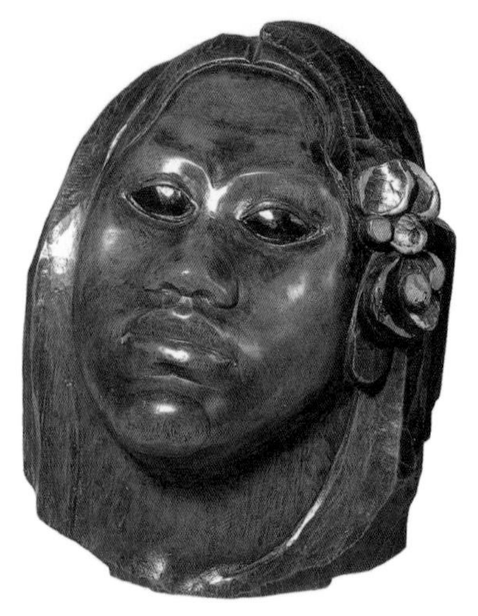

解讀4 杜芙拉的煽情

談到高更的大溪地作品，絕不能忽略他身邊的一名女黑人杜芙拉，因為1891至1893年間，她不但獨佔了高更的心，也成為他藝術中關鍵的繆思。

他們怎麼相遇的呢？

願意跟我住一輩子嗎？

話說當高更急於找個地方安頓下來時，剛好Fa'aone村的一名土著邀請他到家裡坐坐，一家人準備豐盛的麵包果、香蕉與大蝦招待他，交談之中問高更要去哪裡，他回答：「找女人。」

土著的太太聽了之後就說：「若你需要女人，我可以幫你找一個，那就是我的女兒。」她就是杜芙拉。兩人初次見面時，她才十三歲，兩人差了三十歲。

根據《香香》記載：

我跟她打招呼，她微笑，走過來坐在我旁邊。

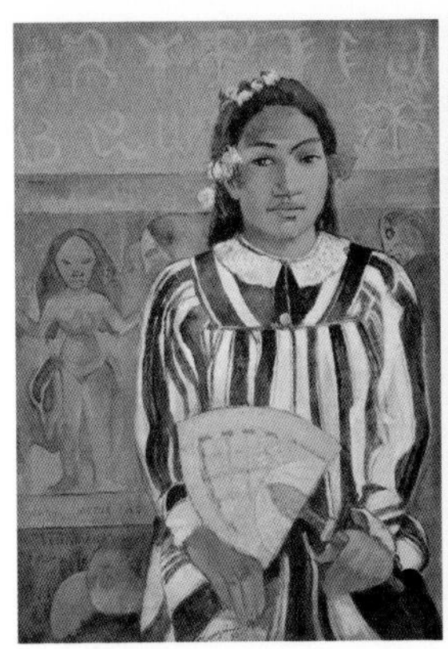
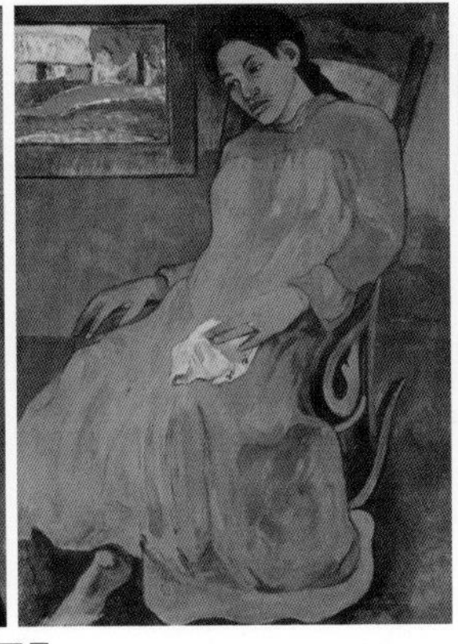
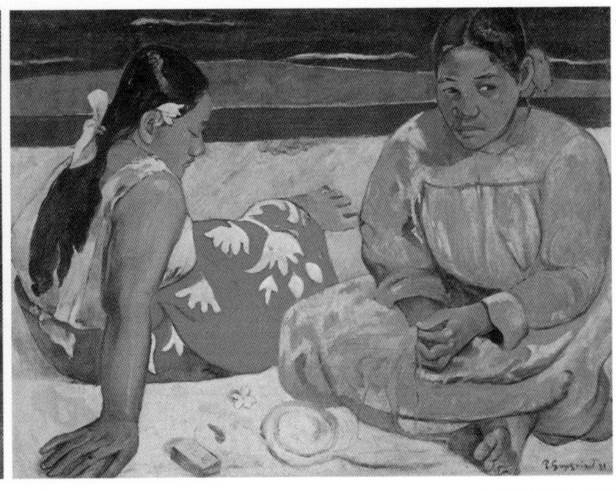

1 | 遠離都會，類似的小屋到處可見
2 | 高更　膳食（或名香蕉餐）　1891　油彩畫布　73×92cm　巴黎奧塞美術館
3 | 馬奈　奧林匹亞　1863　油彩畫布　130.5×190cm　巴黎奧塞美術館
4 | 高更為杜芙拉雕的頭像　1891-93　彩色木雕　22.2×7.8×12.6cm
5 | 高更　杜芙拉的祖先　1893　油彩畫布　76.3×54.3cm　芝加哥藝術中心
6 | 高更　幻想　1891　油彩畫布　92×73cm　堪薩斯尼爾斯阿德金博物館
7 | 高更　海邊的大溪地女郎　1891年　油彩畫布　69×91cm　巴黎奧塞美術館

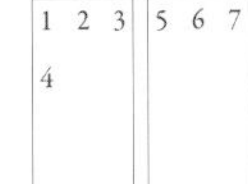

我問她：「妳不怕我嗎？」

「不。」

「妳願不願意跟我住一輩子呢？」

「好。」

「妳有沒有病呢？」

「沒有。」

就這樣，高更把她帶回家，成為名正言順的妻子。

懂得美感

高更經常稱讚杜芙拉的品味，舉一個例子，馬奈的〈奧林匹亞〉是高更愛的不得了的一件作品，從1891年開始，他就不斷的模擬此畫，有一次他拿這張畫的圖片給杜芙拉看，她的反應是什麼呢？

她說她很喜歡〈奧林匹亞〉，並說裡面的女子很美，這樣的反應讓高更十分感動，他認為她很懂得美感，還說巴黎的沙龍與評論家跟她相比還差的遠呢！

杜芙拉激發出高更的創作慾望，以她為模特兒畫了好幾張畫，像〈沉默〉、〈杜芙拉的祖先〉、〈拿芒果的女人〉、〈幻想〉、〈海邊的大溪地女郎〉等，它們之後都成為世界名畫，可見這位情人的魅力。

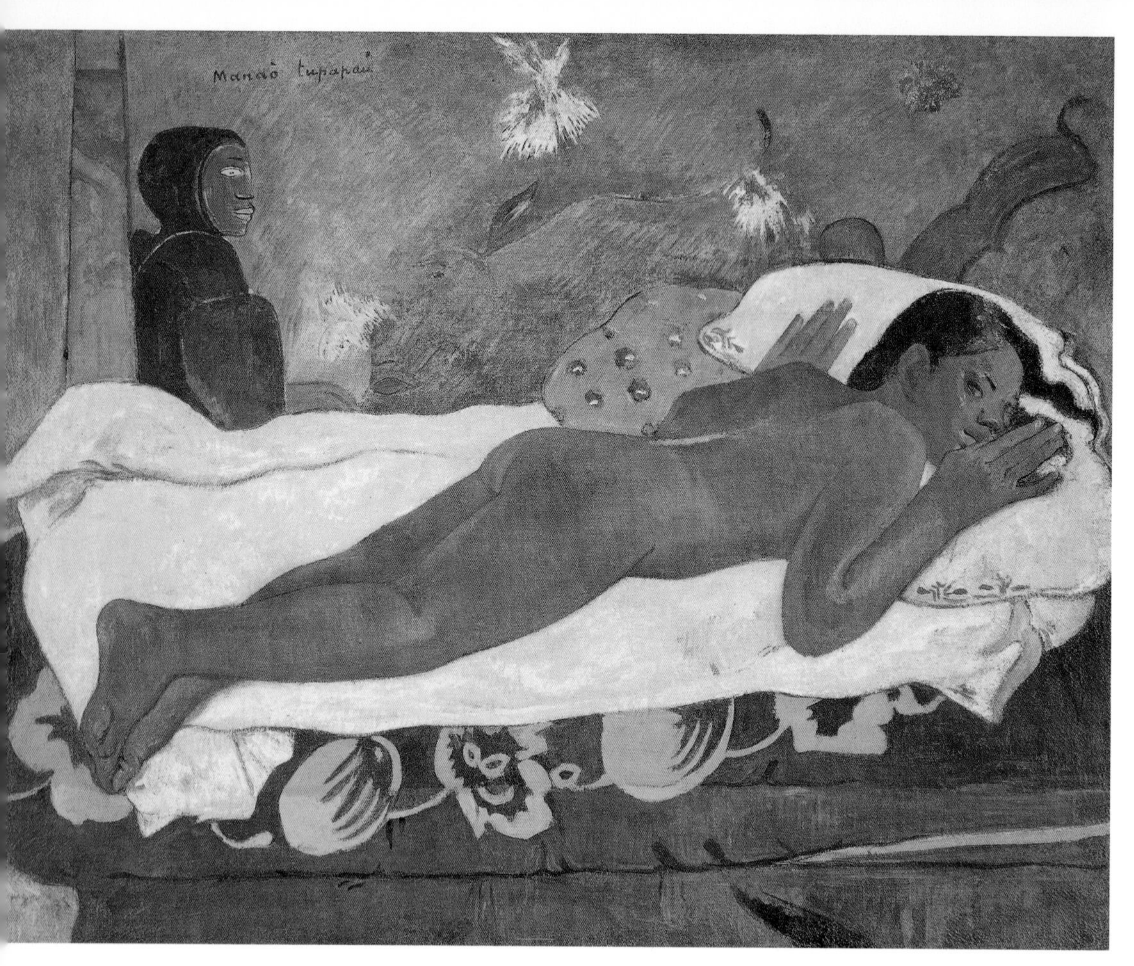

解讀5 性愛與死亡

從杜芙拉那兒，高更獲知大溪地人的想法，甚至對亡魂的態度。有一次杜芙拉說她看到死者的靈魂，突然變得歇斯底里，於是高更點了燈，竟發現她的身體緊縮靠著被褥，而背向上躺臥，這個反應與姿態讓藝術家十分的驚奇，因此畫下這幅〈死魂窺視〉。

害怕使然

據他所說，此畫是大溪地時期「最淫穢」的一件作品，他說：「因這姿勢，她看來不正經，不過那是我想要的，線條與動作引起了我的興趣。」

杜芙拉「不正經」的舉止，不是為了誘惑高更，而是恐懼使然，她害怕亡魂來抓她才擺出這樣的姿態，高更曾觀察過歐洲女孩遇到類似的狀況，她

1｜高更　死魂窺視　1892　油彩畫布　73×92cm　紐約水牛城，公共美術館
2｜《香香》筆記中的一頁，下方是〈死魂窺視〉的杜芙拉，右上方出現一名神秘男子。

們的反應絕對跟杜芙拉不一樣，所以對他來說，倒很新鮮。

亡魂的模樣

亡魂到底長得什麼樣子呢？

杜芙拉說：「黑是幽靈的居所。」

於是，高更在左上角畫了一個側面的人物，穿一襲黑衣，臉的模樣看起來很像當地的神像雕塑，側面的靈感來自於埃及壁畫，他站在柱子旁看著杜芙拉，高更說：「一個和諧、陰沉、悲傷與害怕的東西震撼了眼，就像葬禮的喪鐘。」

這亡魂猶如「喪鐘」，有陰沉與悲傷的感覺，也令人害怕，但又如此的和諧。

對高更而言，死亡帶來安寧與和諧，但對杜芙拉，那是恐懼不安的，這畫裡的亡魂綜合了他們兩人的觀點。

我們若仔細看，會發現畫作的背景上有三團白白的東西，那是什麼呢？當地人說那是鬼魂，原來玻里尼亞人認為晚上的燐火（有時是螢火蟲發出的光）是死者的靈魂，他們很怕這些；然而高更卻將它們想像成白色的花朵。

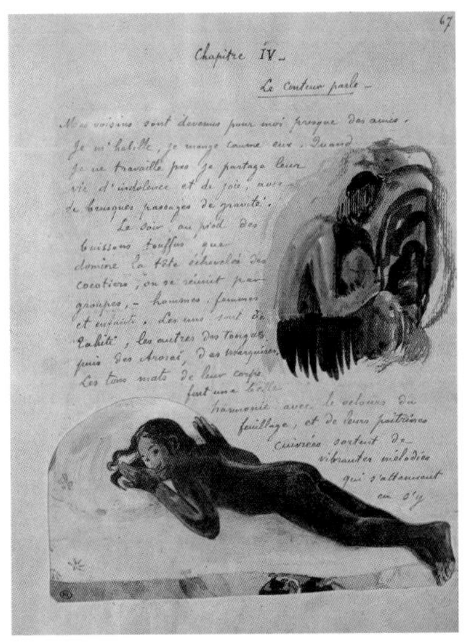
67
Chapitre IV.
Le Conteur parle.
Mes voisins sont devenus pour moi presque des amis.
Je m'habille, je mange comme eux. Quand
je ne travaille pas je partage leur
vie d'indolence et de joie, avec
de brusques passages de gravité.
Le soir, au pied des
buissons touffus que
domine la tête échevelée des
cocotiers, on se réunit par
groupes, — hommes, femmes
et enfants. Les uns sont de
Tahiti, les autres des Tongas,
puis des Arosaï, des Marquises.
Les tons mats de leur corps
font une belle
harmonie avec le velours du
feuillage, et de leurs poitrines
cuivrées sortent de
vibrantes mélodies
qui s'atténuent
en s'y

顏色的安排

顏色是這張畫的另一個焦點，除了黑代表死亡之外，還有背景的紫羅蘭、被褥的淡黃、床單的藍與橘黃，高更為什麼要這樣安排呢？根據他的說法，有三個原因：

（1）亞麻布料源自於樹皮，色調跟樹皮類似，背景的紫羅蘭就這樣形成的。高更也將樹皮的自然色跟杜芙拉膚色畫的很貼近，說明他女人本性的原始、狂野，甚至引申了剛剛所說的「放蕩」。

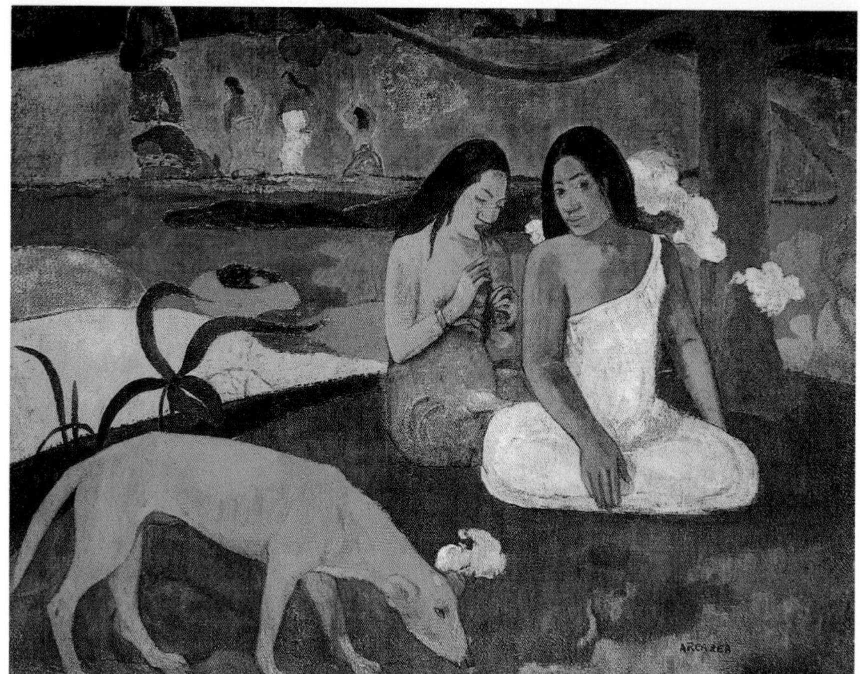

1｜
高更　歡愉　1892
油彩畫布　75×94cm
巴黎奧塞美術館
2｜
高更　大溪地田園
1892　油彩畫布
86×113cm
俄羅斯聖彼得堡
艾米塔吉博物館

（2）杜芙拉從不黑摸摸睡覺，需要有燈照明，所以高更不用自然光，為了不讓他的女人害怕，製造一種人工光的效果，他將被褥畫成淡黃，可見他的深情，對她呵護不已。

（3）床單與被褥主要有淡黃，藍與橘黃三色，它們佔據整張畫的三分之二，顯示多麼重要，高更說：「這黃、橘黃、藍聯繫在一起，構成了音樂的和諧。」

這是高更與杜芙拉每晚睡的一張床，共同取暖與做愛的地方，他特意在畫中營造一種和諧的氣氛。

當歡愉取代恐懼

高更說藝術家應該要把恐懼的成份降低，取而代之的是什麼呢？原先，杜芙拉對亡魂的害怕，之後，高更將它轉移成一場性愛的歡愉。

解讀6 彌補失落的天堂

雖然大溪地有些村落還保有一些傳統，但他知道美麗的天堂失落了，已

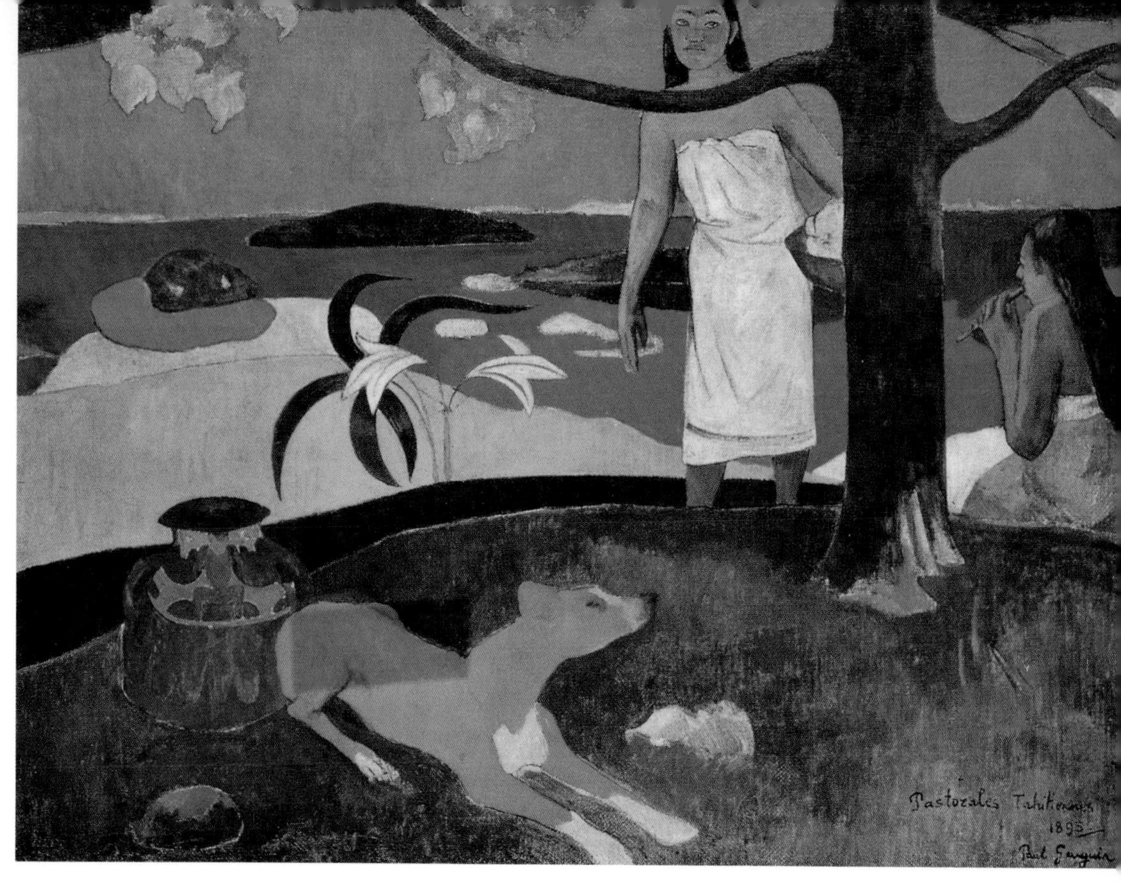

經難以尋回，他大老遠千辛萬苦來到異鄉，最後看到與經歷的卻是殘酷的現實，但他不能回頭，只能繼續往前，即使是一條錯誤的路，他只有含淚走下去。

心懷錯覺

在一封給家人的信裡，高更說出那份苦處：「我自己會努力奮鬥，我有信心，繼續保持下去，若我不這麼做腦袋早就開花了，有希望跟活下去兩件事幾乎一樣重要，我會活下去，盡我的責任到最後一口氣，我現在能做的僅有心懷錯覺，讓我活在一個希望的夢裡。」

在剝開現實，眼見血淋淋之下，能做的就是製造「錯覺」。

每天我在這裡喝水吃乾麵包時，腦子會浮出一片薄織物，透過它都變成一塊塊牛肉片，不要跟我說這是一個不真實的希望……。

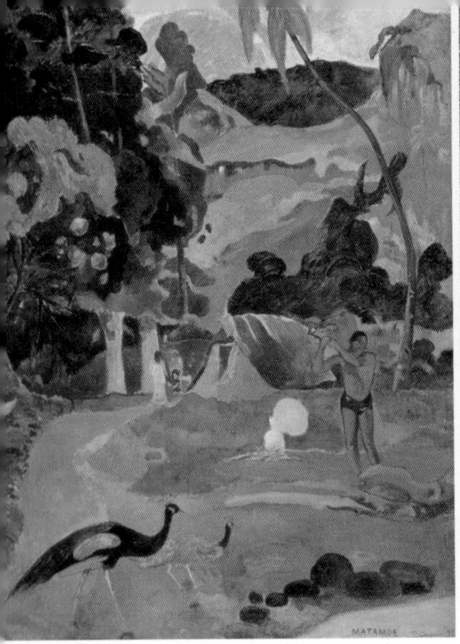

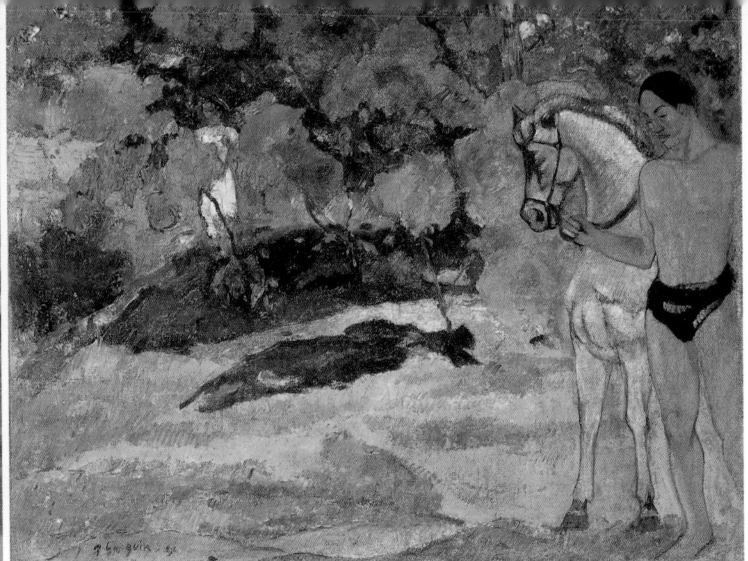

靠著幻覺，眼前的粗食也可變成大餐。對別人來說，他簡直是個不知變通的傻子，但對他呢？做一個徹頭徹尾的夢想者吧！

憑空想像

這樣的錯覺也運用在他的創作上，我們會發現這時期他大部分的作品，呈現一處處猶如天堂般的仙境，像〈歡愉〉、〈曾幾何時〉、〈大溪地田園〉等等。

原來，高更所做是撿起一塊一塊的碎片，用大塊的錯覺或想像來填補，最後拼出一個美麗的天堂。

解讀7 亂用顏色了嗎？

大多時候，高更用的顏色跟實際完全不一樣，當這批大溪地的畫被運回巴黎在美術館展出時，嚇壞了觀眾與藝評家，不但不被接受，更被抨擊的厲害。

河流被畫成橘色，狗畫成薑紅，草地畫成藍，路徑畫成綠，馬匹畫成粉紅等，簡直毫無邏輯可言。

引導思考

當藝術家被問到為什麼要這樣做，他說那是故意安排的，精心思量過

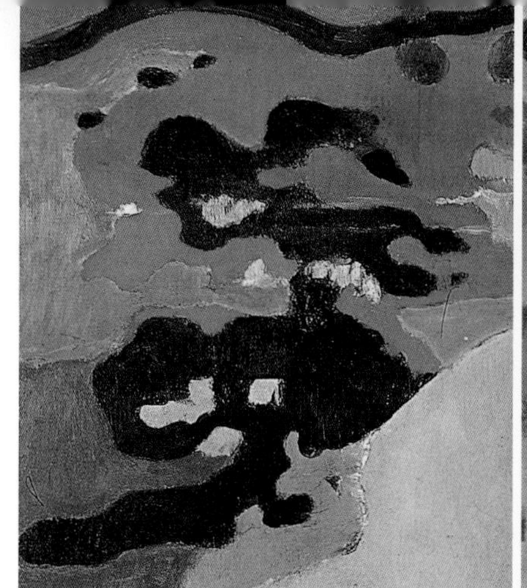

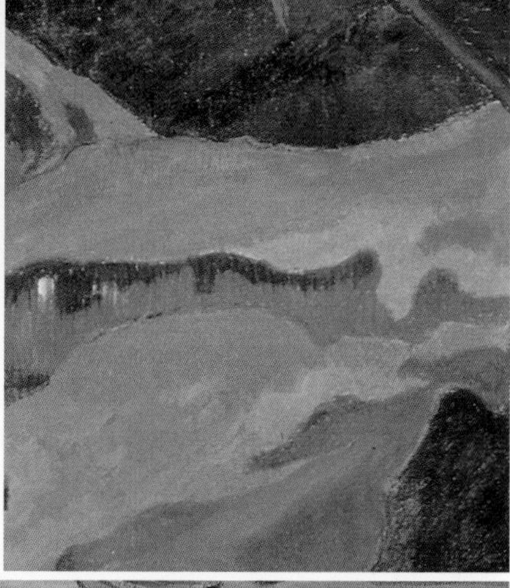

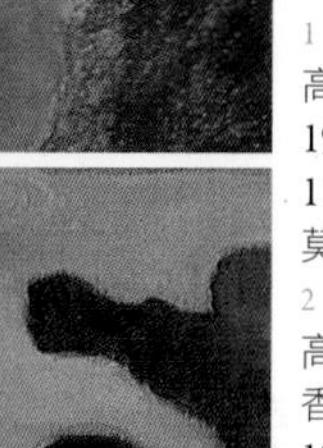

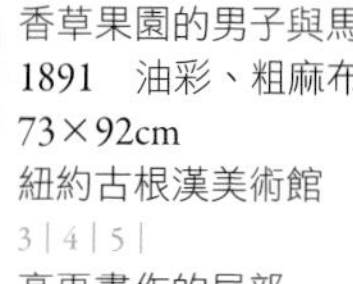

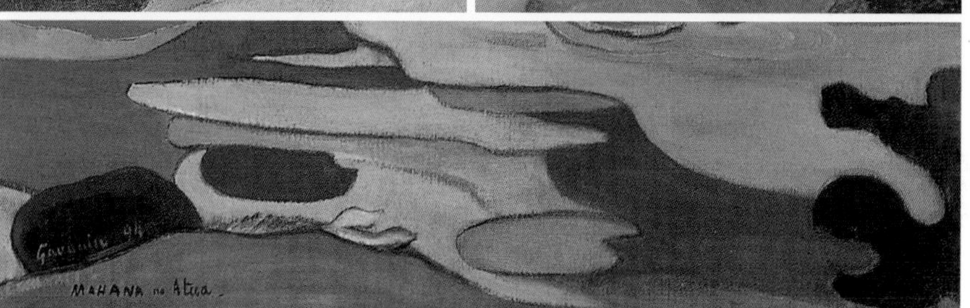

1 |
高更　有孔雀的風景
1982年　油彩畫布
115×86cm
莫斯科普希金美術館
2 |
高更
香草果園的男子與馬
1891　油彩、粗麻布
73×92cm
紐約古根漢美術館
3 | 4 | 5 |
高更畫作的局部

的，他以實體做藉口，觀眾沒有必要當真，它們在那兒就像和諧的交響樂一樣，不直接表達想法，只讓人思考，高更解釋：「很簡單地，它們完全存在於我們的理智及線與顏色安排之間的神祕關係。」顯然，這種非邏輯的概念是高更在創造天堂的時候，放進的一個謎。

我們無需對橘河、紅狗、藍地、綠徑、粉馬多加解讀，因為藝術家邀請我們欣賞畫時，就當成在聽一場音樂會一樣，若硬要去說明什麼，代表什麼，傳達什麼，最後將會徒勞無功，因為高更畫的每個細節都是引導思索的元素。

這就是高更發明「顏色與物件之間的不相干」概念。

抽象的形成

有關顏色與物件的關係，高更不斷地做實驗，甚至將物件模糊化，最後難以辨識剩下一片顏色的曲線變化，非常美，也非常抽象，高更也不願告訴我們它們代表什麼，但在視覺上，形成了一種神秘的流動。

如此，若說高更是抽象藝術之父，一點也不為過啊！

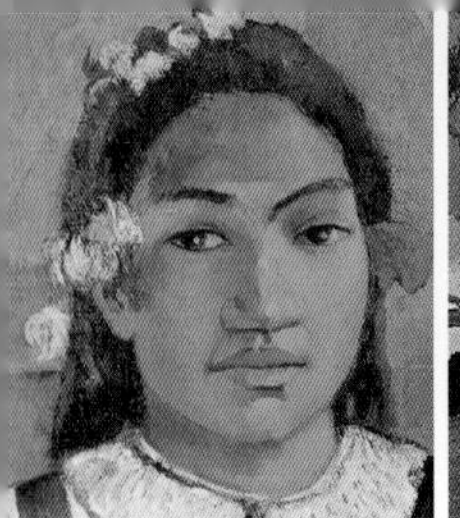
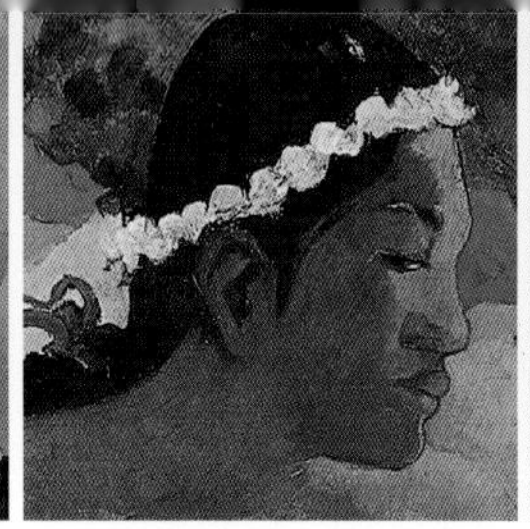
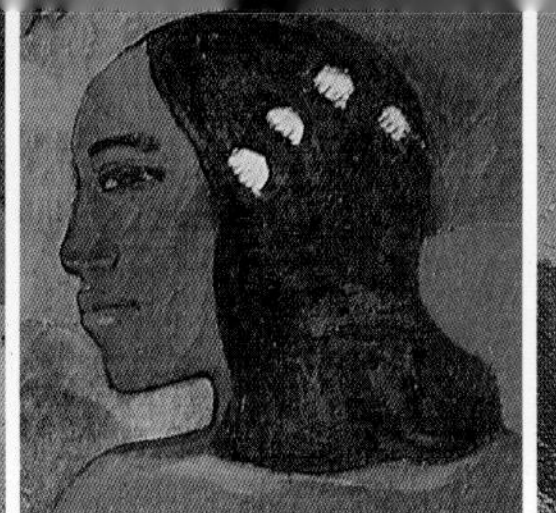
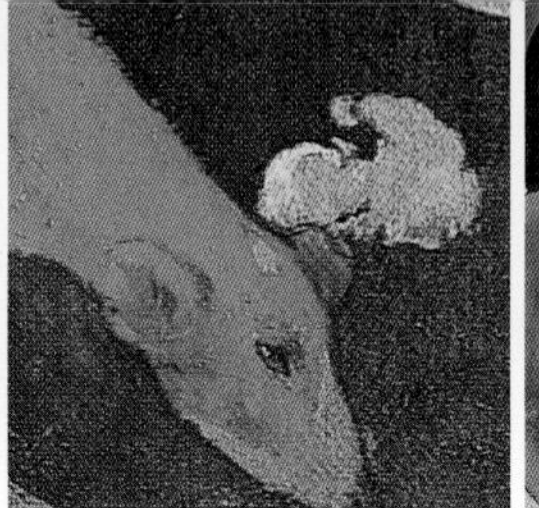
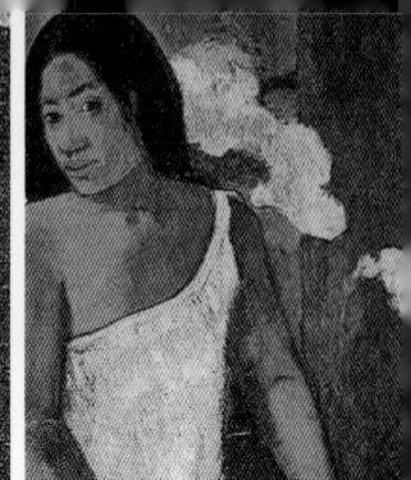

充滿吸引力

高更在處理顏色與物件的關係時沒有邏輯，完全不靠理性來驅駛，而他造就的抽象藝術，更將情緒的因素提升到最高點，那就是為什麼當我們在看藝術家的作品時，會被那強烈的感覺力量吸引過去。

解讀8 香香的白花

高更許多的畫作中經常出現一團一團白色的東西，那代表什麼呢？

厚塗顏料技法

這白白的東西有時掛在人物的耳際，有時串成花冠，有時變成髮飾，有時落在地上，有時懸在半空，不論哪一種，它們代表的應該就是佳雷花（Tiaré），這是當地常年開花的植物，有五到八個花瓣，這小白花也會發出淡淡的清香。

高更通常會選用粗糙的畫布，在表面塗上薄薄的底漆，為凸顯布料的紋理，但在畫這些小白花時，他採用的卻是厚塗顏料的技法，從這個細節，我們可以想像他對此特殊意象的重視。

誘人的香氣

在高更的書信與著作中，他非常強調大溪地的香氣，他曾說：「在大溪地，樣樣都芳香，我不再感覺日子的流逝，我毫無意識好與壞，這裡每件事都是美麗的，每件事都是好的。」

可見芳香已讓他神魂顛倒，讓他不再老去，讓他覺得世界變完美了，最後無可救藥地愛上這個地方。1891至1896年間，高更積極的撰寫一本重要著作，書名就叫《香香》，顯然香氣成了他的癮。

據筆者猜測，畫裡散佈的一團團的白色之物，象徵的是大溪地散播的芳

1｜耳際的花
2｜串成的花冠
3｜花的髮飾
4｜落於地的花
5｜懸在半空的花
6｜高更　神秘之水　1893　水彩 31.8×21.6cm　瑞士蘇黎世畢爾勒收藏
7｜《諾亞．諾亞》的插圖，約1894-1895　鋼筆、水彩　9.5×19.5cm　兩位裸身男子正享受水與大自然，背面對我們，象徵反文明。

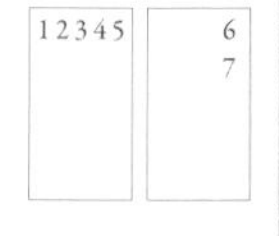

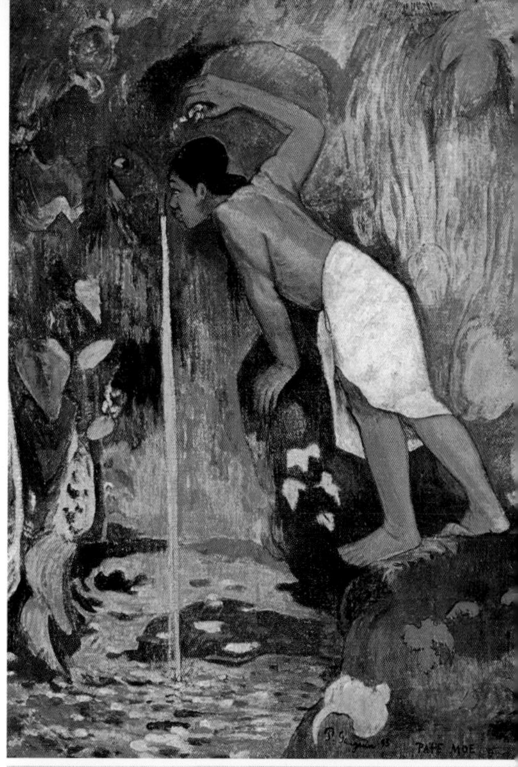

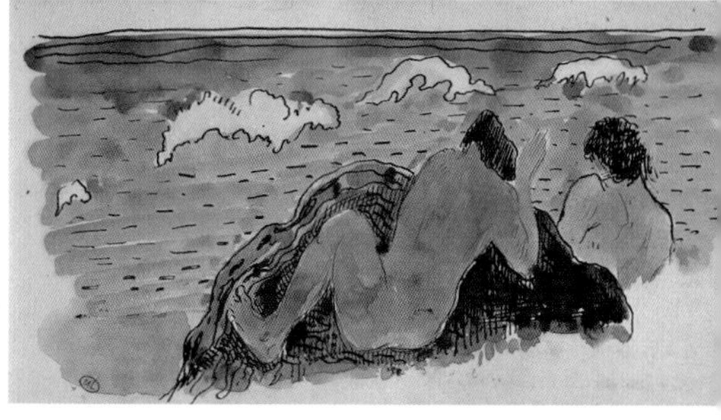

香。

解讀9 同性戀念頭一閃

高更的作品大多以少女為主題，但偶爾也出現男性，意外的在大溪地這段期間，他倒是創作了一些以裸男為中心的畫。

拿斧的男子

在裸身男子的畫裡，〈拿斧的男子〉是令他最滿意的一張。

在《香香》一書，高更有一段記載：「這位幾乎全裸的男子用雙手揮舞著一個重斧，尖銳之處掠過，成了藍，對抗銀色天空，當斧下來時，死樹就被切開了。」沒錯，這段文字生動的描述〈拿斧的男子〉裡的圖像，男孩站立前端，展現他的力與美，這模樣也同時出現

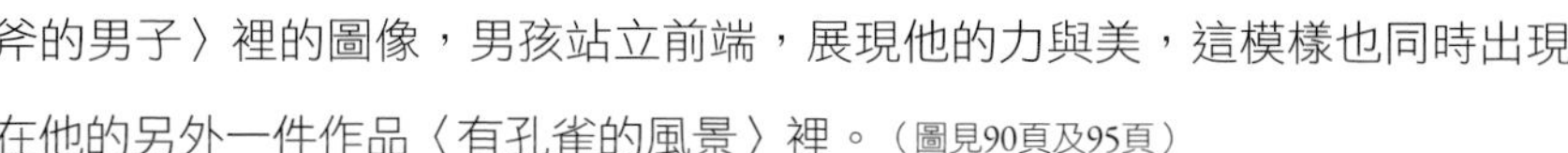

在他的另外一件作品〈有孔雀的風景〉裡。（圖見90頁及95頁）

我們或許好奇的想問，這名美男子到底是何方神聖呢？或僅是一名模特兒嗎？

故事的發展

這名男子是高更的好友，他是當地的土著，既年輕又俊美，有一次他們一起上山尋找玫瑰木，他走前面，高更跟在後頭，在那次經驗中高更感覺自己像一個身心疲憊的老人，面對眼前的裸身，健美誘人，一具完美的形像，他再也無法自拔了。

他散發的美與香氣，讓高更著了魔，他說：「如此貼近，我內在開始綻

放愛情……。」

當然這種愛讓他很矛盾，一方面，因無止盡的饑渴與邪惡的念頭，他心生罪惡感；但另一方面，過去總扮演一個呵護人的角色，得承擔責任及遭受苦難，當時，他自語：「只要一次，就當個弱者，去愛，去順從吧！」

他們一同穿過山谷、溪流、小徑、瀑布與樹叢，最後找到一棵大樹，兩人合力用斧頭砍，使勁地劈下去，因破壞與爆發，滿足了他野性的慾望，為此高更興奮的不得了。

高更彷彿聽到一種斧頭韻律的聲響，於是哼唱：

踩踏整片的慾望森林，
在我的愛裡，劈出去，
當秋天男子用手砍，
蓮花。

身上殘留的文明在此時完全被擊垮，他感覺自己不再是歐洲人，而是毛利人。

兩人扛著重重的玫瑰樹，聞起來很香。回到家時，高更內心無風無浪。

男孩問：「你滿足嗎？」

高更回答：「滿足。」他重覆的告訴自己：是的，我已經得到平靜。

當神一樣模拜

也因這段同性的愛戀經驗，讓高更拋棄舊有的、沉重的包袱，讓他轉變成真正的野蠻人，在心存感恩之餘，將這名男孩帶入畫裡。

〈拿斧的男子〉這張畫中，男子腿的左邊有一片地帶，遊走許多紅橘的線條，長長的如蛇，高更說這些組成東方神祕的字母，他還說，他看到了一

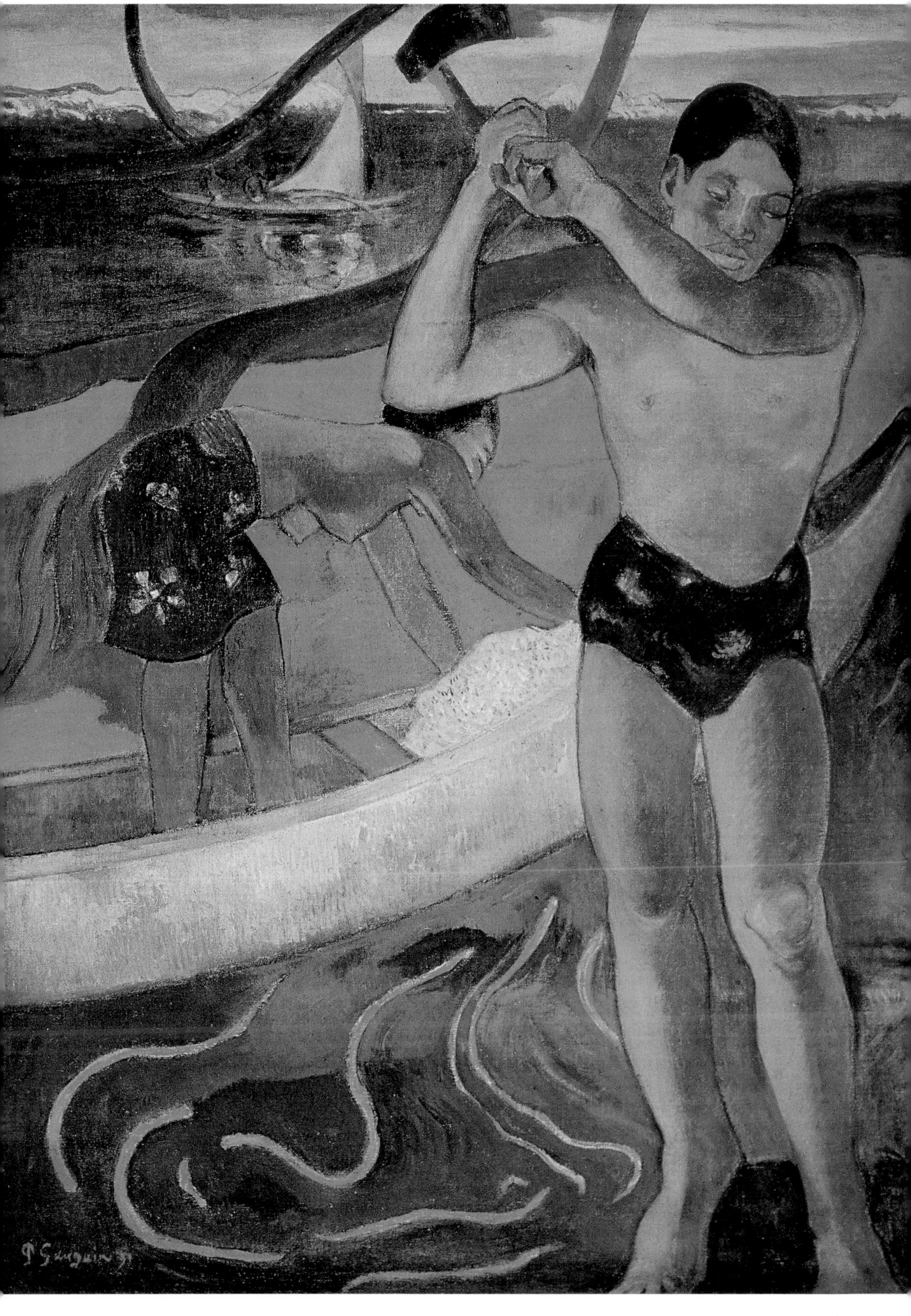
P Gauguin 91

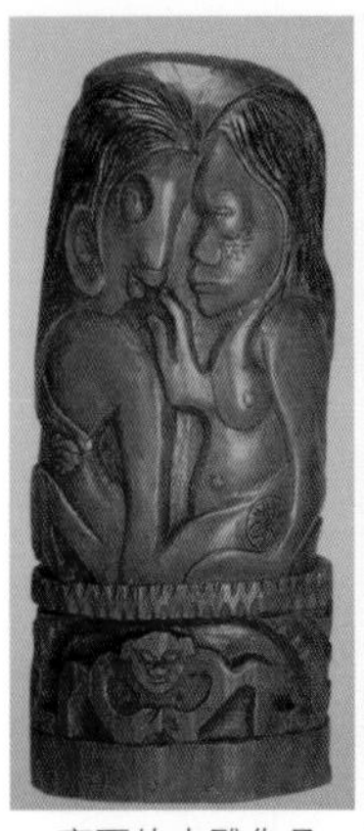
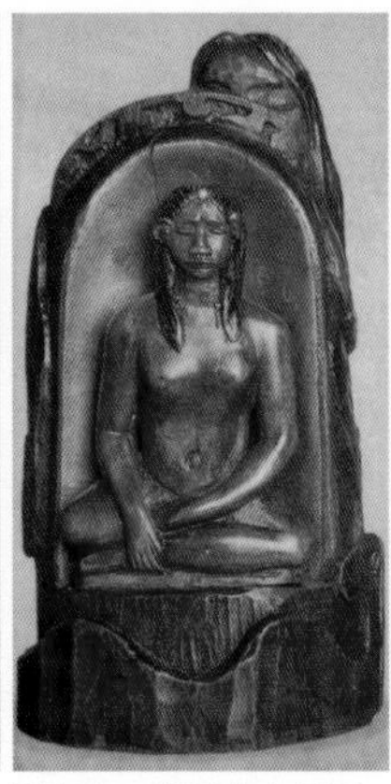
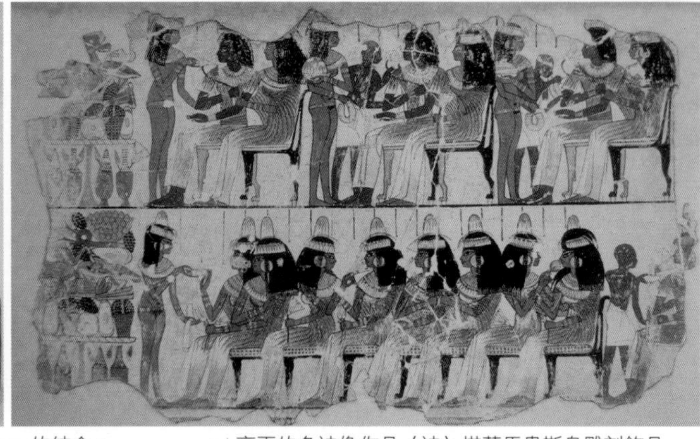

1｜高更的木雕作品，月神Hina與至上之神Taatroa的結合。
2｜高更　神像與珍珠　約1892　巴黎奧塞美術館
3｜約西元前1400年的十八王朝，此為西底比斯（Western Thebes）Nebamun王陵墓的壁畫。高更一直將這壁畫照片帶在身邊。
4｜婆羅浮屠　惡女的誘惑　8世紀後期–9世紀前期　爪哇婆羅浮屠第一回廊主壁浮雕
5｜高更的多神像作品〈神〉描摹馬貴斯島雕刻飾品　鉛筆、水彩　12.5×13cm
6｜〈歡愉〉的局部
7｜〈杜芙拉的祖先〉的局部
8｜〈她的名字叫Vairaumati〉（Vairaumati têi oa）的局部

個源自太平洋的字：「神」（Atua）。當然，這是藝術家的想像，但由此，也揭露出他多麼愛這名男孩，愛到將他當作「神」一樣看待了。

解讀10 神像的奇幻

　　當高更到達大溪地時，他對古老大洋洲的宗教感到萬分驚奇，也對他們多神宗教起了濃厚的興趣。然而，島上絕大部分的小木雕神像都已經被傳教士或當地土著破壞的差不多，有許多也被埋了起來，因此很難發現到真正的神像，在這種情況下，高更驚叫：「我的腦子裡都塞滿了這些東西！」所以他自己塑造神的形像，有時用雕的，偶爾也用畫的，最主要還是想拯救大溪地傳統的雕刻藝術。

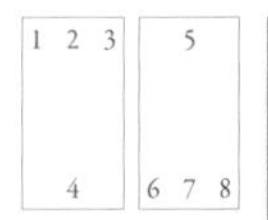

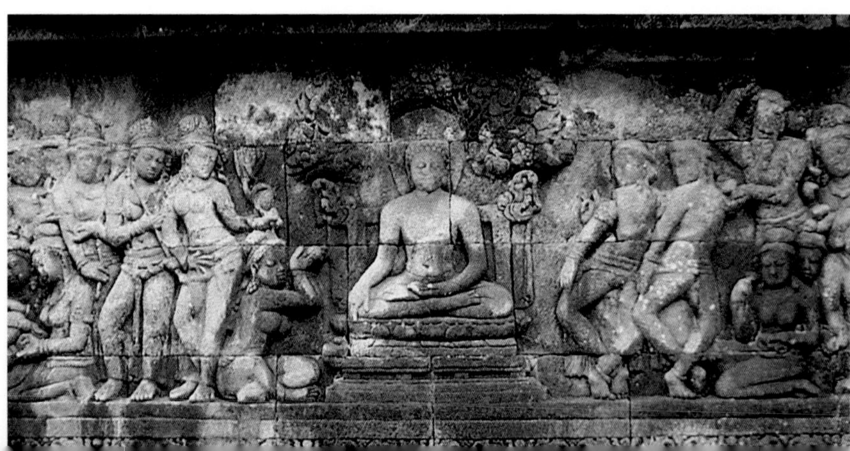

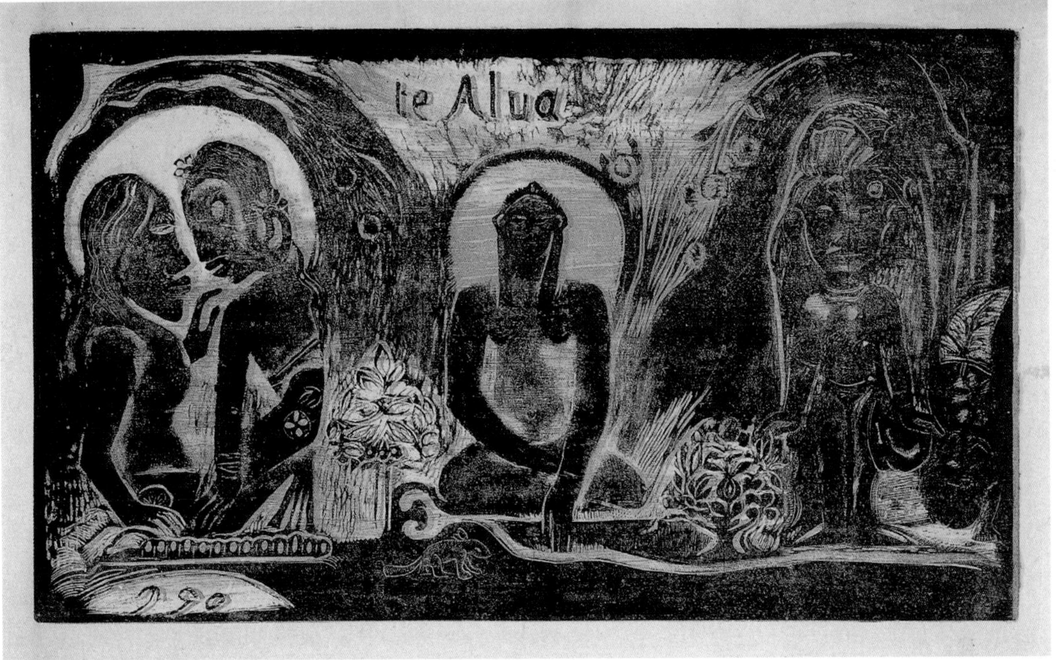

取自出處

但他所創造的神像，那些模樣的點子從何而來呢？

（1）許多有關神的故事，都靠當地人的口傳，高更勤讀摩仁郝特的兩冊《大西洋之旅》，因為那是寫於1837年，當時破壞還沒那麼嚴重，有些資訊可以在裡面獲得。

（2）他偶爾在當地路邊發現到石雕神像，它們的樣子就猶如人形。

（3）他隨身帶著爪哇的婆羅浮屠神廟（Borobudur）的佛教神像的圖片。

（4）高更的母親亞蘭生前喜歡收集祕魯陶磁品，死後她將收藏品留給兒子，這些奇異的神鬼形像讓他深深的留在腦海裡。

（5）過去只要碰到神像專家，他一定向前詢問，他看過人種博物館與世

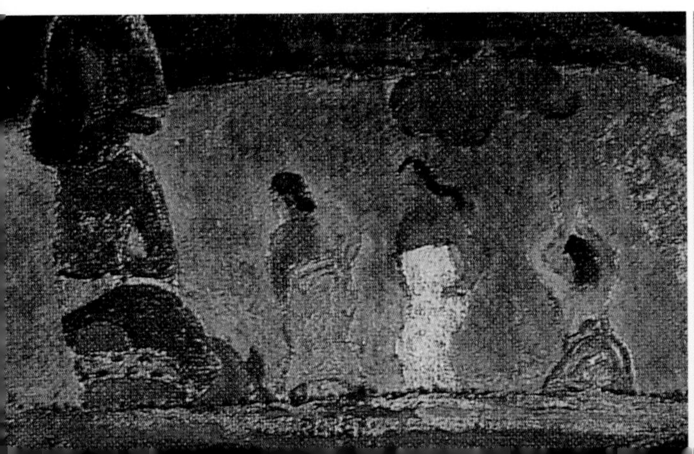

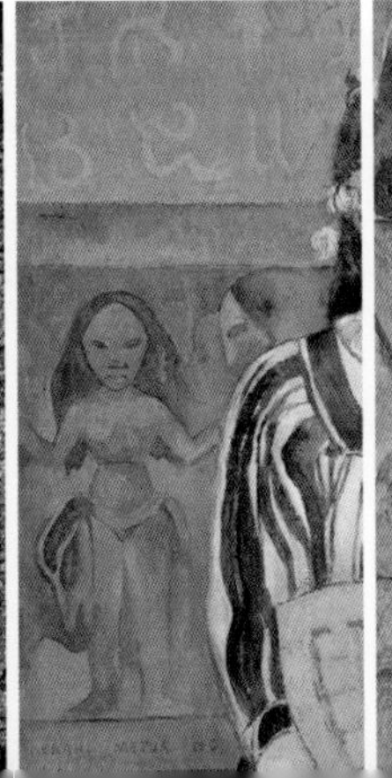

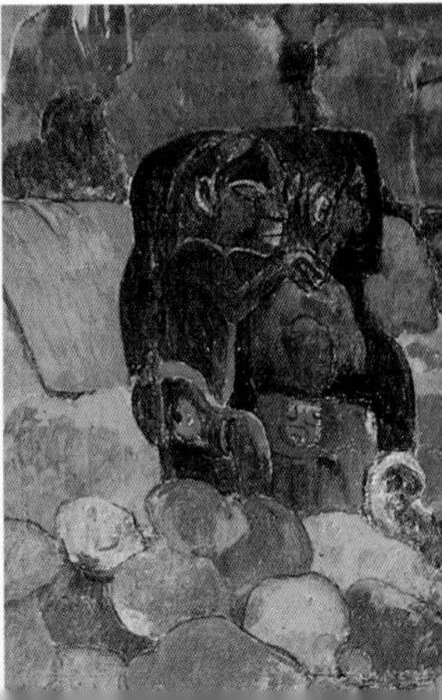

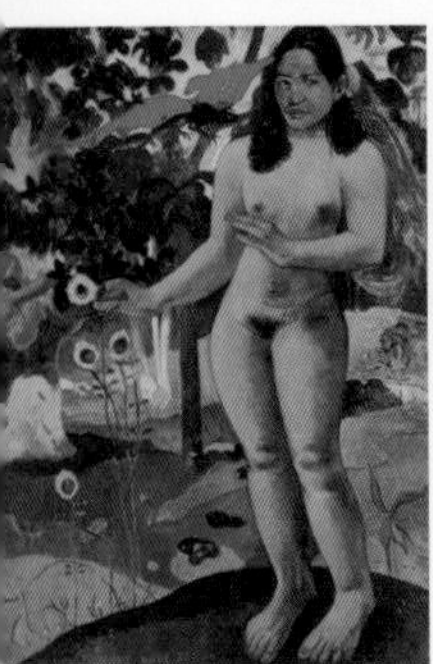

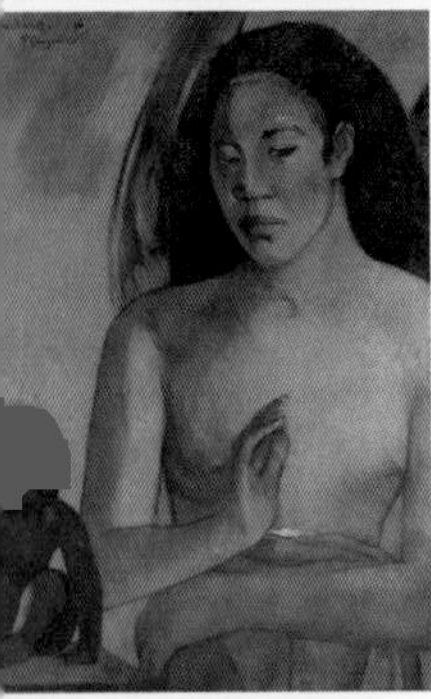

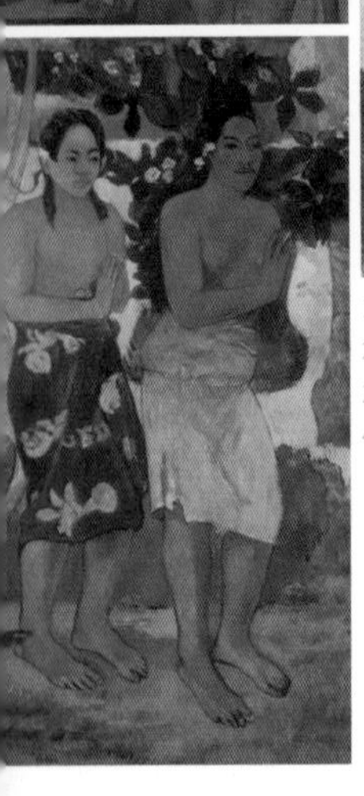

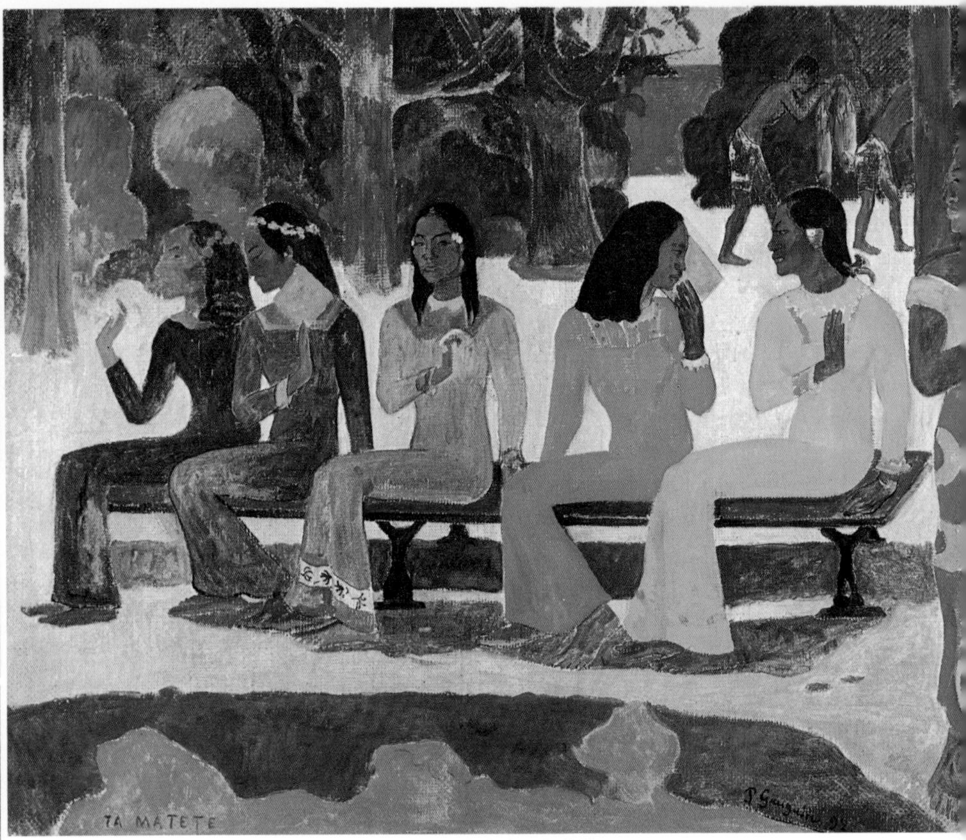

1 | 高更　愉悅之地　1892　油彩畫布　91×72cm　倉敷市大原美術館
2 | 高更　原始詩篇　1896　油彩畫布　62.87×46.99cm　哈佛大學佛格美術館
3 |〈聖母經〉的局部
4 | 高更　我們今天不去市場　1892　油彩畫布　73×91.5cm　瑞士巴塞爾美術館

界博覽會的殖民區的呈列品，他年輕出海時也目睹過各地的文物，這些資訊與視覺記憶對他的影響很大。

（6）他也一直將埃及壁畫與墓碑畫的圖片帶在身邊。

當高更在刻畫神像時，以上這些圖像記憶會一一浮現出來，另外，我們也不能忽略他瘋狂的想像，所以到最後無論在形式或內涵上，他的神像都是各元素的「綜合」體，而非單一。

心中的女神

另外，高更在畫女子的坐姿、情態、外形、臉的特徵時，特別取自於神像的模樣，因此在意義上，女身等同於神的形體。

這說明了什麼呢？藝術家的愛情對象已經被當作神來看待了。

第四章

文明的都會

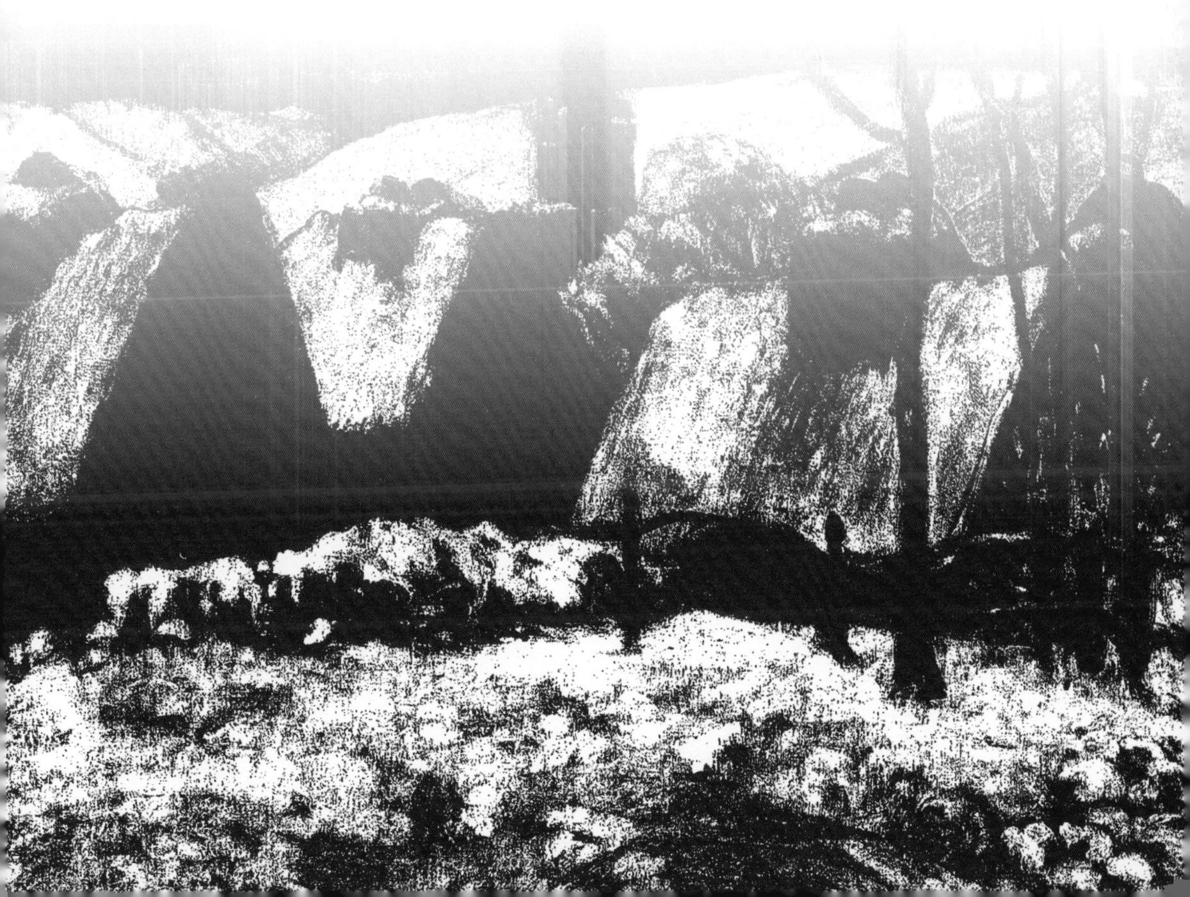

1893/1895

高更生平及年表

1893	45歲	9月到法國奧爾良（叔叔過世後留下遺產）。 11月作品展在杜蘭–魯埃美術館，畫冊由莫里斯（Charles Morice）主筆。 繼續撰寫《香香》，與莫里斯一起計畫出版事宜。 在巴黎租下工作室，與爪哇女孩安娜（Annah）住在一起。
1894	46歲	1月他的五件作品在布魯塞爾參展，也參加開幕。 4至12月跟安娜住在阿凡橋與普勒杜。 5月25日跟水手們打架，斷了踝關節，待在醫院兩個月。完成他最滿意的雕塑作品〈野蠻人〉。 年底回到巴黎，安娜偷走工作室所有值錢的東西，不見了。
1895	47歲	2月18日在Hôtel Drouot拍賣畫。7月離開法國。

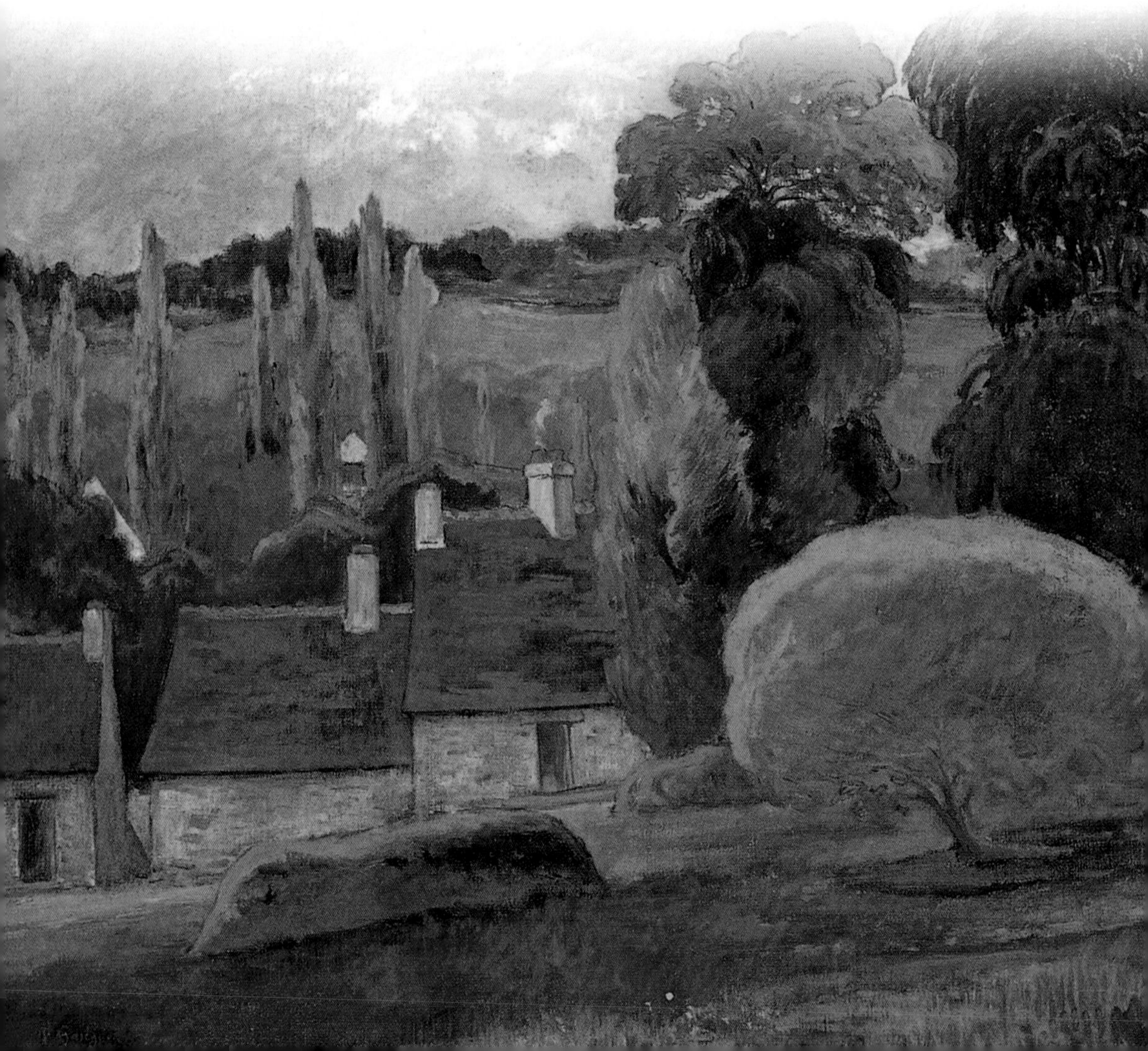

1 | 高更　布列塔尼農場（局部）　1894年　油彩畫布　72.4×90.5cm　紐約大都會美術館
2 | 高更　自畫像　1893-94　油彩畫布　46×38cm 高更的側影，背景有一張大幅〈沉思的女人〉，地點在他巴黎的畫室。
3 | 高更　戴帽的自畫像　1893-94　油彩畫布　46×38cm　巴黎奧塞美術館
4 | 女友安娜
5 | 高更　雪中的巴黎　1894　油彩畫布　阿姆斯特丹梵谷美術館

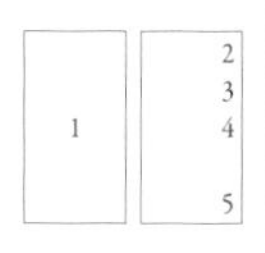

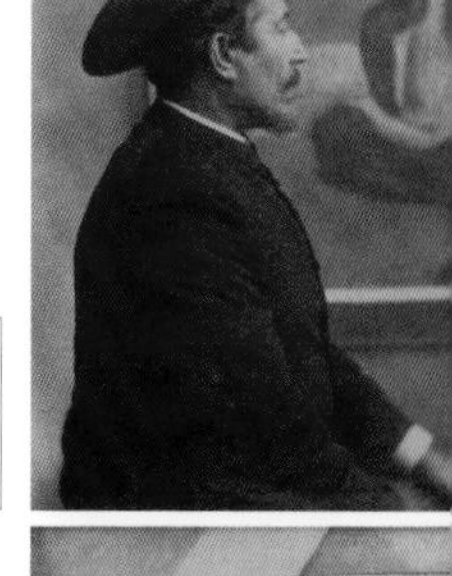

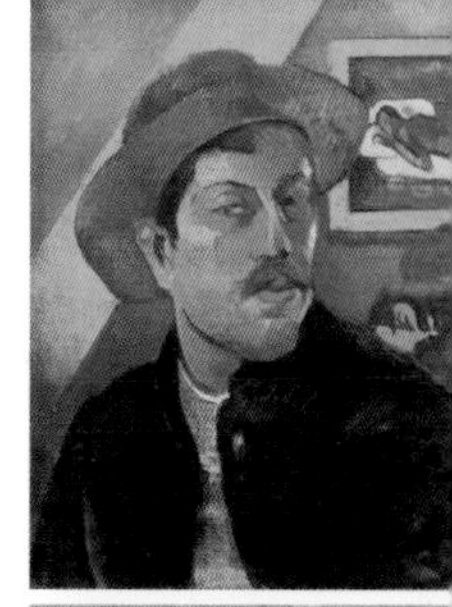

高更經過兩年大溪地的洗禮，1893年8月回到法國，他希望把他特殊經驗呈現出來，讓大眾目睹一個很不一樣的藝術，更期待在巴黎造成轟動。

果然引爆

他先租下一間小工作室，不久接到叔叔的一大筆遺產，除了還債之外，也搬到一處豪華的工作室。然而他古怪的的穿著、習性、思想與行為，顯得跟當地人格格不入，因此嚇走了不少人。

長久以來，竇加是高更的畫迷，這回幫老友一個忙，請託經紀商辦一場高更個展，將近一個月的展期，如他所願，的確引燃話題，但展出的四十四件作品只賣出四分之一，讓他失望不已。

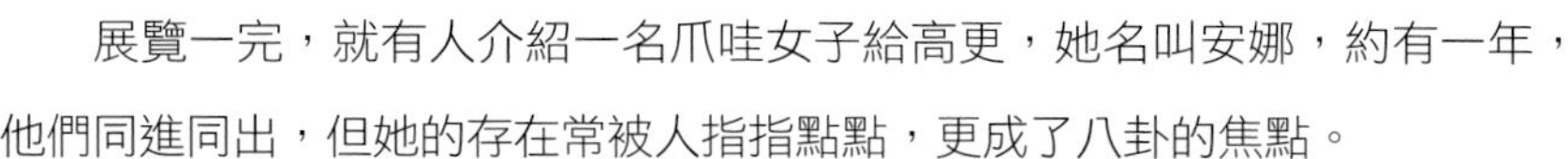

展覽一完，就有人介紹一名爪哇女子給高更，她名叫安娜，約有一年，他們同進同出，但她的存在常被人指指點點，更成了八卦的焦點。

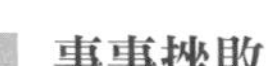

事事挫敗

高更跟布魯塞爾的前衛藝術圈（*La Libre Ésthetique*）聯繫上，1894年2月也在那兒辦了展覽，回到法國之後，他心念阿凡橋與普勒杜，決定再訪，希望在那邊建立一個藝術村，然而他不僅找不到學生，賣不出畫，又跟人打架斷了腿，惹上官司，一連串不愉快的經驗使他感到挫折，回到巴黎之後，沒想到工作室所有有價值的東西都被安娜偷了，慶幸的，藝術品原封不動的擺在那兒。

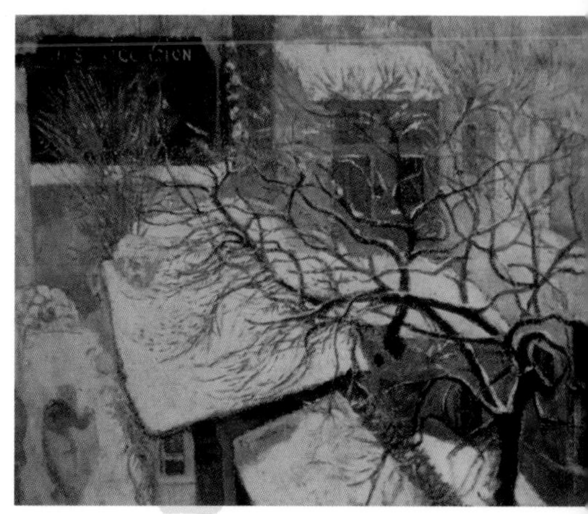

由於他不屈服的性格，無論走到那兒，爭執就跟到那兒，錢用光了，身心感到疲憊不堪，最後了解法國不再屬於他，於是1895年2月舉辦一場作品拍賣

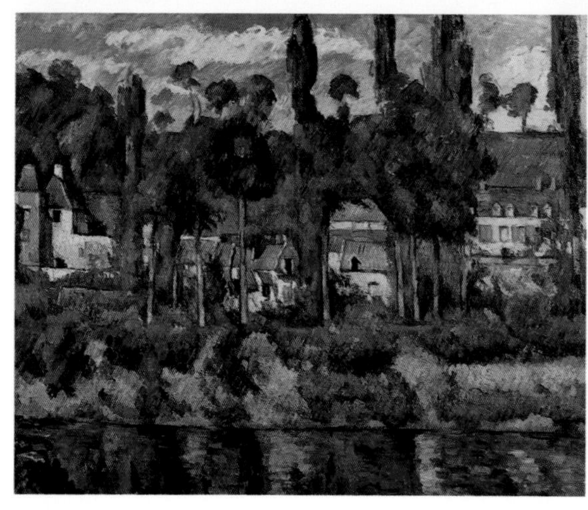

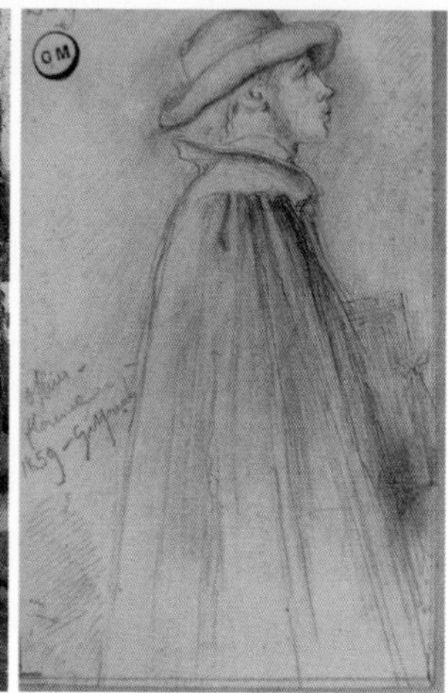

會，準備賣一些畫籌點旅費回大溪地，但四十七件作品僅賣掉九件。

生命最後一搏

他拍拍屁股一走了之，臨行前他跟好友莫里斯表白：「剩下來我想做的是在那邊安安靜靜地雕塑我的墳墓，四周圍繞著花朵。」

七月，他跟法國永別了，這次不再回頭了。

那一年，高更四十七歲，失去了健康，也沒有錢，剩下的只是生命最後的一搏。

解讀1 為塞尚跟親人翻臉

待在法國兩年，期間高更並沒有到哥本哈根看家人，但寫信給女兒亞蘭，說自己的畫賣不好，沒錢買東西給她，也不能去看她，他只希望有一天她能明瞭他是世上最好的爸爸。

這時候高更跟妻子梅特鬧翻了，為了什麼事呢？

遺產與收藏品

他繼承叔叔留給他的遺產共值1萬法郎，他只將十分之一寄給梅特，她的反應十分憤怒，抱怨他不負責任。另外，由於四處旅行，高更的許多收藏品與畫作放在哥本哈根，梅特未經高更的許可，將他過去的一些收藏品賣掉，讓他氣的跳腳。

兩人原先的性情已經不合，分居許久，現在又有糾紛，此刻關係真的降

1｜塞尚　梅登城堡　油彩畫布　72×58cm　蘇格蘭格萊斯哥美術館
2｜摩洛　竇加肖像　1859　鉛筆　15.3×9cm　巴黎摩洛美術館

1 2

至冰點。

最讓高更不悅的是梅特賣掉塞尚的〈梅登城堡〉，這張畫裡的建築物是作家左拉的城堡，高更最愛的部分是塞尚的大膽用色，橘色的土壤與城堡與濃密的綠樹，特別是自然遮掩人工的手法，他自己的作品也仿照了這些作法。

心頭的怨氣

由於高更非常景仰塞尚，再怎麼窮困也絕不放手這張畫，高更之後想將它挽救回來，卻於事無補，從此他心頭怨恨不已。

解讀2 唯獨竇加最好

高更跟幾位藝術家的友誼維繫得還不錯，但他總用真性情來面對人群與朋友，就因這樣常常得罪不少人。

高更了解藝術圈有太多拍馬屁的人，他的原則是，有真實感覺才會誇獎，他寧可在正確的時刻表現敬意，不願向每個人都說同樣奉承的話，這麼做並非惡意，只因誠實。

他很少讚美人，經常批評人，但唯獨對竇加例外。

年輕與活力

他在《之前與之後》有一段話，說出對竇加的觀感：

若說沒人認識竇加，那過於誇張，但只有很少人真正知道他，我想要說我很了解他。竇加何時出生，我不知道，但他已經老了很久了，一定跟麥修撒拉（聖經創世紀的人物）一樣老，我說麥修撒拉，因為他一百歲卻像三十歲的人，事實上竇加始終年輕，又充滿活力。

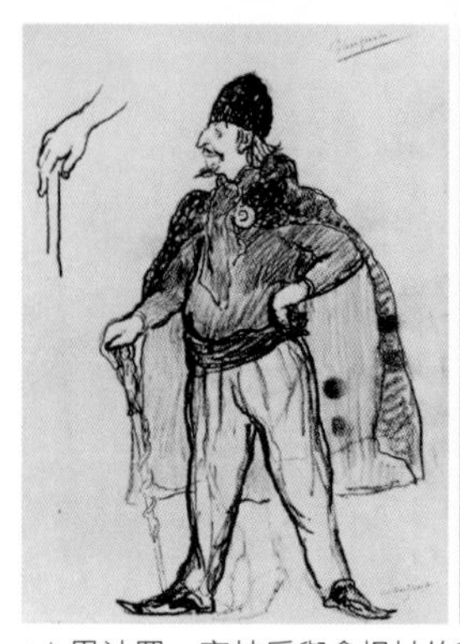

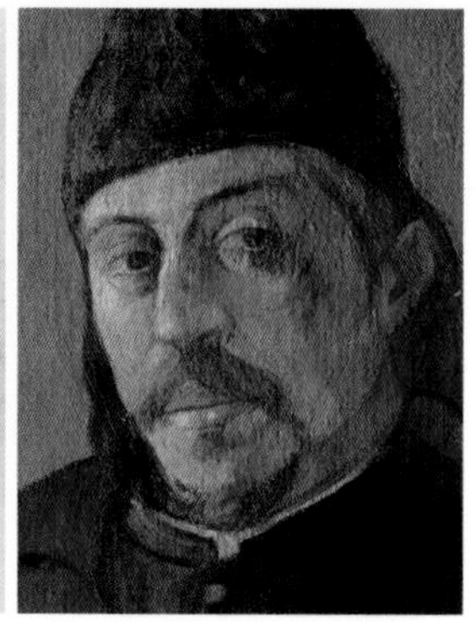

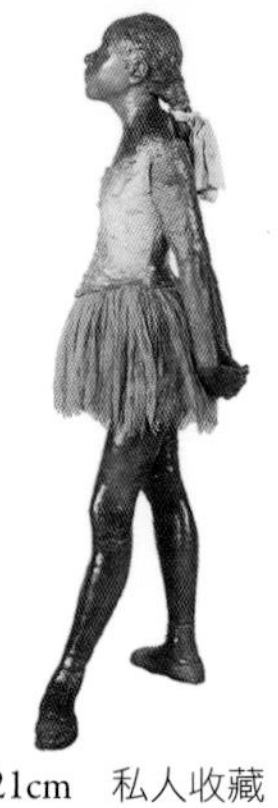

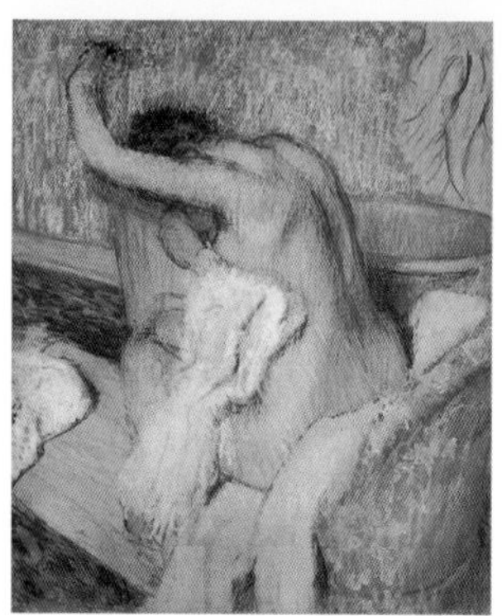

1｜畢沙羅　穿披肩與拿拐杖的高更　1893　黑粉筆、粉蠟　26.5×21cm　私人收藏
2｜高更在巴黎的奇裝異服
3｜竇加　14歲的小舞者　1881　青銅、棉、緞　高95.2cm　佛蒙特，謝爾本博物館
4｜竇加　浴後　1895-1900　粉彩畫　67.7×57.8cm　倫敦庫多億束協會
5｜高更擁有不少新奇拐杖，這是其中之一。
6｜竇加　梳髮　1892-96　油彩畫布　114.3×146cm 倫敦泰德美術館

1 2 3 4　6 7 8 9
5　10

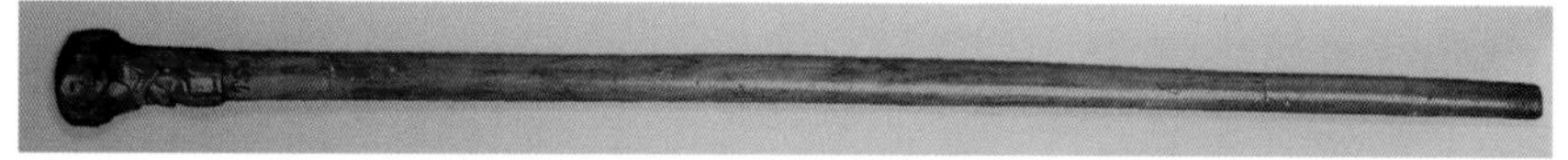

竇加雖然年紀大，但善用他的心智散發活力，就像年輕小伙子一樣。

就如高更自己進入藝術圈時都已快邁入中年，但跟年輕人相比，他精力更充沛，敢批評，勇於冒險，有膽識去找新的美學，誰說他是老人呢！

中產階級的外形

根據高更的説法，竇加總戴著絲製高帽、藍框眼鏡、手拿雨傘，看起來頗像路易–菲利普一世時代的中產階級，一點不像藝術家的樣子，高更用「宮廷的大使」來形容他的威風。

看過高更的人都認為他有一種來自上流社會的特殊氣息，這方面倒像竇加，待在巴黎期間，高更一身的打扮十分戲劇化，他常穿著繡花的藍背心，披上大件藍袍，戴上灰色氈帽與白色手套，手拿奇特的拐杖，無論走到哪兒都引來一陣的騷動。

厭惡權威

講到竇加的性格，高更説：「竇加一點也不相信所有穿制服的人。」

這表示他不喜歡權威，然而這樣性格的人卻要付出很大的代價，想像一個人跟體制對抗的滋味，非常不好受，但一切為了忠於自己。

高更一生也是這樣，但又比竇加更拗，所以他承受的痛苦更大，他坦承

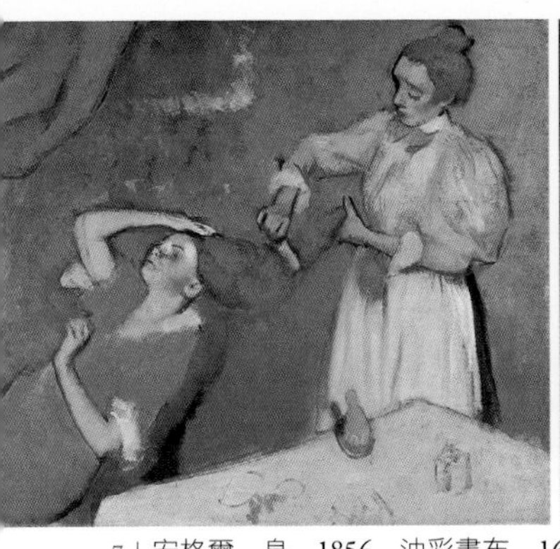
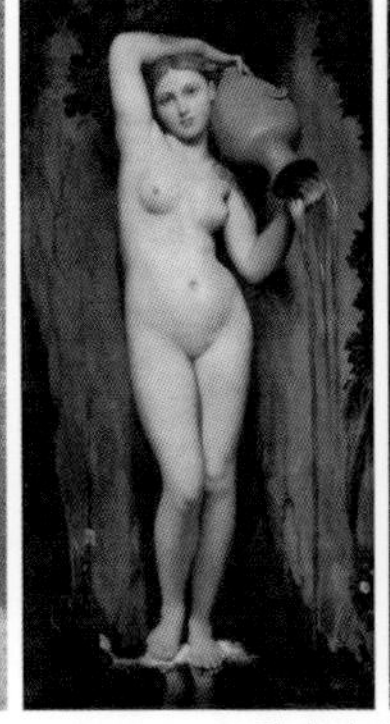
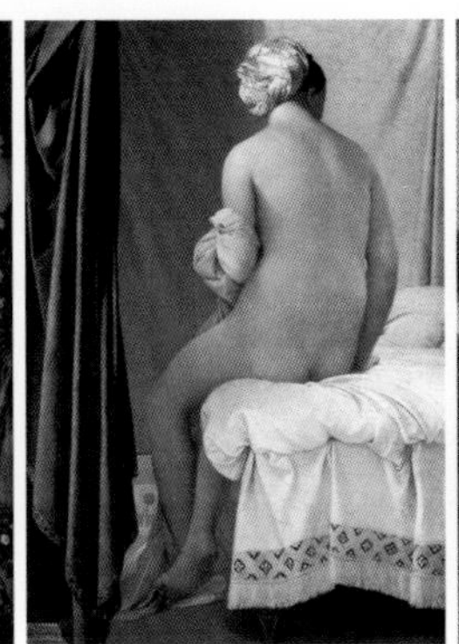
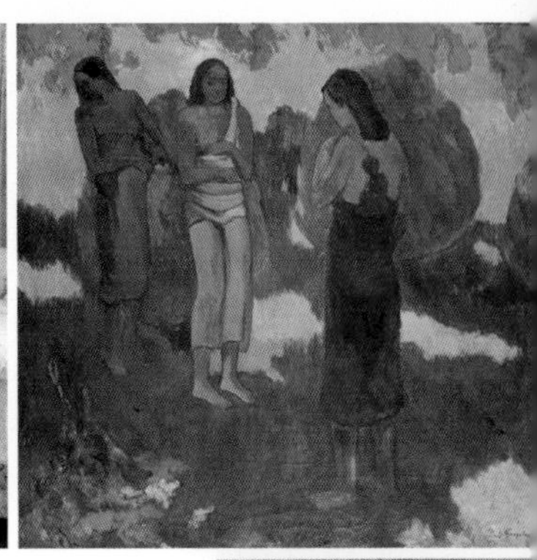

7｜安格爾　泉　1856　油彩畫布　163×80cm　巴黎奧塞美術館
8｜安格爾　浴女　1808　油彩畫布　146×97.5cm　巴黎羅浮宮
9｜高更　有黃色背景的三位大溪地女人　1899　油彩畫布　68×73.5cm　俄羅斯聖彼得堡艾米塔吉博物館
10｜高更　蹲踞的裸女背部　約1902　水彩、水粉顏料　53.2×28.3cm 紐約摩根圖書館

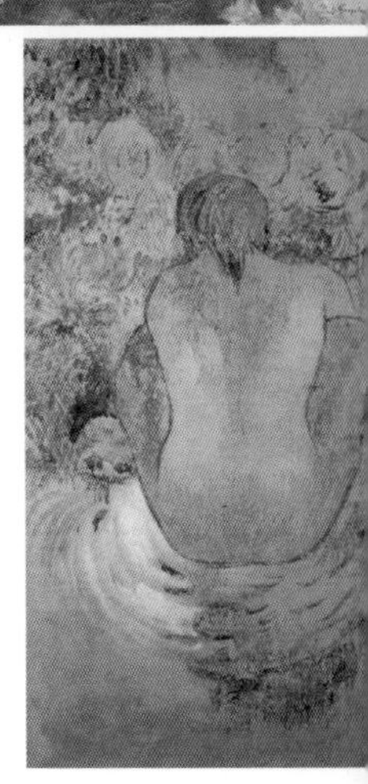

說道：「時常，革命不能沒有烈士，我的作品被當作現今繪畫的產物，若跟限定與道德相比，一點都不重要，繪畫帶來的解放，已經脫離了枷鎖，學校、學院與特別的平庸者共同結黨，壞了名聲，我不再在那兒打轉了，早就脫離他們的控制。

這時候，名單群聚很多名字，我卻從中消失，不過那又有什麼關係呢？」

是的，他心裡早就準備好，在活的時候當一名烈士，就算在名人簿裡沒有他的名字也不在意，他相信自己的藝術，他知道他獨創的美學要比學院的東西更新穎，更豐富。不管多苦，他依然堅持下去，用他的卓越天分去對抗才智平庸的體制，如今當我們看他的作品時，證明他是對的，不是嗎？

安格爾迷

講到竇加的藝術品味，高更說：「他尊敬安格爾，就表示他尊重自己。」

竇加經常刻畫芭蕾舞女，以及女子梳洗與整妝的優雅姿態，他不少靈感來自於法國的新古典畫家安格爾。

那麼高更呢？他對新古典作品有興趣嗎？答案是肯定的。安格爾對待女子身體的態度與描繪的角度，讓高更景仰不已。我們可以發現到兩人將女子身體的曲線與肉體的美感表現，某種程度上非常類似。

物以類聚

高更與大他十五歲的竇加處得來，能稱兄道弟，一點都不讓人意外，因

1｜波納爾　開窗　約1921　油彩畫布　118×96cm　華盛頓菲利普收藏館
2｜瓦洛東　樹景　1911　油彩畫布　100×73cm　坎佩爾藝術博物館　可刪
3｜威雅爾　壁屏〈公園〉：兩男學童　1894　膠彩畫布　214×98cm　布魯塞爾比利時皇家美術館
4｜安娜的照片
5｜在工作室與友人共樂
6｜高更　大提琴家　1894　油彩畫布　92×73cm　美國巴爾德摩美術館

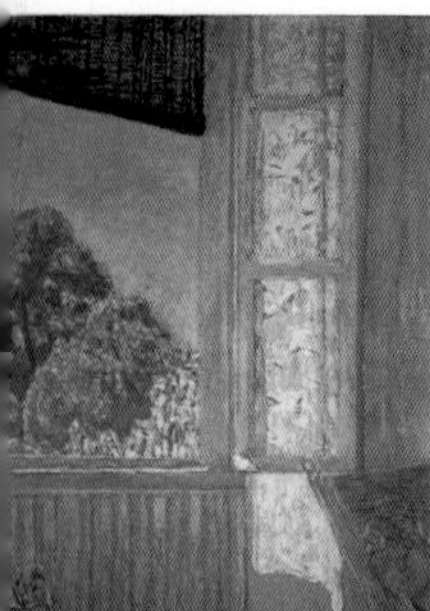

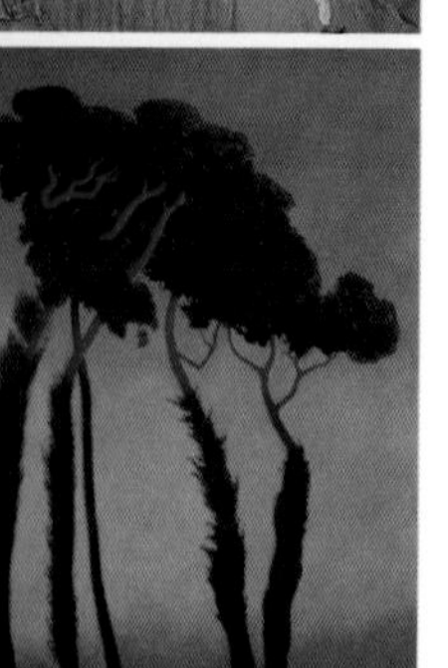

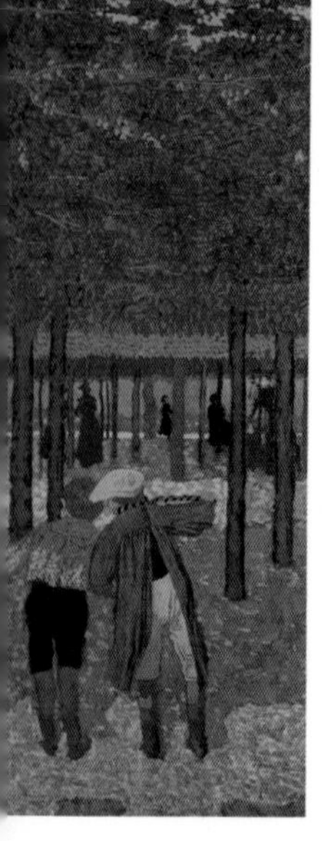

為他們無論在智力上，性格上，外形上，藝術愛好上，都十分的相像，所謂的物以類聚吧！

解讀3 第一次個人展

透過竇加幫忙，經紀人杜蘭–魯埃為高更在巴黎舉辦一場個展，展期從1893年11月4日到12月1日，共展出六張布列塔尼時期的畫，三十八張大溪地的畫及兩個雕像，價格從一千到四千法郎。

那比派藝術家

許多藝術愛好人士親臨現場，看到作品之後驚訝的不得了，如高更所願，這展覽的確引燃了勁爆。

值得一提的是，一群仰慕高更的年輕藝術家到達現場，他們屬於那比派，是象徵派的第二代，之前他們受到高更的阿凡橋畫風影響，當高更待在大溪地時，他們剛好在巴黎藝術圈如火如荼的進行，漸漸造成一股風潮。

面對這群小他二十歲的仰慕者，他心中與有榮焉，但另一方面，又感覺自己還在藝術生涯裡打滾，做痛苦的爭扎。

藝評家的讚美

當中知名詩人馬拉美（Stéphane Mallarmé）也來到現場，目睹高更的新作，他說：「有人竟可在如此壯觀的作品中，放進這麼多神祕的東西，真驚人啊！」

這位藝評家非常興奮的看到高更兩年來在異鄉的進步，將作品中的神祕與裝飾性發揮到最高點，他簡直不敢相信自己的眼睛。

高更再一次深入藝術中的這塊處女地，將原始美學更往前推進，是一件可喜可賀之事。

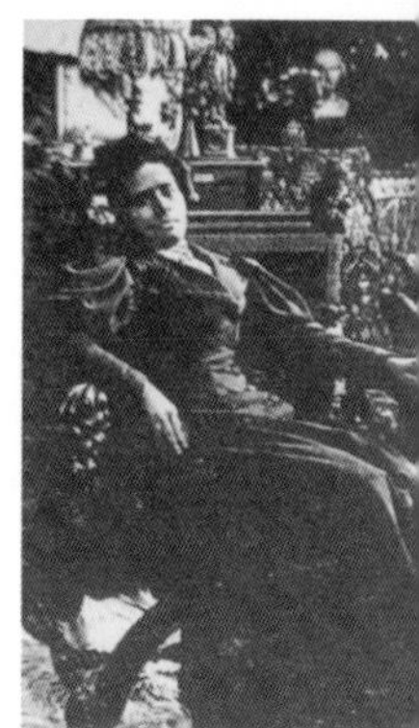

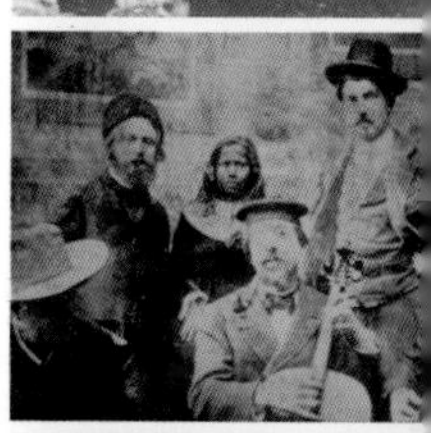

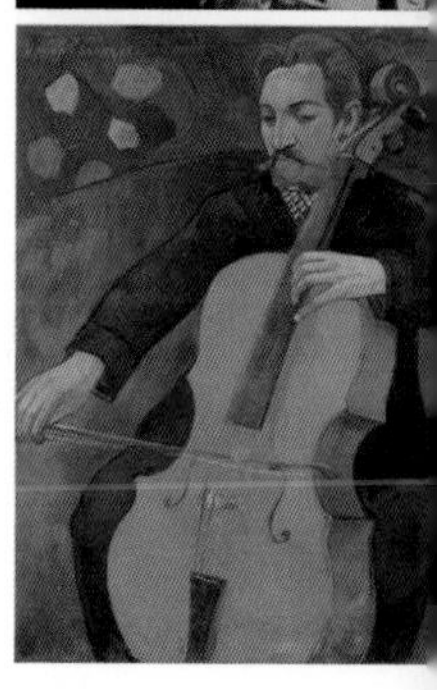

預期與成果

這場個人展雖然造成轟動，但一般觀眾與藝評家大都只抱著湊熱鬧的心情，看完之後依然無法理解高更的藝術，怯步，不敢領教。

令高更最失望的事，作品僅賣出十一件。

解讀4 多彩的仿南洋畫室

高更在巴黎的蒙巴納斯（Montparnasse）區租下一間工作室，他希望此處能為拘謹的巴黎帶來一些自由與解放的滋味，因此他精心布置這地方，一切仿照南洋的作風。

波西米亞式的日子

在這個畫室裡，高更拿一些照片、木雕、石雕、織布、紀念品、武器與玻里尼西亞文物來裝潢，此外，牆上還掛有一系列的色情畫作，入口處用大溪地語寫著「在這裡，我們相愛。」

每個星期這裡都有聚會，來了很多人，有畫家、作家、詩人、音樂家，好不熱鬧，由於高更會彈好幾種樂器，像曼陀林、小風琴與小提琴，再加上他多彩性格，為此處增添了不少的情趣，他與友人共樂，過著放蕩不羈的生活。

少女安娜

1893年底，因別人介紹認識一名來自爪哇的少女安娜，她才十三歲，原來是法國名歌手的女僕，之後成為高更的愛人，她性情粗野毫無禮節可言，經常帶著猴子與鸚鵡在街上晃來晃去，讓人看了很倒胃，高更卻與她同進同出，自然地，他們的行為成了人們茶餘飯後的話題。

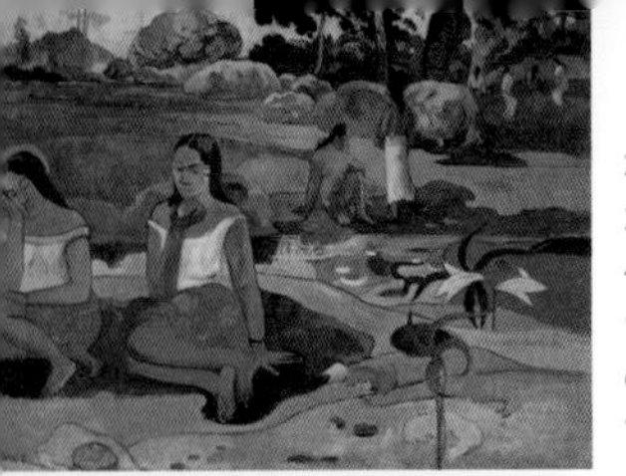
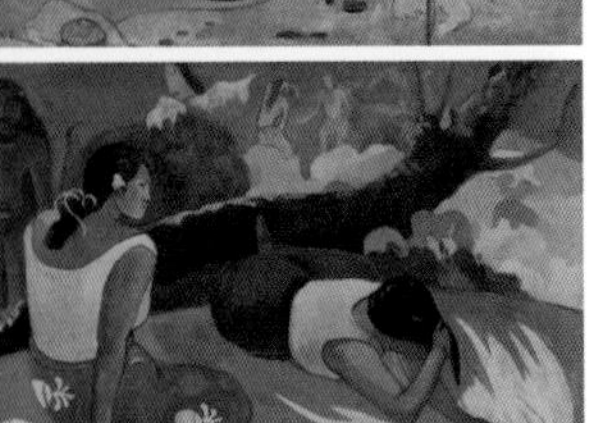
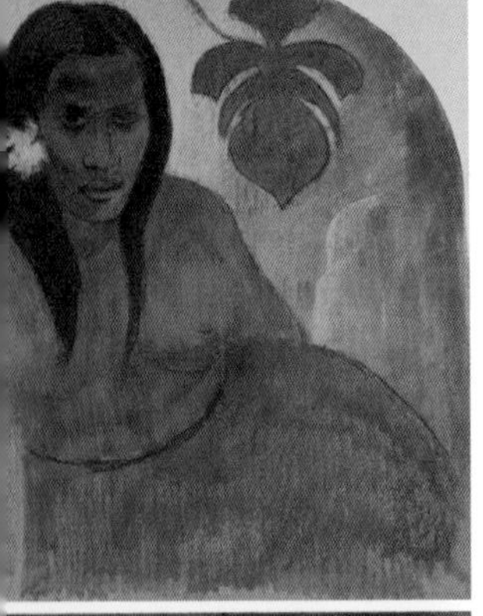
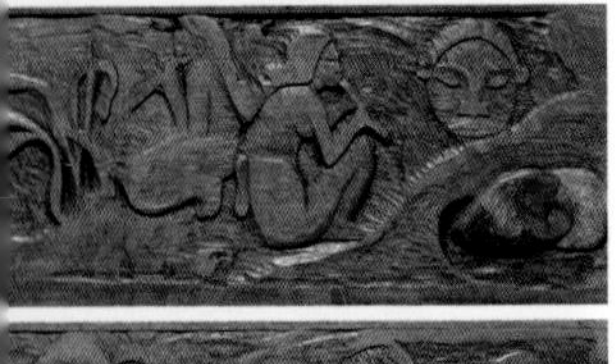
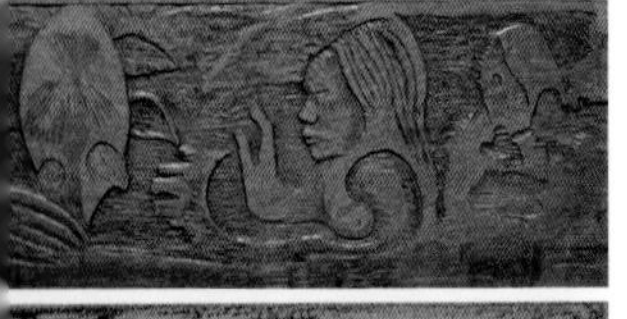
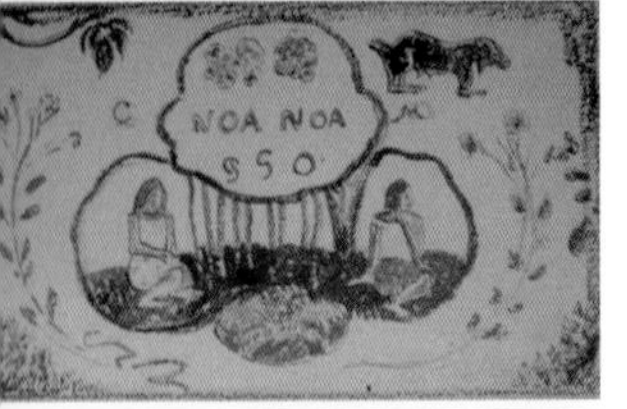

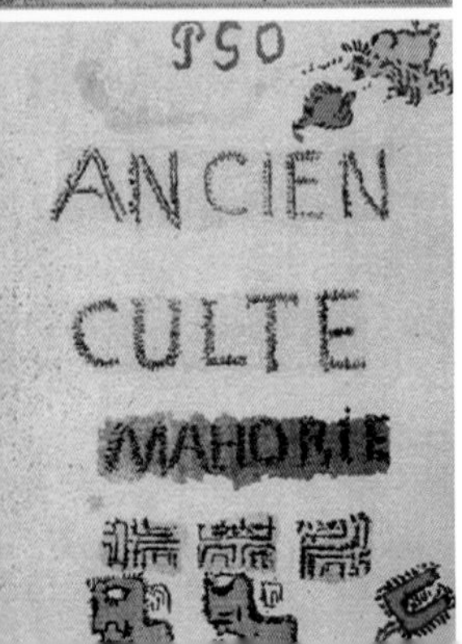

1｜高更　美妙的水　1894　油彩畫布　73×98cm　俄羅斯聖彼得堡艾米塔吉博物館
2｜高更　斜躺的大溪地女人　約1894　油彩畫布　60×98cm　丹麥皇家美術館藏
3｜高更　大溪地女人　約1900　粉蠟筆　56×49.6cm　布魯克林博物館
4｜高更　Hina的頭與吹笛的人　1894　橡木雕飾　私人收藏
5｜高更　Hina側面的頭與崇拜景象　1894　橡木雕飾　私人收藏
6｜《香香》書影
7｜《古毛利人的崇拜》中的一頁
8｜高更　爪哇女孩安娜　約1894　油彩畫布　92×73cm　私人收藏

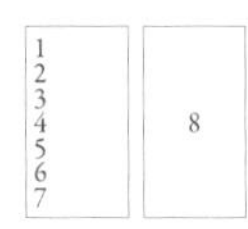

情色場所

這仿南洋的工作室，除了作畫之外，高更塑造成一個有愛、有歌、有歡樂的地方，然而在大眾眼裡，這裡儼然是一個縱慾的情色場所。

解讀5 遙想大溪地

雖然高更人在巴黎都會，他卻常遙想大溪地，畫那兒的人物、那兒的田園景象，撰寫那兒的一切，許多美麗的畫作及《香香》與《古毛利人的崇拜》書稿就是這樣完成的。

理想的天堂

高更是一位擅長想像的創作者，日子過的雖苦，卻常常做夢。

自亞當與夏娃娃吃下禁果之後，人類就開始墮落，從此得承受無止境的災難，這失去伊甸園的意象始終縈繞在高更的心頭，為此，他也成了一只失落的靈魂，別無他法，他只有竭盡所能將它找回，否則難以安定，那就是為何他總在作品中呈現出尋尋覓覓，找回理想天堂的痕跡了。

夢想的天堂就在「他方」，高更將所有的精神投注在描繪大溪地，藉此，他要宣示拋棄歐洲的墮落價值，緊緊地擁抱原始文化的純粹。

想像的靈魂

高更相信自然蘊藏神祕與想像的能量，提供無限的可能性，藝術家本身被命運選中，扮演著自然的媒介，只要心存一份美好的信念，在創作時，夢想可以搖身一變，幻化為真。

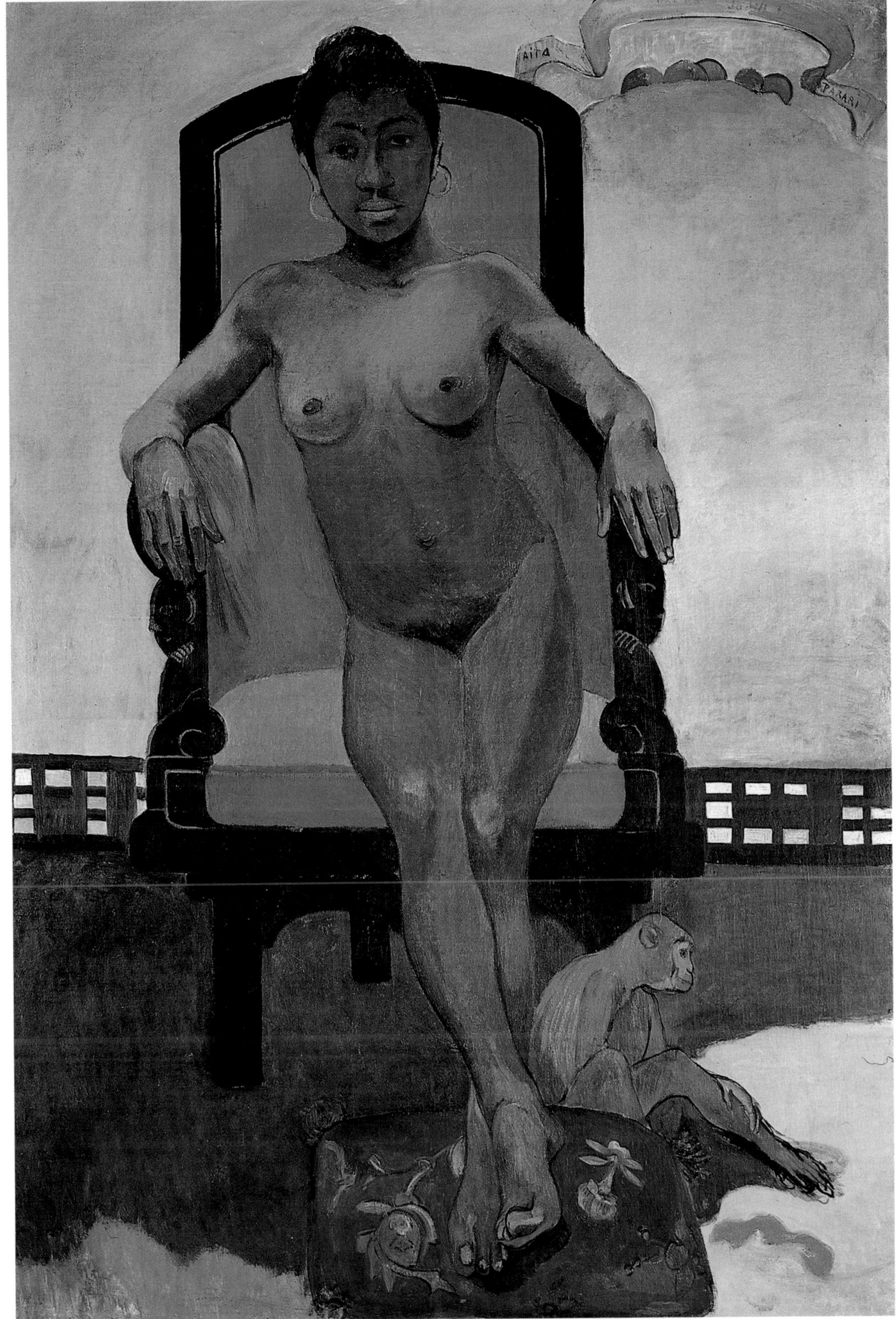
AITA
PARARI

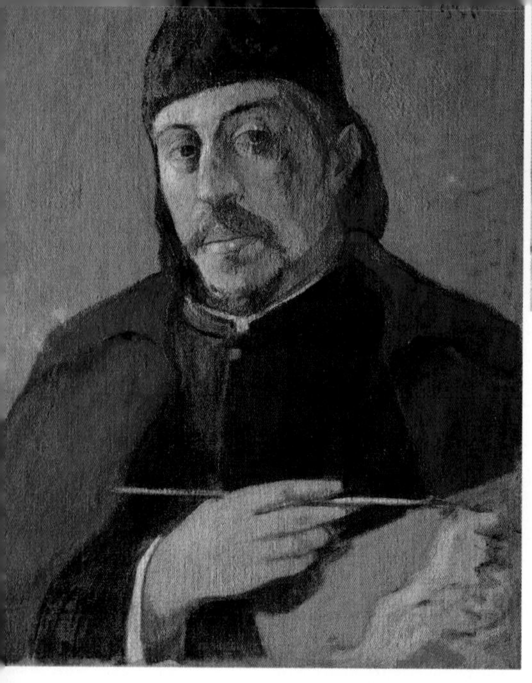

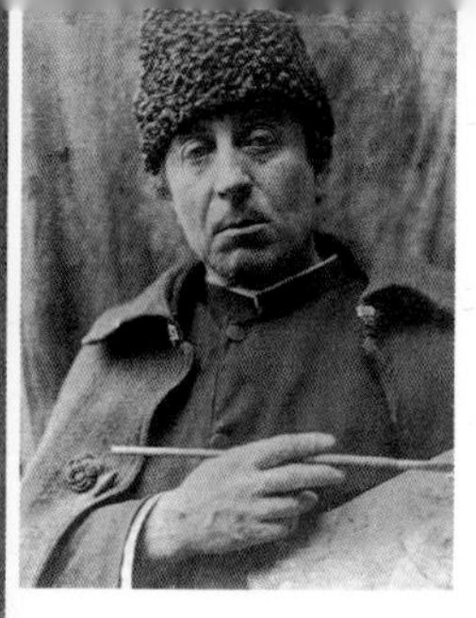

解讀6 有調色盤的英姿

從高更的照片，我們發現他是一位俊美的男子，但在自畫像中，他經常將自己畫的很落寞，很頹喪，然而在巴黎這段期間，他很拼命，使出精力來證明自己，他怎麼描繪自己呢？

別人的看法

1895年，記者塔杜（Eugène Tardieu）為高更做了一個深入的採訪，並撰寫一篇文章，以〈橘河與紅狗〉標題當頭條登在《巴黎回聲》（*Écho de Paris*）雜誌上。其中，有一段文字描述高更的長相：

他身體像大力士般的魁梧，他將灰白的頭髮編成小圈圈，他臉龐上散發著強勢的能量，也有一雙清澈的眼睛與獨特的微笑，是溫和的、謙虛的，也帶點嘲弄的意味。

這些好言好語，顯然高更給人的印象還不錯，是一個兼具強勢、調皮與溫柔的綜合體。

某種的誇張

當時，高更拍了一張照片，不同於以往，在這裡，他拿起畫筆與調色盤，顯然以做畫家為傲。依據照片的模樣，高更畫下一張〈有調色盤的自畫像〉，我們若將照片跟畫作對照一起，會發現之間的不同。

在自畫像裡，有藍色的衣袍、異國風的高帽、加寬的額，加深的鬍鬚與眉毛、變厚的嘴唇、英挺的鼻子、銳利的眼睛、豎起的耳朵。背景則被塗上一片紅，他最鍾愛的顏色。此外，握住畫筆的那一隻手顯得纖細多了，右下

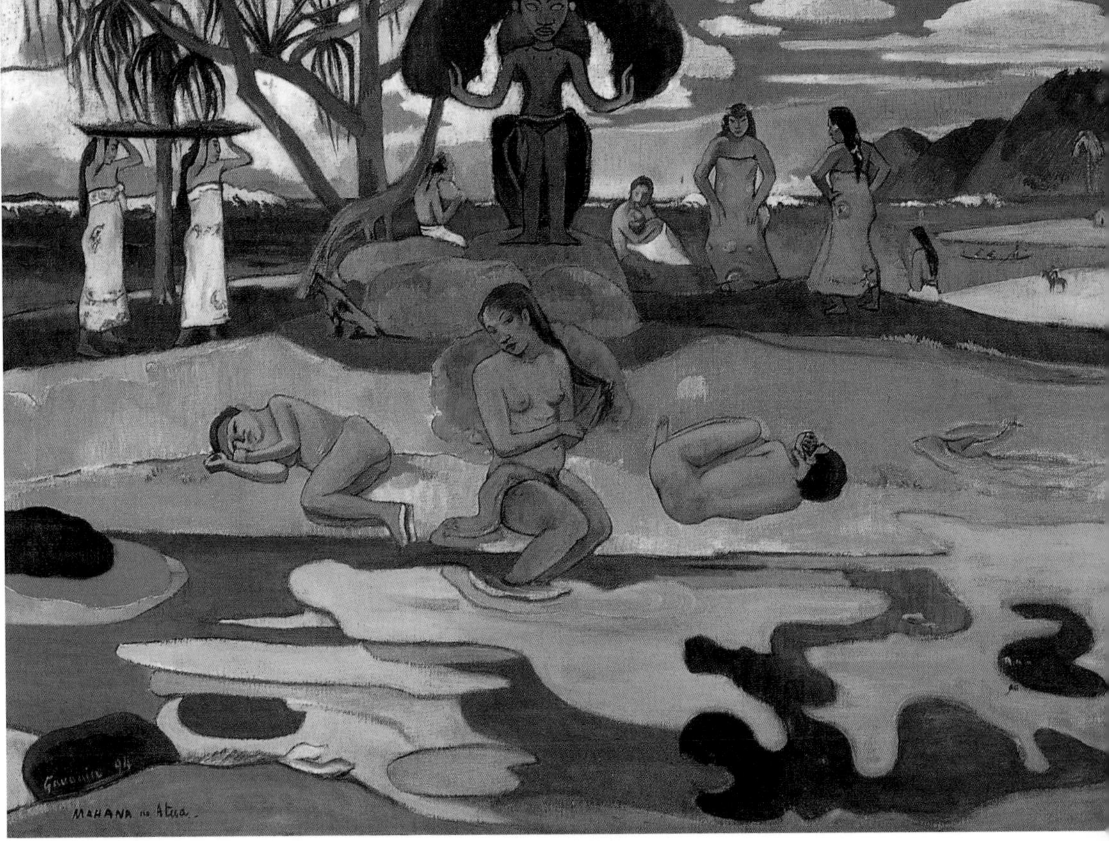

1｜高更　有調色盤的自畫像　約1894　油彩畫布　92×73cm　私人收藏
2｜約1894拍下的高更，當時46歲。
3｜高更　拜神的日子　1894　油彩畫布　68.3×91.5cm　美國芝加哥藝術協會

角的調色盤展現亮麗的顏料。

所以在畫作裡，所有的特徵都被修改過，誇張過，效果也十分精彩，這也是高更期望我們看到的模樣。當然，這張畫也符合了塔杜的描述，顯然人對人的印象來自於全面，照片有時讓人容易產生錯覺。

調色盤的次序

〈有調色盤的自畫像〉中，調色盤上出現菊、黃、紅的鮮艷色澤，高更被貼上「橘河與紅狗」標籤，這也反映了出來。

上面的菊、黃、紅顏料是平塗的，這就猶如他自己曾說：「顏色必需表現的像麥穗一樣，應該清清楚楚，把畫弄得又暗又亮是行不通的，中間路線或許可以滿足大眾，卻無法滿足我。」

他自畫像的調色盤就像麥穗那樣亮，也如他畫布的安排一樣。

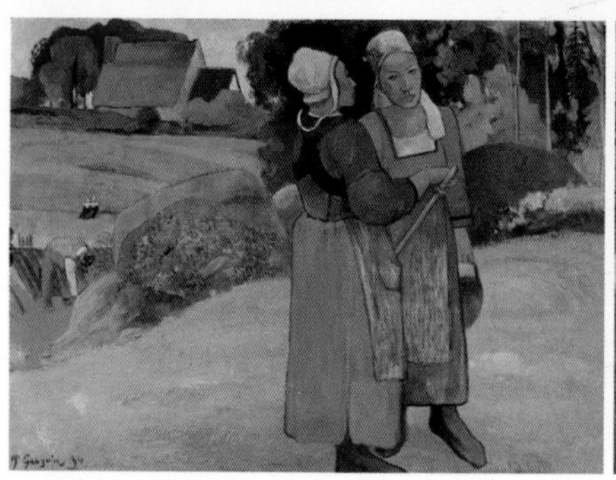
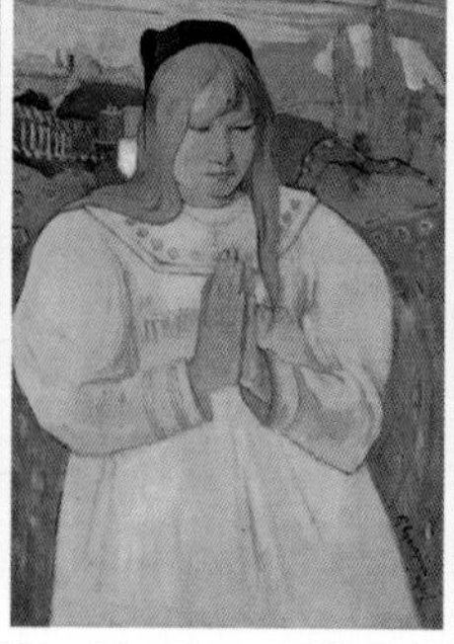
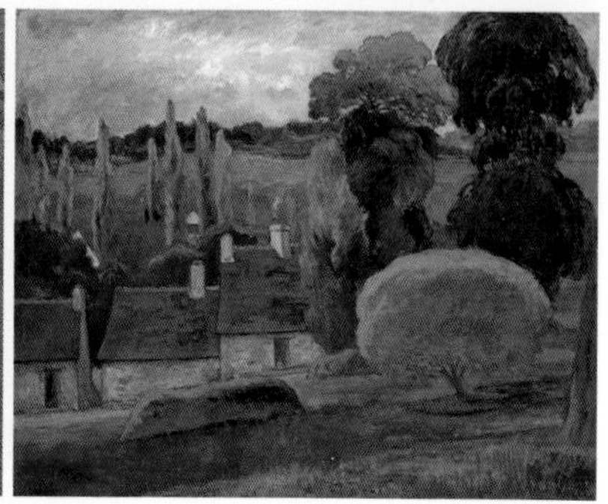

1 | 高更　路上的兩位布列塔尼女人　1894　油彩畫布　66×93cm　巴黎奧塞美術館
2 | 高更　年輕的女基督徒　1894　油彩畫布 65×46cm　馬州威廉姆斯頓，克拉克藝術協會
3 | 高更　布列塔尼的農莊　1894　油彩畫布　72.4×90.5cm　紐約大都會博物館
4 | 高更　聖誕前夕　約1894　油彩畫布　65×90cm　裘斯佛衛茲收藏
5 | 高更　布列塔尼雪景　1894　油彩畫布　65×90cm　巴黎奧塞美術館

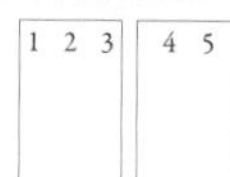

有趣的是，在現實生活中，高更真正的調色盤並非如此。

在他過世時留下的一個調色盤，我們發現他使用顏料的方式很特別，大多數的畫家喜歡將一些顏料擠在上面，再來做調色的工夫，然而高更不同，不但沒有次序，也沒有洗調色盤的習慣，乾硬的油彩依然留在那兒，當下次要用的時候再添上新的顏料，因此，顏料一直往上累積，積的厚厚的。

以畫家為傲

這樣的調色盤，不再是簡單的工具，它在此象徵兩個意義：一是創作的過程，二是畫的結果，像二合一的效應，不同的時間集中在同一個點上，不同的物件融合成一體。在這裡，高更很驕傲的宣稱自己不但是一位畫家，更是拿著精靈棒的魔術師。

解讀7 回布列塔尼重溫舊夢

高更1894年春天到布魯塞爾旅行一趟，之後他回到布列塔尼，希望能重新在阿凡橋打天下。

一連串的不愉快

雖然高更曾在布列塔尼藝術村被當作英雄，然而在他離開的兩年，許多藝術家已有新的方向，對他沒什麼興趣了。這次他再造訪，人事已非，他找不到學生，畫也賣不出去，之前寄放在旅館主人亨利家的一些作品，高更有

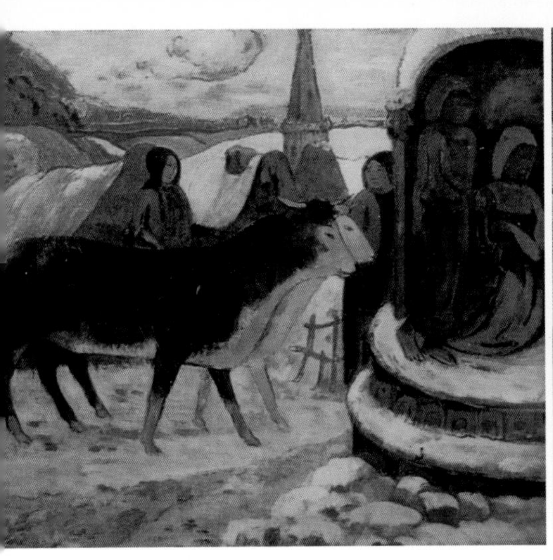
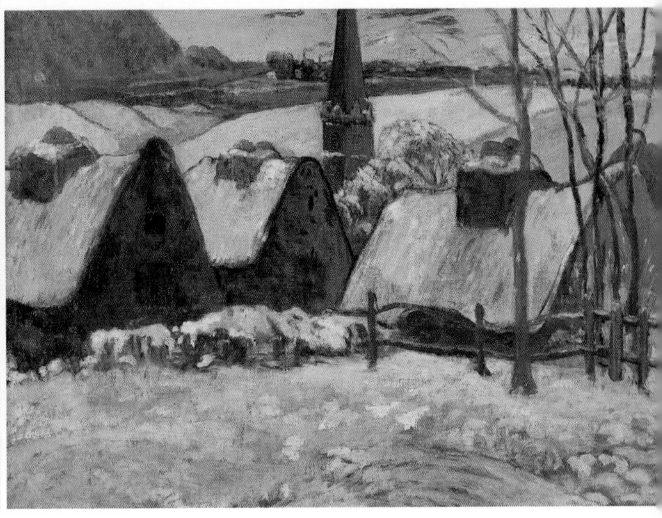

意贖回卻起了爭執，鬧到法庭，作品再也拿不回來了。

另外，在這純樸的鄉村，他的女伴安娜也被視作人人厭惡的焦點，為了保護她，他跟一群水手打起架來，高更事後寫下當時的情景：

當我跟安娜走在一起，水手們開始扔石子，我打倒一個攻擊我的人，然後他去招來整船的人，他們一共十五人，我一個人得應付全部，最後我的腳被一個洞絆倒，跌斷了腿，他們還繼續殘忍的踢……。

這讓他幾乎變成殘廢，整整兩個月不能走路，得酗酒過日。一連串不愉快的經驗，高更感到挫敗。

幻想的冬景

在這段布列塔尼期間，高更畫了一些畫，其中有兩張我想拿出來討論：〈聖誕前夕〉與〈布列塔尼雪景〉。

這兩張畫同樣在描繪村落的冬景，中間有一座尖尖的教堂，旁邊圍繞一些矮屋，到處鋪滿了白白的雪。不過有趣的是，根據調查，1894到1895年的冬天布列塔尼並未下雪，為何畫裡出現了雪景呢？

原來，高更又用「想像」來作畫，因為經歷了一連串的打擊，心已寒，這是他曾經這麼眷戀的地方，環境對他這般的殘酷，在他內心覺得渡過一個最寒冷的冬天，他以「白雪」來表示他當時的心情。

1｜〈戴帽的自畫像〉的局部，儼然是一張在大溪地畫的〈死神窺視〉。（全圖見封面）
2｜伯納德　高更的諷刺畫　1889　紐約，威廉・凱利・辛普森藏
3｜伯納德　自畫像　1890　布列斯特美術館
4｜高更　有神像的自我肖像　約1893　油彩畫布　聖安東尼奧，麥克尼藝術博物館
5｜高更　大溪地夏娃　1891　水彩　40×32cm　法國格倫諾伯繪畫雕刻美術館藏

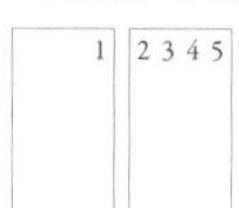

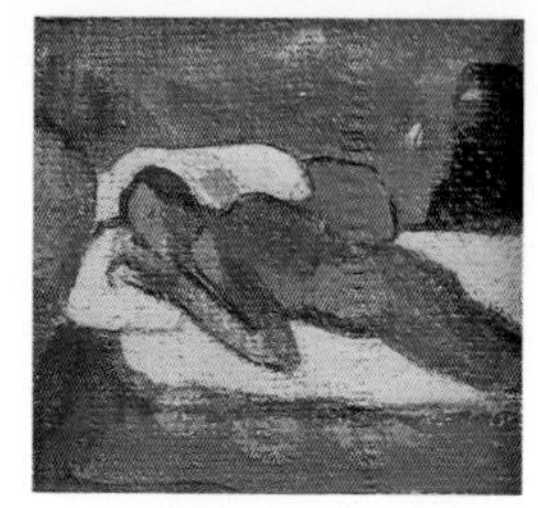

解讀8 與藝評家的論戰

在不受重視，健康衰退及傷痕累累的情況下，高更整理手邊的作品，一起拿到Hôtel Drouot，準備拍賣。

受邀的理由

拍賣日定在1895年2月18日，在這之前，高更有意邀請來自瑞典的名劇作家斯特林堡（Auguste Strindberg）為他的畫冊寫序，藝術家之所以邀請他有幾個原因：

一來，他經常在高更的工作室走動，一旦來就在畫前駐足許久，高更以為這位名作家喜歡他的作品。

二來，因為他才氣過人，在藝術界説話很有份量。

三來，他是個熱愛西方文明的人，用他來説服歐洲觀眾再適合不過。

但萬萬也沒有想到，他竟然拒絕。

拒絕的理由

為什麼他要拒絕高更呢？在被邀請之後，斯特林堡用禮貌的語氣寫了一封信給高更：「你創造一片新的疆域，新的天空，但我無法在你的創作裡想像自己：對一個像我愛明亮對比的人來說，你的作品太亮了，而你的世界裡住著一個夏娃，但她不是我完美的典型。」

總之，斯特林堡下的結論是：「我不了解，也無法愛你的藝術」。

絕不認輸

接到這樣的信，高更感覺受辱，以他的性格絕不會就此作罷，他反擊道：「沒錯，我的夏娃（愛人）幾乎像動物一樣，那就是為什麼她的裸身是純潔的，相對之下，沙龍中所有的維納斯都很不正經、不優雅的、淫穢的……」

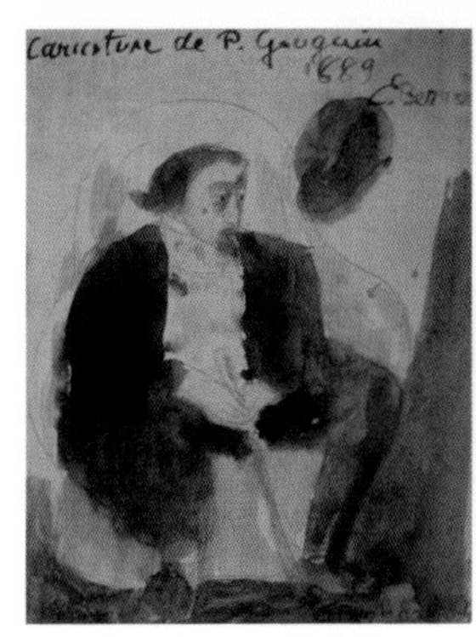

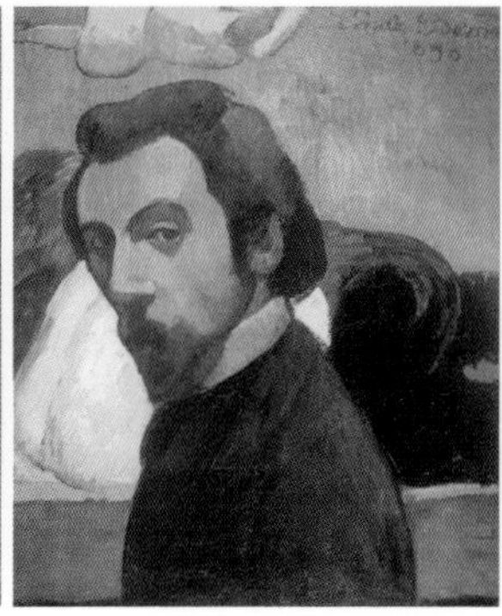
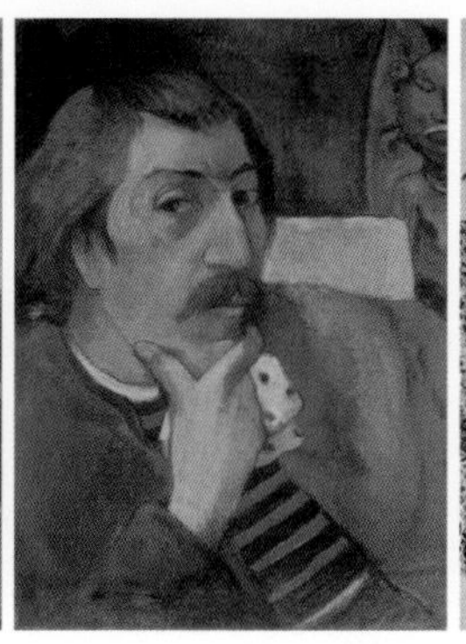
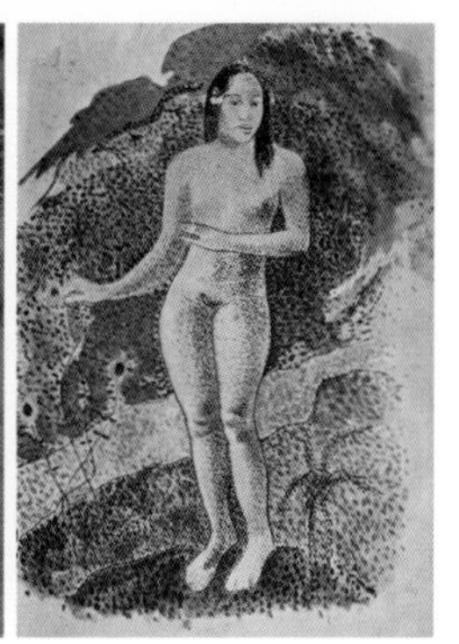

高更立即回信給這位北歐作家，說：「你的文明與我的原始之間有很大的分歧，文明重重的把你壓下來，而我的不文明，於我，本身就是生命。」

然後，高更出版了這兩封信，有意攤開給讀者看，讓他們比較兩種不同的觀點。

文明與原始之爭

進入20世紀前夕，因高更的存在，文明與原始的論戰在藝術圈被激烈的挑起，藝術家下的這一帖挑戰書，也即將撕裂傳統一脈相傳的美學觀念，西方藝術也即將面臨前所未有的震盪。

解讀9 被指控抄襲的風波

在1888到1890年高更跟伯納德一起創立綜合主義，兩人曾經是患難的好友，然而，1895年6月，伯納德在《法國水星》（*Mercure de France*）雜誌中，強烈抨擊高更抄襲他的作品。

高更的辯駁

在文章裡，伯納德表示高更搶走了他的畫與雕像，所以為什麼自己留在市場上的作品才會這麼少。文章登出來之後幾乎毀掉高更的名聲，這指控讓他覺得十分委屈。

當然，高更為自己做了以下的辯護：「千萬不要相信伯納德說的話，他將三十件左右的畫賣給沃拉爾（Ambroise Vollard），說那些是我畫的，其實都是他劣質的偽造。」顯然，高更也指控伯納德抄襲他的作品。

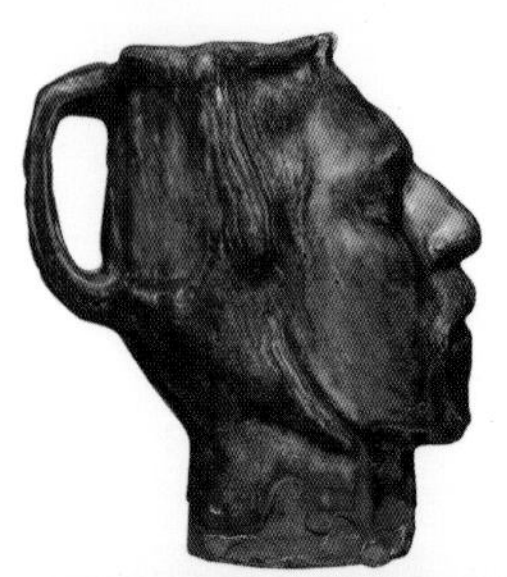
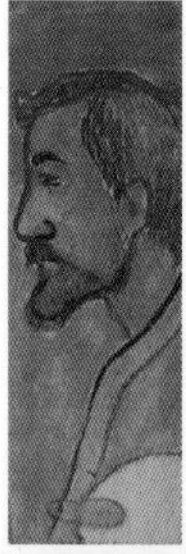
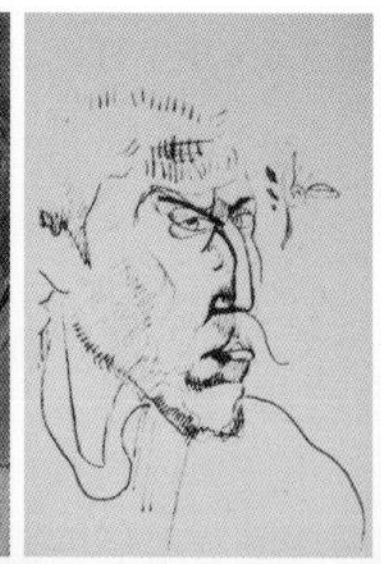
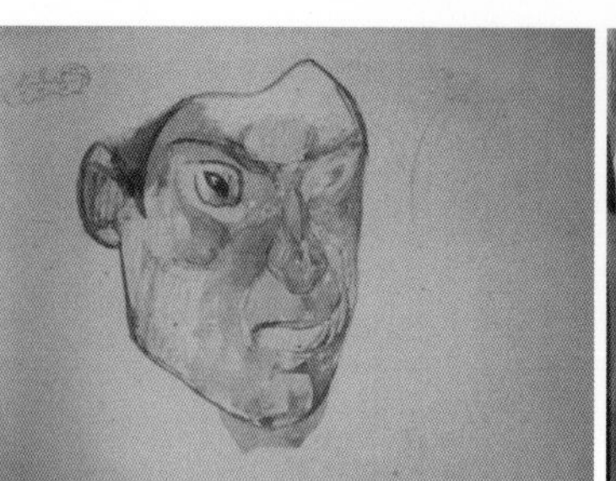
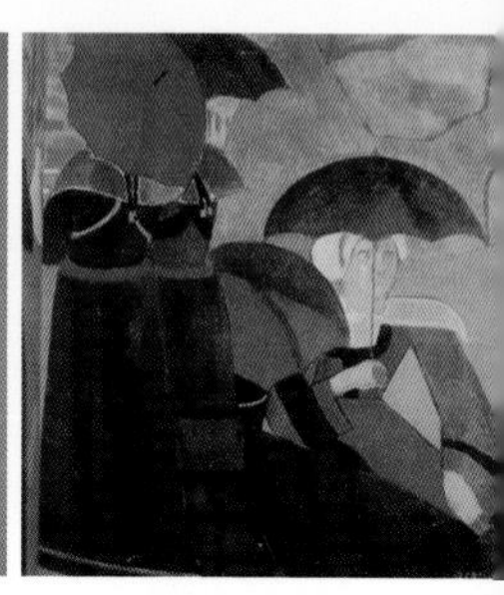
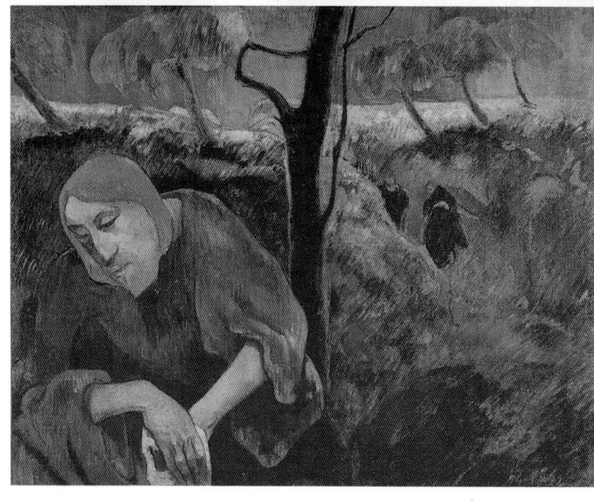

12345
6

1｜高更　自刻像壺　1889　器（陶器的一種）
高19cm　哥本哈根裝飾美術館
2｜高更畫的伯納德
3｜高更的自畫像，將自己畫成一付惡棍的模樣
4｜高更　自畫像　1889-90　荷蘭崔頓基金會
5｜伯納德　拿傘的布列塔尼女人　1892　油彩畫布
私人收藏
6｜高更　橄欖園的耶穌（自畫像）　1889
油彩畫布　72.4×91.4cm　佛羅里達州諾頓美術館

關係撕裂

在藝術圈裡，指控他人抄襲是常有的事，特別發生在藝術伴侶們一起工作、一起生活，耳濡目染之下，相互影響再自然也不過了，然而，許多藝術家們就在這種情況下撕裂關係，像高更與伯納德就是一個典型的例子。

解讀10　法國對他而言

在高更活的倒數幾年，人在大溪地時，身體差的不得了，醫生建議他回法國治療。但一想到法國，他的情緒變得十分複雜。

在生命最後，他怎麼看待自己的祖國呢？他告訴醫生：「在法國，我嘗到的是厭倦，在那兒我的腦袋變得貧瘠，冷天氣會把我的身體與精神凍僵，每件事對我而言都非常的醜陋。」

他用「厭倦、「貧瘠」、「凍僵」及「醜陋」等字眼來形容家鄉，只有痛苦，沒有甜蜜的回憶，法國已經成過去式，現在，他只想好好的在異鄉渡過餘生了。

第五章 自由的天堂

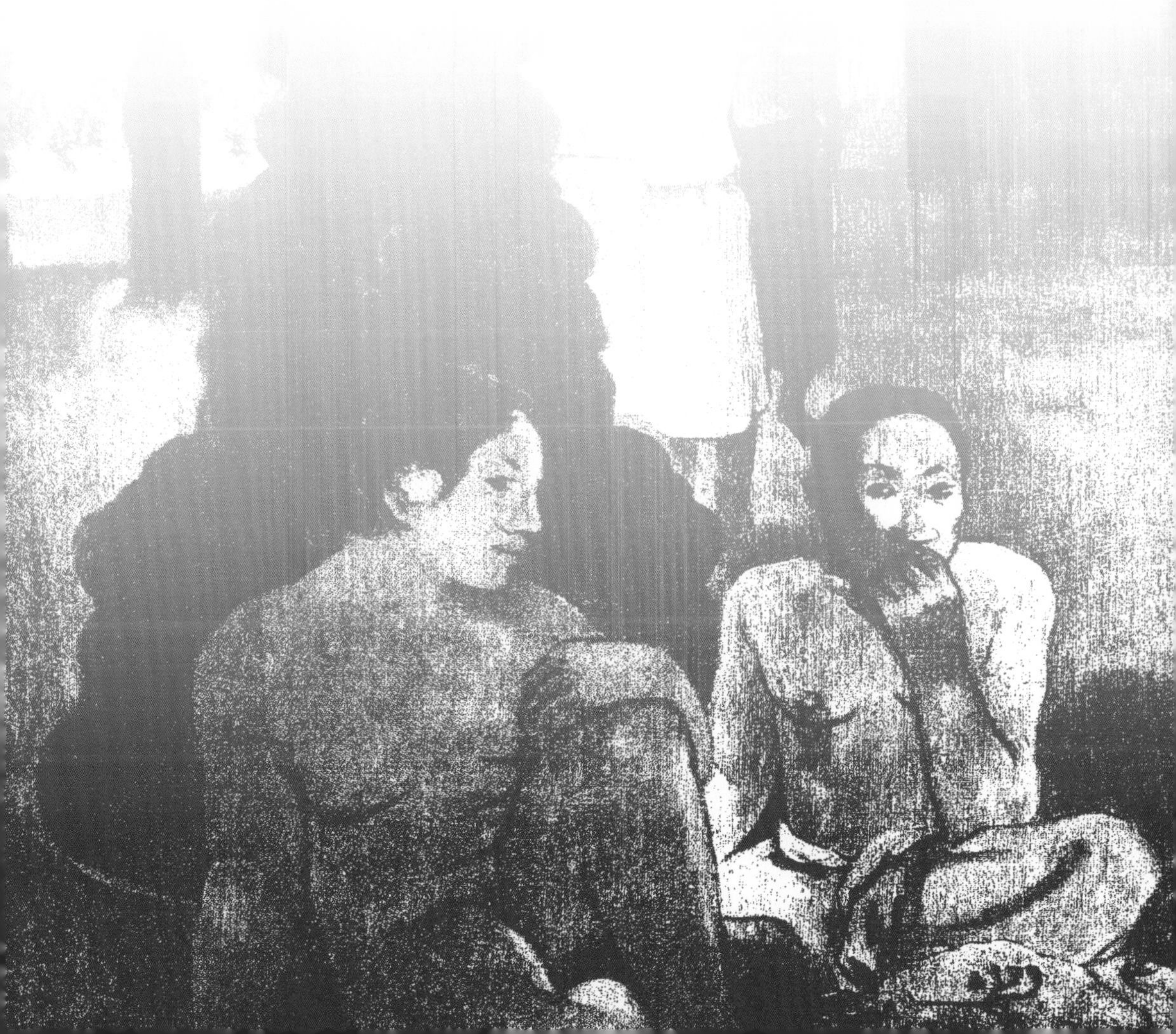

1895/1901

高更生平及年表

1895	47歲	9月8日到大溪地，在西岸的普納阿烏伊亞（Punaauia）區住下來。繼續撰寫《香香》。
1896	48歲	1月找到女伴帕胡拉（Pahura）。 7月住院治療腳痛，以「貧窮」之名註冊，一個星期後出院，未付140法郎的醫藥費。
1897	49歲	5月接到女兒亞蘭過世（1月19日）的消息。 8月寫一封狠毒的信給梅特，從此斷絕關係不再聯絡。待在醫院一陣子。《香香》在巴黎出版。 11月《香香》的節錄與高更訪問土著的文章一起刊登在《白色評論》（*La Révue Blanche*）雜誌。
1898	50歲	2月完成一張巨畫〈我們從那兒來？我們是誰？我們將去哪裡？〉。吞砒霜企圖自殺。 3月在巴比提擔任抄寫員。放棄創作約五個月，住院二十三天。 11月有九張畫在沃拉爾美術館展出，包括〈我們從那兒來？我們是什麼？我們將去哪裡？〉。
1899	51歲	跟地方政府鬧得不愉快。出版諷刺期刊《微笑》（*Le Sourire*）。
1901	53歲	1月擔任《黃蜂》（*Les Guêpes*）主編。經紀人沃拉爾每月支付他300法郎薪水。

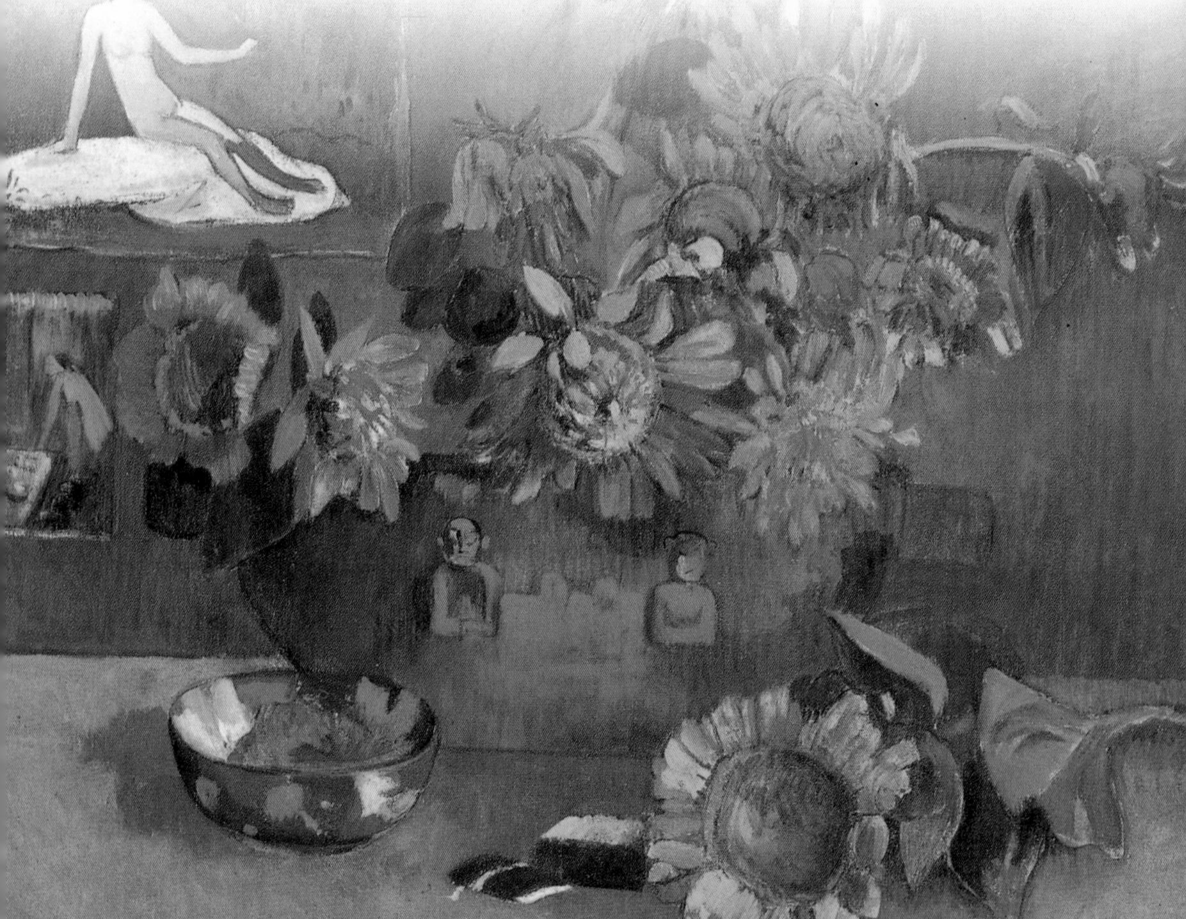

1｜高更　向日葵與背景有夏凡尼油畫〈希望〉的靜物畫（局部）　1901年　油彩畫布　65×77cm　私人收藏
2｜高更　鄰近苦難之地的高更自畫像　1896　油畫畫布　巴西聖保羅美術館藏
3｜女伴帕胡拉
4｜高更在普納阿烏伊亞的住屋

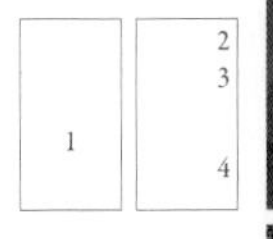

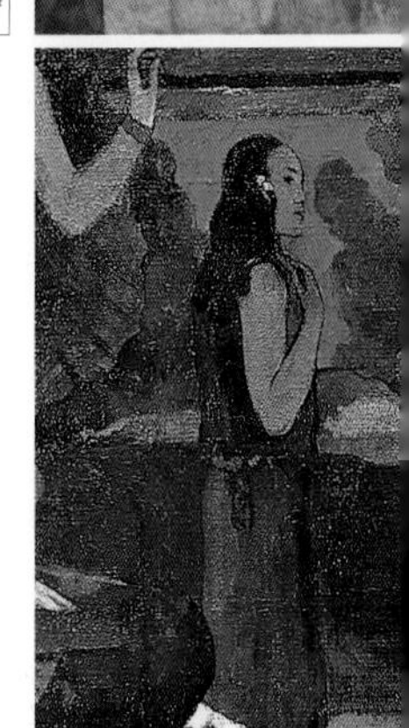

1895年9月，高更再次抵達大溪地，在西岸的普納阿烏伊亞住了下來。

病痛不斷地侵襲

幾個月後他遇見一位十四歲的當地女孩，名叫帕胡拉，之後幾年他倆同住，她的形象經常出現在高更畫裡，成了他藝術的繆思。

這段期間，他每況愈下，財務拮据不說，腿痛到以嗎啡與酗酒度日，因此得住院一陣子，緊接，聽到女兒過世的消息，房東又叫他搬家，加之患上眼疾、皮膚疹、痙攣、心臟病，以及種種淋病的徵兆凶猛地侵襲著他，病痛與難題接二連三而來，沒有一刻安寧，人生像走到末路一樣。

一生的傑作

高更開始認真的探索生命的本質，性、宗教與道德更是他思考的命題，這時他拼命作畫，1898年初完成一系列的畫作中，一張巨幅的〈我們從那兒來？我們是誰？我們將去哪裡？〉浩瀚無比，此畫令後世人讚嘆不已，若問高更藝術生涯中的高峰是何時？我想答案就在他人生最絕望的時刻，1897至1898年間吧！

耗盡全力創作，眼前又一片茫然，不禁跑到深山服毒自殺，但幸運的毒素被身體排斥出來，就因這樣，他覺得自己像新造的人，又重新復活了起來，高更認為是〈我們從那兒來？〉這張畫將他從深淵裡拯救出來，不但是一件「哲學之作」，更有「福音」的效果。

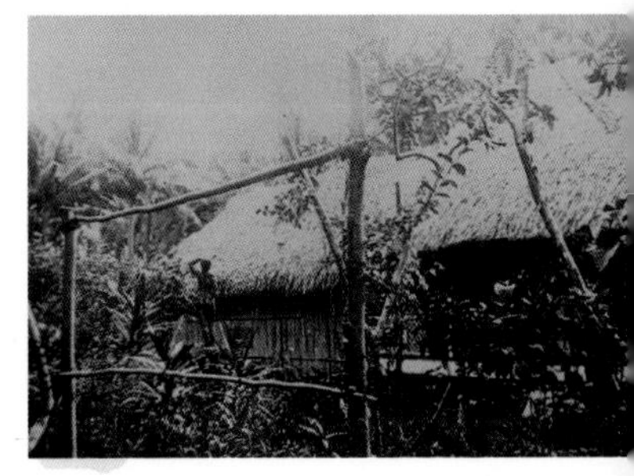

窮困、災難與打擊

為了養活自己及支付醫療費用，他在巴比提的土地註冊處擔任抄寫員，一天才賺六法郎，另外，他走到哪兒總跟權威對抗，這本性在他血液中奔流怎麼也改不過來，這使他成為官方

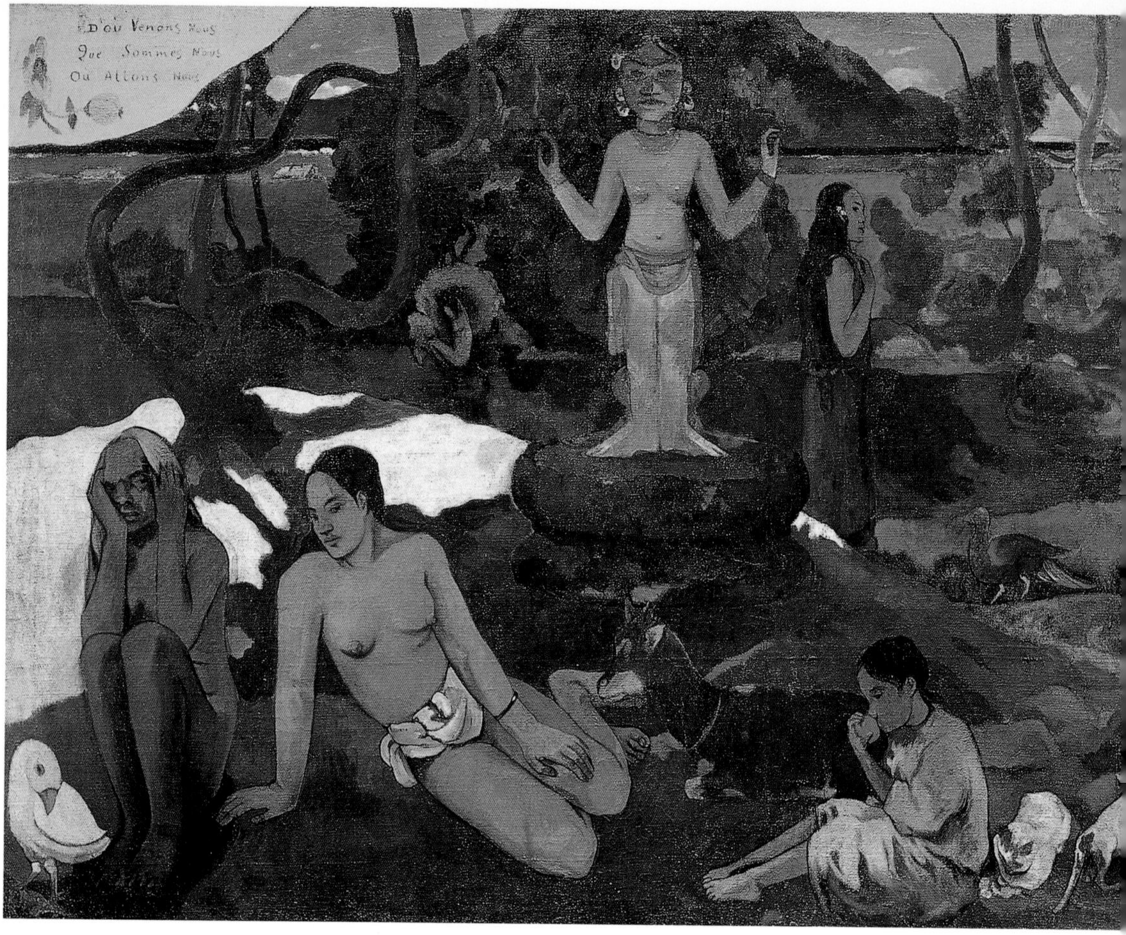

的眼中釘。

1899年他償完債，回到了普納阿烏伊亞小屋時，又發現房子與作品都被老鼠、蟑螂、雨水破壞很嚴重。邁入新的世紀，他再次努力創作，原先希望趕上1900年的巴黎世界博覽會，但新作送達時卻過了截止期限，讓他失望不已。

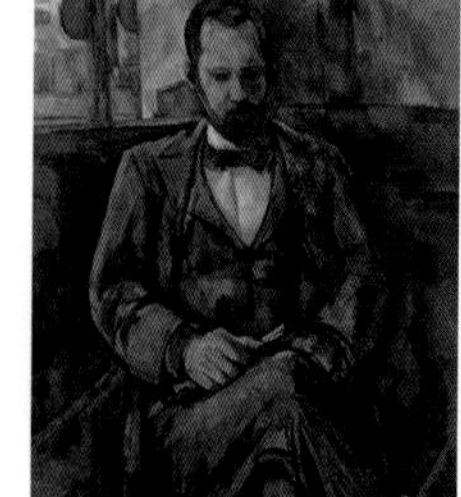

遲來的佳音

終於在1901年巴黎傳來好消息，經紀人沃拉爾想跟他簽約，每月支付他三百法郎，以一年內交出二十五件作品為條件，財源穩定是他長久以來的企盼，二話不說，他把握這次機會，為他藝術生涯做最後的衝刺。

為了尋找新的刺激，他航行到新的地方，這回他選擇瑪克薩斯群島

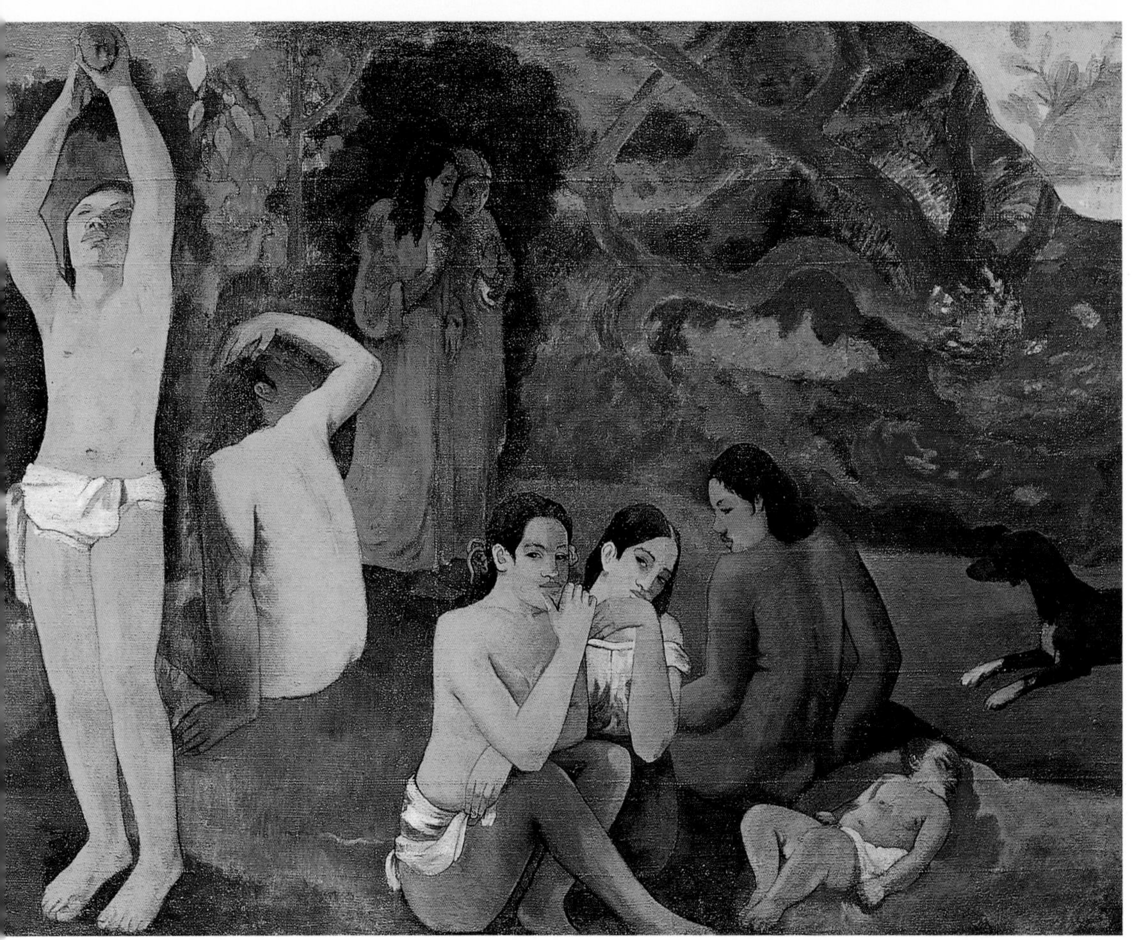

1｜
高更　我們從那兒來？我們是誰？我們將去哪裡？　1897
油彩畫布　139×374.6cm
波士頓美術館

2｜
塞尚　沃拉爾肖像
約1899　油彩畫布
100×81cm
巴黎小皇宮博物館

（Marquesas Islands）。在臨行前，他寫下：

照理說，我暫時得休息一下，再完成我的作品，對嗎？但我不敢奢望，我現在要到真正石器時代的瑪克薩斯群島，做最後的努力，我相信在死前，我野蠻因子與絕對的孤寂將會帶來最後的熱情與燃燒，也將會恢復我的想像，讓我的天分得以發揮，實現人生最終的願望吧！

他說的沒錯，能活的日子已經不多了，就做最後的衝刺吧！

1901年9月，他搭乘「南橫號」（Croix du Sud）輪船前往，當時高更五十三歲。

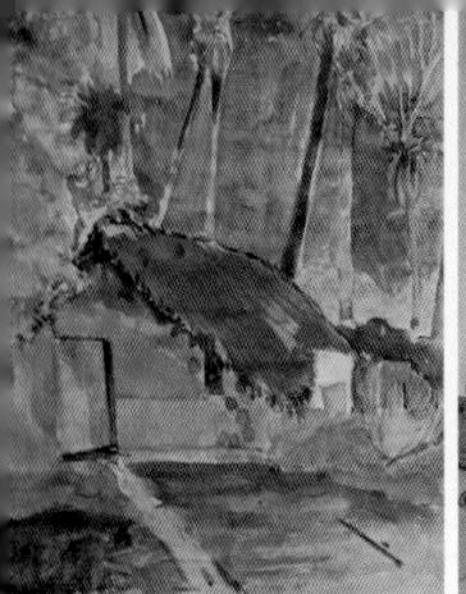
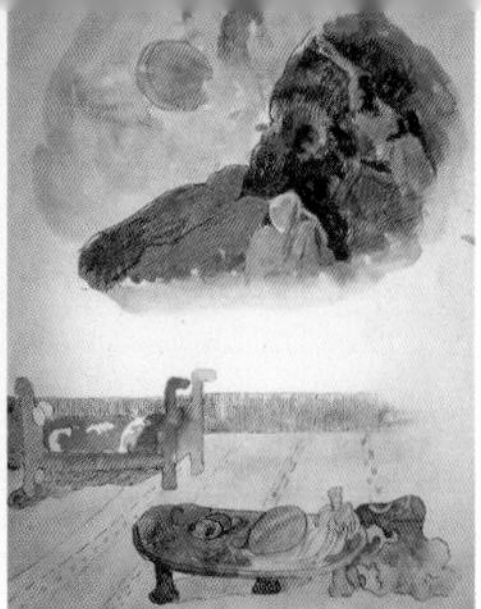
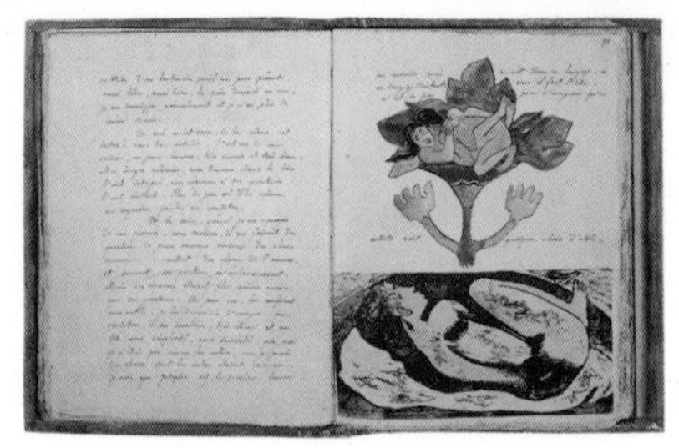
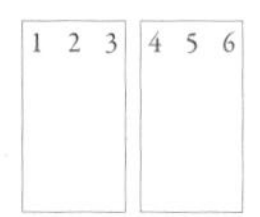

1 |《香香》裡有一幅他的小屋
2 |《香香》的一頁，他小屋的室內擺飾。
3 |《香香》的一頁，家應該是一個可以愛、可以被愛的地方。

4 | 高更　妳為什麼生氣？　1896　油彩畫布　95.3×130.5cm　芝加哥藝術機構
5 | 高更　夢　1897　油彩畫布　95×130cm　倫敦柯朵美術館
6 | 高更　別做！　1896　油彩畫布　65×75cm　莫斯科普希金美術館

解讀1 家的樣子與意義

自從高更離開妻子梅特之後就一直過著流浪的生活，很少在一處久待，每幾年就移居別處，雖然如此，每住一個地方他一定精挑細選，找一個山明水秀的環境，然後用心裝潢他的屋子。

第二度回到大溪地，他找到一個傳統的竹屋住下來，同時也娶了一位美嬌娘。我們是否燃起了好奇心，想知道他的家長得什麼樣子？另外，「家」對高更的意義又是什麼呢？

家的樣子

這屋子是用竹子建起來，頂上有樹葉覆蓋，高更說樣子就像「巨大鳥籠」，坐落在路旁的樹蔭處，後面有一片美麗的山景。

在屋內，他用簾幕分割成兩個空間，一半是臥室，只讓微弱的光照進來，以保持清涼；另一半是工作室，有一扇大窗，地面則鋪上草蓆與老舊的波斯地毯；整個居家，他用珍品、繪畫與織物來做室內裝潢；至於家具與用品，不論陶瓷或木雕全都DIY。

根據藝術家說，房子狀況頂好，他十分的滿意，在此他住了兩年。

家的意義

到這個時候，他跟梅特的感情已轉為冰冷，在他的眼裡，她只不過是個「死要錢的女人」，他寫信跟她說：「在我身邊有一個新的家庭，最後終於自由了，我在這裡可以愛，可以唱，可以死……。」

這麼看來，高更所要的其實不多，他只想找一個可以愛，可以被愛的地方。

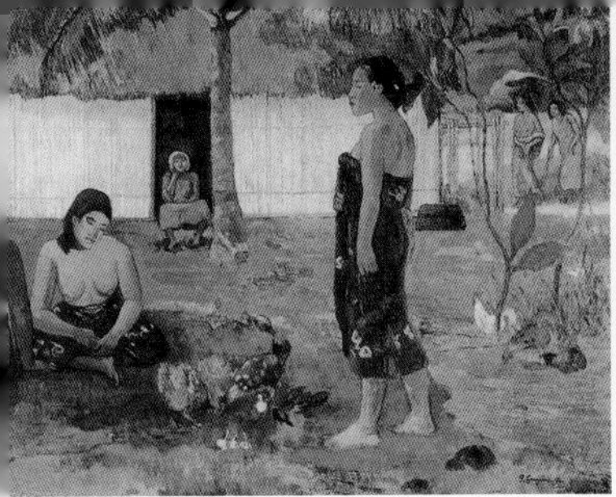
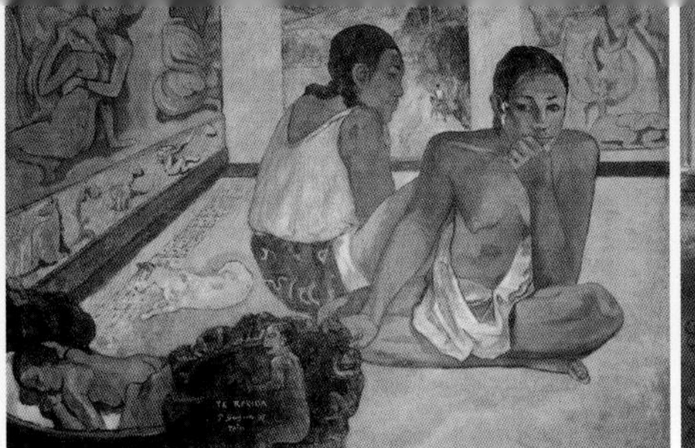
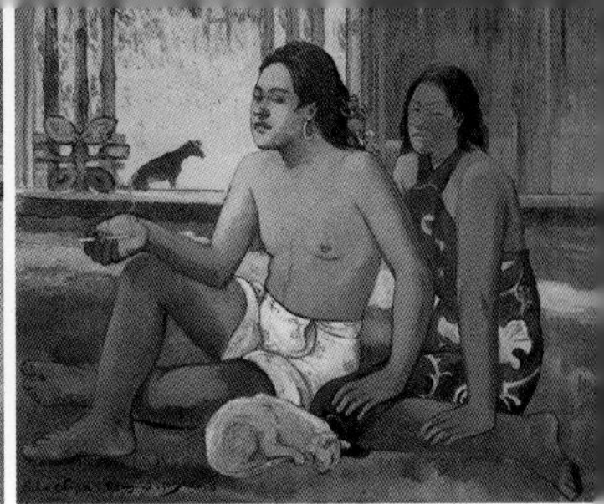

對他來說，家是一個枷鎖嗎？有了妻子小孩，代表自由的喪失嗎？創作需要自由，他的小屋給他自由了嗎？他說：「在小屋裡，我可以在我腦袋裡挪出一些空間，那是天堂般的穹窿，不是窒息的監獄，我的小屋是空間，是自由。」

對他，大溪地的家就代表自由。

屋子提供所有

在這段期間，他畫的〈你為什麼生氣？〉、〈別做！〉、〈夢〉、〈決不再，噢！大溪地〉等作品，呈現屋子「部分」的模樣。

不過，千萬記得高更是一位「想像」的能手，喜歡製造出抽象或象徵的效果，所以畫中的內容不見得跟實物相符。有一點是確定的，他身邊有一個愛他的女人，同時也享受到創作的自由，這個屋子已提供他最想要的東西了。

解讀2 放蕩的帕胡拉

剛回到大溪地，他嘗試跟前任妻子杜芙拉聯絡，但這時候她早已嫁人，於是高更獨自一人渡過好幾個月。

這段空窗期裡，不少當地女孩知道有個歐洲白人住在附近，每晚他的房裡都會有一些少女自動跑進來，碰到這個情況，高更笑著跟朋友說：「我房間被侵襲，我床被侵佔。」

高更不喜歡亂交，渴望跟一個愛他的女人過穩定的生活。所以，1896年1月他找到一位女孩，本名婆烏拉（Pau' Ura），高更叫她帕胡拉。

非常放蕩

帕胡拉是什麼樣的一個女孩呢？藝術家描述：「她十四歲，非常放蕩……，而我將繼續畫一些低俗，令人厭惡的畫。」

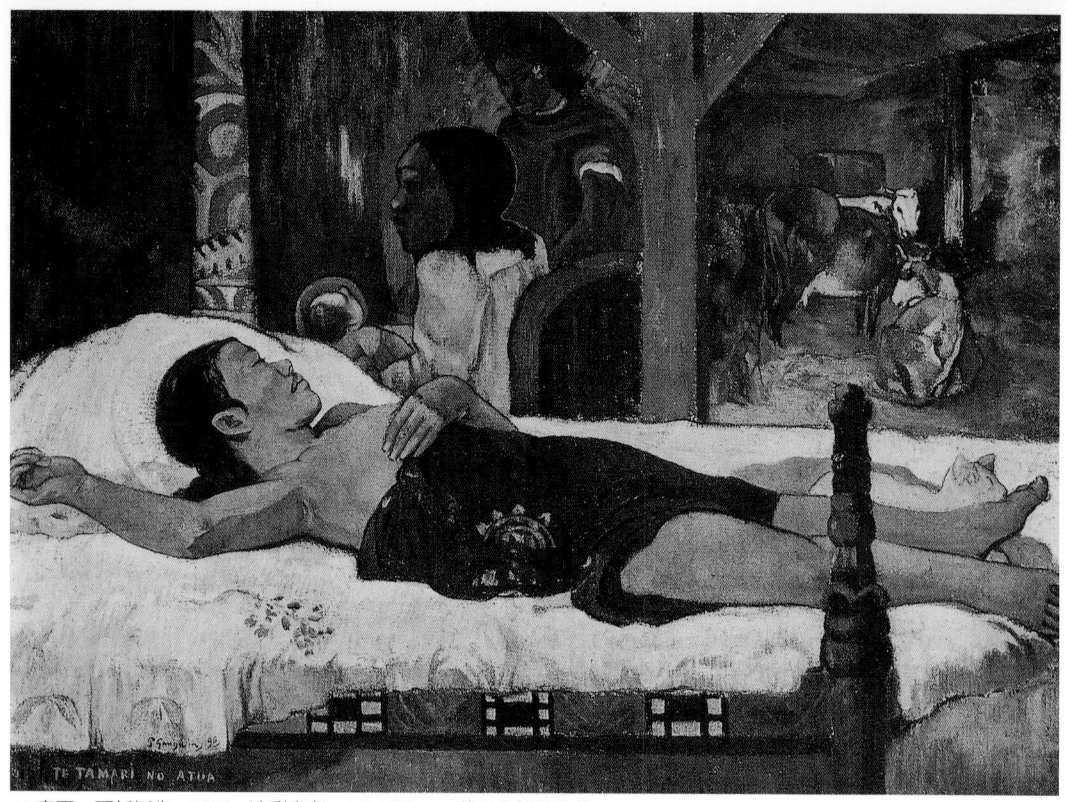

1 | 高更　耶穌誕生　1896　油彩畫布　96×128cm　慕尼黑新美術館
2 | 高更　〈決不再，噢！大溪地〉　1897年　油彩畫布　60.5×116cm　倫敦柯朵美術館
3 | 〈決不再，噢！大溪地〉中的烏鴉
4 | 高更　基督的誕生，大溪地　1896　油彩畫布　66×75cm　聖彼得堡艾米塔吉美術館

高更用的「低俗」與「令人厭惡」詞彙，是針對文明人說的，高更受夠在法國的羞辱，以及不被人了解的痛苦，此時，他無心顧慮到那套禮節了。

帕胡拉是一個不害羞，也不矯揉造作的女孩，接下來的三年，她不但扮演妻子的角色，也給予藝術家無限的靈感。

聖母瑪麗亞

也因為她的放蕩，畫家將她躺在床上的姿態畫下來，其中〈決不再，噢！大溪地〉，如今已成為家喻戶曉的一張畫。

不過她的放蕩也被高更晉升為女神，1896年12月，她為他產下一名嬰孩，叫寶貝（Bé-Bé），由於時間跟聖誕節很接近，他創作了一件作品，標題是〈基督的誕生〉（或稱「上帝的小孩」），在此，他將她畫成聖母，孩子變成小耶穌。

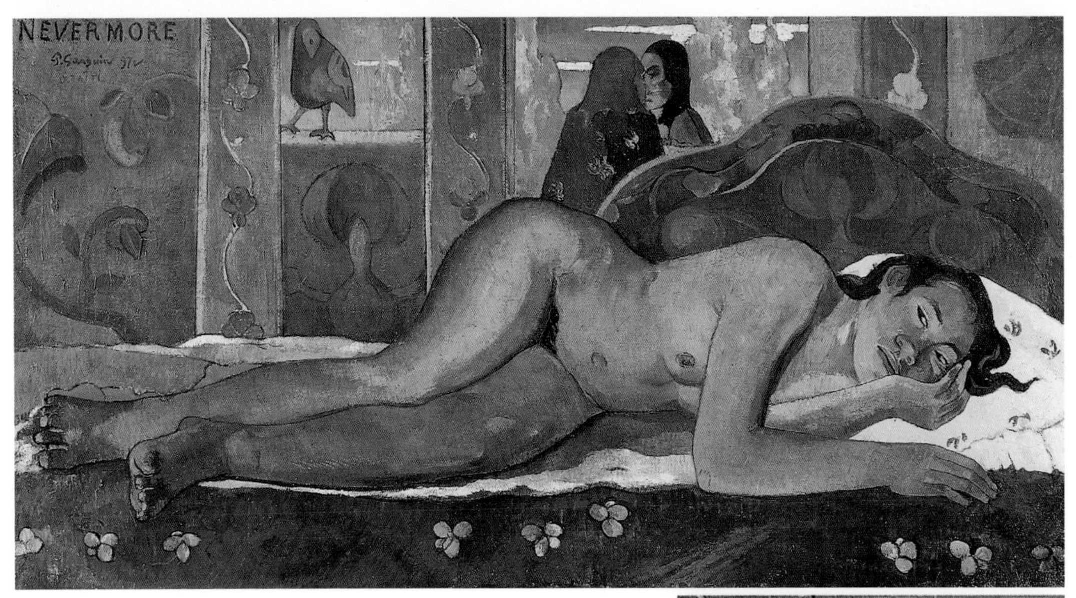

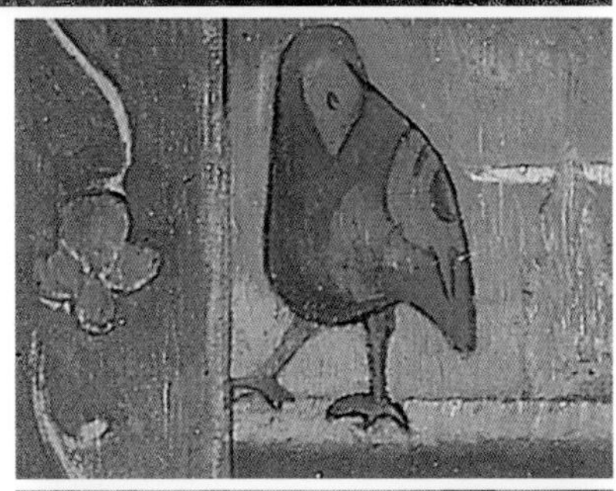

愛人在某一層面上是妓女，在另一層面也可以是聖母，所以，淫穢與聖潔聽來互不相干，但在高更的心中，這兩個觀念卻成了一體的兩面。

解讀3 愛倫坡的象徵

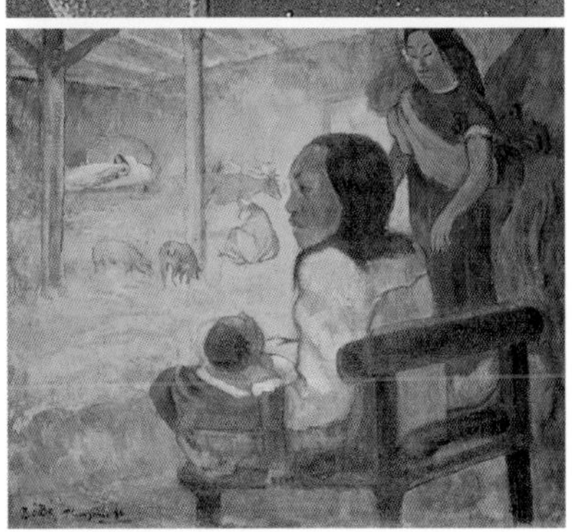

高更一直對象徵主義的文學有濃厚的興趣，其中愛倫坡的作品是他的最愛，原因是他那充滿神祕與恐懼感的意象，在〈決不再，噢！大溪地〉這幅畫，高更便將這意象帶了進來。

烏鴉的叫喊

愛倫坡的敘事詩《烏鴉》裡有一隻神祕鳥，牠不斷的喊：「決不再」，高更將此取用為他畫作的標題。在〈決不再，噢！大溪地〉畫作的左上偏中的位置有一隻鳥，有不少人將它跟愛倫坡的烏鴉相題並論，但高更卻說：「跟愛倫坡的渡鴉不一樣，我的鳥是魔鬼派來的，用來窺探一切。」

雖然高更非常仰慕這名詩人，但他有意與之區隔，以凸顯自己的想法與風格。愛倫坡用烏鴉來阻擾男主角與心愛女人的關係，鼓吹他們分開；但高

1 | 高更　自畫像　1896　油彩畫布　40.5×32cm　巴黎奧塞美術館
2 |《微笑》期刊的木刻標題

更的用意剛好相反，在此代表他跟他的女人維持和諧與親蜜關係。

美與比例

高更也很贊同愛倫坡對美的概念，譬如他時常跟朋友提到一句話：「世上沒有一種特殊的美，在比例上不奇怪的。」這是詩人講過的名言，這觀念也正好用在〈決不再，噢！大溪地〉上，美的比例不需要剛剛好，奇特與不成比例才是美的關鍵，在這裡，這女子躺的姿勢，讓臀翹的特別高，腰也因壓力而陷下去，形成一高一低，顯得更性感誘人。

野蠻的豐盈

在這張畫，高更想透過裸女去詮釋遠古時代的野蠻，不是粗俗，而是豐盈的，他故意用嚴肅與悲情的顏色，也用粗的大麻纖維當畫布來創作，然而，他如何營造藝術的豐盈呢？他說：「能讓畫豐富起來的非絲、非鵝絨、非麻紗、非金，靠的全是藝術家的手。」

高更在關鍵的細節，製造出特殊的色彩與效果，譬如女子腿邊的紅物代表了他的愛與熱情，枕頭上的亮黃象徵他為她點燃光亮，使她不至於害怕，從這兒我們知道因「藝術家的手」，憂鬱的氣氛轉向明朗的愛情。

親近但又遠離

高更確實很仰慕愛倫坡，但在那神祕、恐懼與悲調的氣氛之下，高更想動一點手腳，改變一下，試著突破灰暗的地帶，迎向一個豐盈的世界。

解讀4 政治寫作生涯

高更的父親與外婆活著的時候，只要看到社會上的不正義，一定起來說話，甚至做激烈的對抗，他們不膽怯的性格也被高更承襲下來，他走到哪裡，處處都跟不合理的體制與權威起爭執。

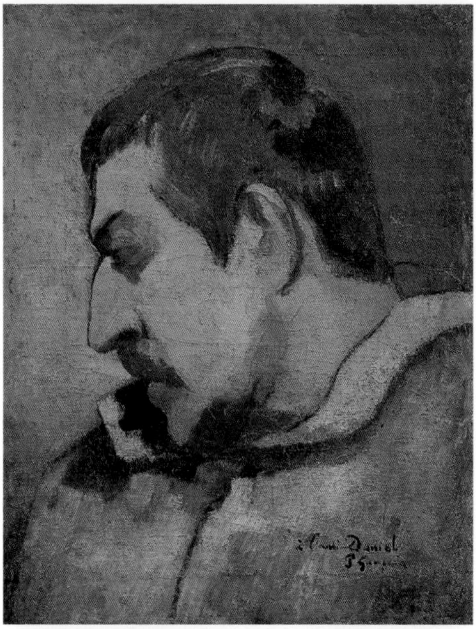

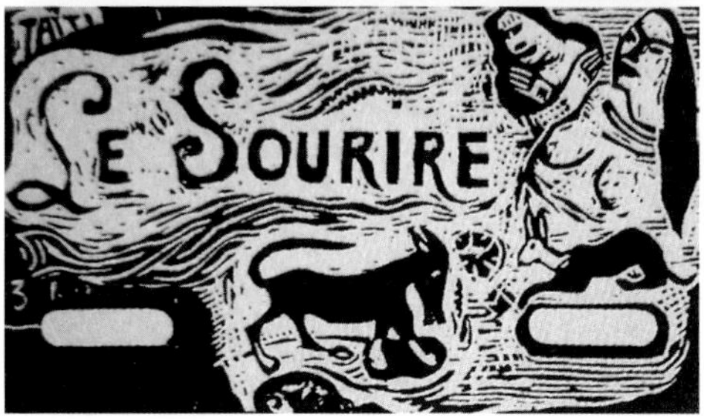

自創期刊

在大溪地這段期間除了藝術創作之外，高更撥出很多時間，將能量投注在政治寫作上，特別在1899-1901年他創立了《微笑》期刊，從寫作、插圖、編輯到木刻印刷，全都自己來。

這份也變成大溪地唯一有插圖的期刊，而印刷的文字全是高更手寫的痕跡，內容大都針對殖民者做百般的嘲諷，展現他對身處環境的關心，當然他心向原住民，對官方來說，他卻是一名擾亂者，深怕他會號召人民掀起革命，但說實在的，以高更的無錢無勢，應該還成不了氣候，官方根本沒必要憂慮。

宗教的理念

1897年夏天，他撰寫《現代精神與天主教》小冊子，還自己花錢印刷，1901年的年初，他開始擔任《黃蜂》期刊的主編，這是一份天主教辦的政治雜誌。

對宗教信仰，高更主張愛與無暴力，保持平等、兄弟情與正義的原則，他經常拿耶穌的教導與事蹟來跟大溪地的傳教士做比較，並抨擊：「傳教士不再是真正的人，他們沒有良心：每個人只是點頭的殘骸，還用召喚次序來做藉口，沒有家庭，沒有愛，甚至沒有一點感覺，而這些對我們如此重要的東西，他們都缺乏。」

高更還說他們用上帝之名來殺人，來征服別人的土地，這種行為暴力到了極點，他原本已經跟官員們關係弄得很僵，現在又公開對抗整個天主教的大組織。

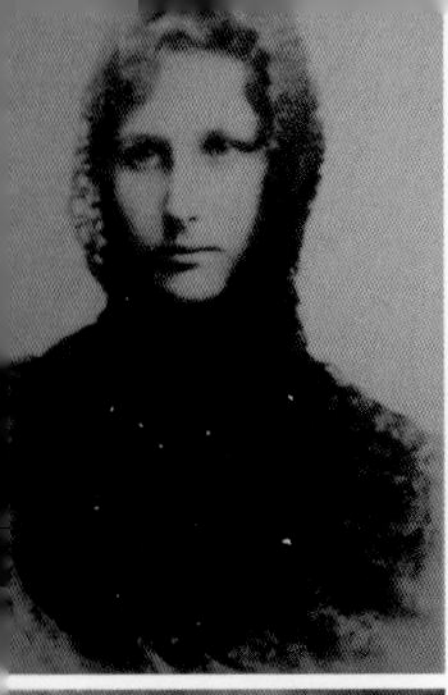
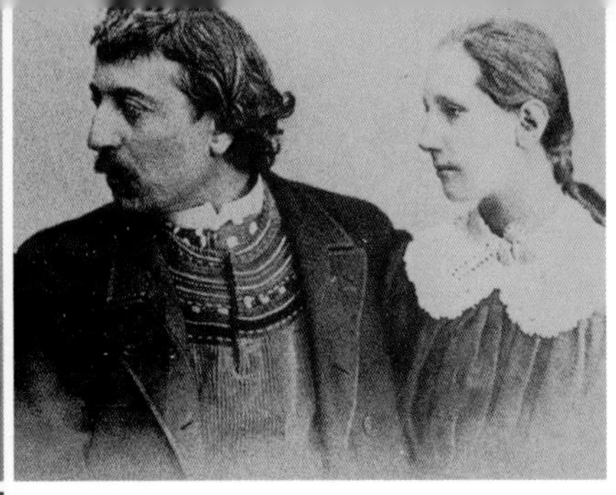

1｜女兒亞蘭的照片，高更一直隨身攜帶著它。
2｜高更與女兒亞蘭
3｜高更　女兒亞蘭的肖像　約1879　水彩　18.6×16.2cm　私人收藏
4｜為女兒寫的《給亞蘭的筆記》，高更死後一年此書才出版。

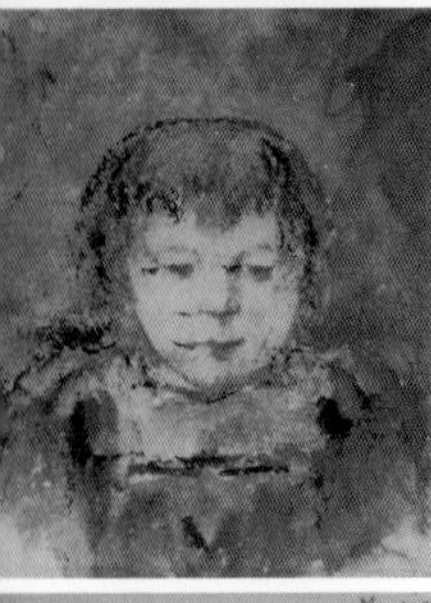
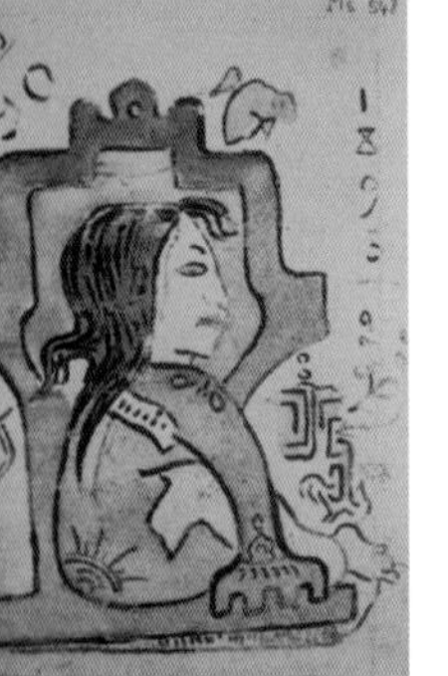

高貴的風骨

他孤獨一人，一無所有，心裡毫不恐懼，能做的就是說真話，對得起良心。

我們可以想想，他一人得抗拒這麼多有權勢的人，那需要有多麼大的勇氣啊！高更的確是一個風骨不凡的人。

解讀5 貼心的女兒

1897年5月，高更收到梅特的來信，說女兒亞蘭因支氣管感染突然過世，連二十歲生日還沒過，她就走了，這個消息對高更打擊相當大。

最貼心的孩子

高更的五個孩子裡，亞蘭是最貼心的一位。她小時候常跟爸爸撒嬌，活像他的小情人一樣，那份愛，那份單純，常常讓高更覺得窩心，特別他過流浪日子的時候，體驗到人間的冰冷與殘酷，亞蘭就成了他心中最愛的親人。

高更一直渴望跟她分享自己的一切，包括美學觀念、生活經驗、政治理想，甚至愛情的想法，從1892年開始，他就著手寫一本《給亞蘭的筆記》（*Cahier pour Aline*），當然，他女兒還沒來得及閱讀就走了。

轉為憂鬱

女兒往生之後，高更傷痛不已，從有淚哭到無淚，有時發怒有時也大笑，像瘋子一樣，整個人就如他自己說的：「一名落難者已神經錯亂了。」

亞蘭之死，讓他質疑每件事，他感受到邪惡如此霸道，四處竄行，世間的美德、勇氣與一些善的特質都被蹂躪不堪，為此，他大聲的哭喊：「我的上帝，你若存在的話，我指控你沒正義，又狠毒。」

原先遭到身體疾病的折磨，如今全被喪女之痛所佔據，在精力消耗之後

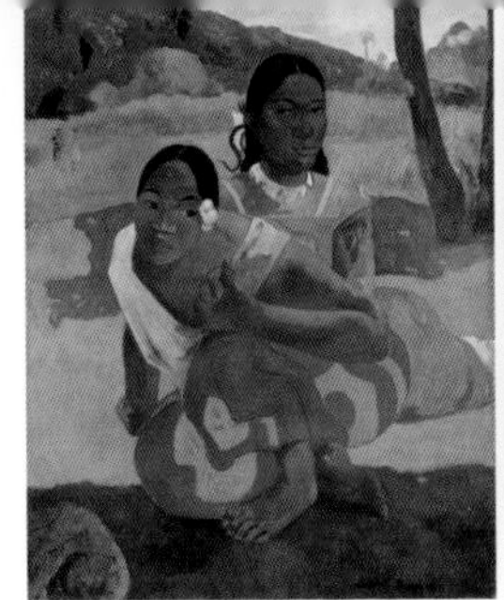
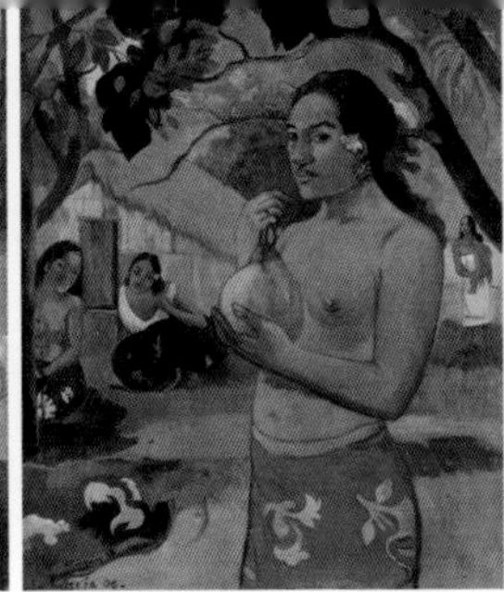
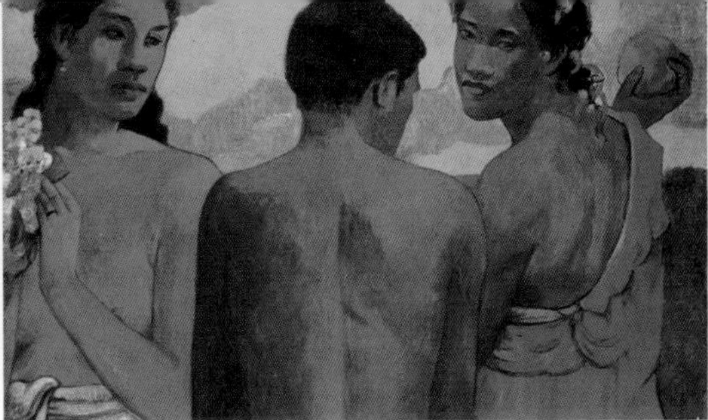

5 | 高更　妳何時出嫁？　1892　油彩畫布　105×77.5cm　巴塞爾，魯道夫．史塔區林家族收藏
6 | 高更　你要去哪兒？　1893　油彩畫布　92.5x73.5cm　俄羅斯聖彼得堡艾米塔吉博物館
7 | 高更　三位大溪地人（局部）　1889　油彩畫布　73×94cm　愛丁堡，蘇格蘭國立美術館

不再有氣憤，隨之而來的是意志的消沉。

唯一的失志

過去不論怎麼悲，怎麼苦，他從不失志，但這次女兒的不幸，讓他此生頭一次喪失活下去的勇氣，之後他跟梅特築起了深仇大恨，自己也跑到深山裡吞食砒霜，坐在那兒耐心地等死。

解讀6 春嬌百媚的女體

若整體的來看高更的作品，會發現一個明顯的現象，就是人物形態的重覆，高更一直在尋找女體的姿態，只要覺得好，覺得有趣，就會不厭倦的重覆使用。

春嬌百媚

高更對女體有一個很敏感的直覺，知道女子如何擺姿態才會美，才會性感，他曾說：「引起我興趣是女體的線條與動作。」

對稱的擺姿與缺乏曲線，實在難勾起人們的想像與遐思，「線條」與「動作」是女體誘人的關鍵，高更了解這一點。

他找到不下百種的女姿，有些靈感來自於其他藝術家，有些他自己發明，只要不錯的，他一定一而再、再而三地不斷使用。

原型的變化

高更的作品中，可以舉的例子很多，在此，我挑選出幾個實例，譬如：

（1）臥坐，頭部往前：〈妳何時出嫁？〉、〈你要去哪兒？〉等。

（2）回矇，裸肩裸背：〈母性〉、〈三位大溪地人〉等。

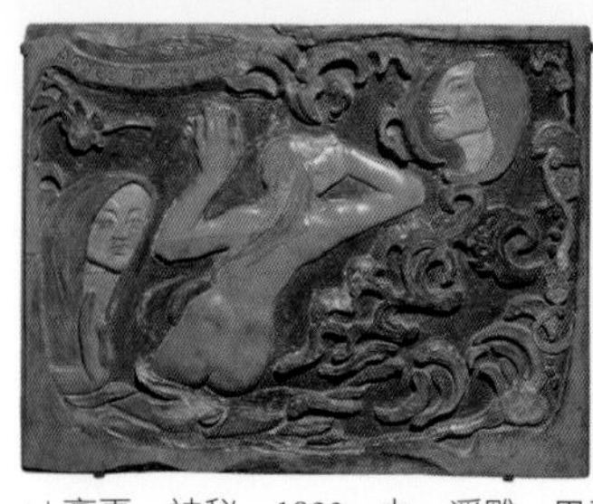
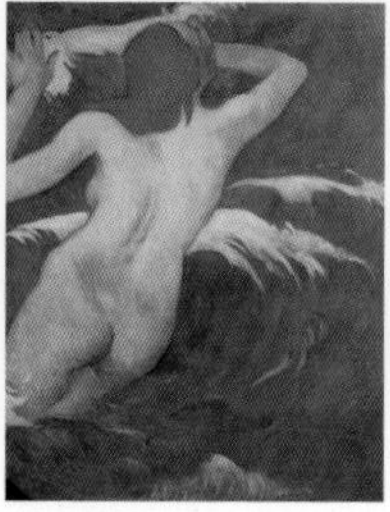
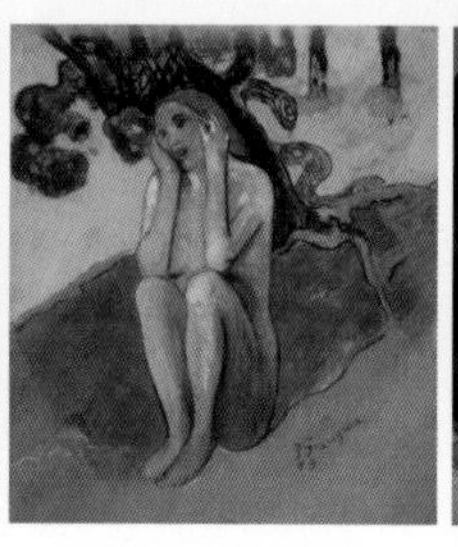
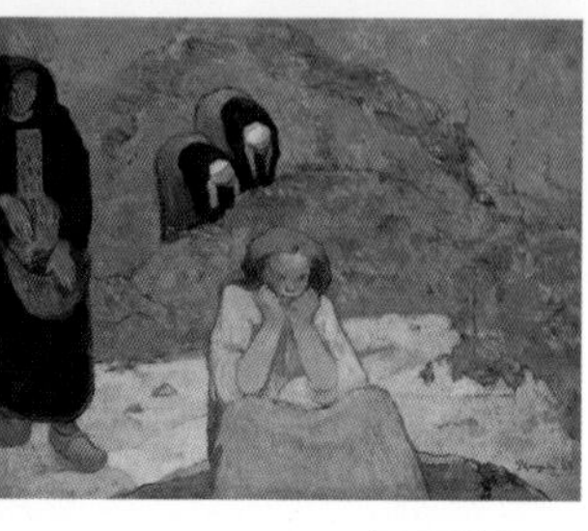

1｜高更　神秘　1890　木，浮雕　巴黎奧塞美術館
2｜高更　海浪中的女人　1890　油彩畫布　92×72cm　俄亥俄州克利夫蘭美術館
3｜高更　夏娃，不要聽從騙子　1889　水彩、粉蠟筆　33.7×31.1cm　聖安東尼　，麥克尼藝術博物館
4｜高更　阿爾的葡萄豐收（或稱悲慘世界）　1888　油彩畫布　73×92cm　丹麥奧德普加特美術館
5｜高更　怎麼！你妒嫉嗎？　1892　油彩畫布　68×92cm　莫斯科普希金美術館
6｜高更　神像前的女子　1899　油彩畫布　97×72cm　俄羅斯聖彼得堡艾米塔吉博物館

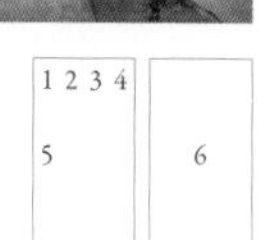

（3）斜角裸身：〈海浪中的女人〉、〈神祕〉等。

（4）側面，黑臉：〈死魂窺視〉（圖見86頁）、〈耶穌誕生〉等。（圖見124頁）

（5）坐姿，兩手支撐臉：〈夏娃，不要聽從騙子〉、〈悲慘世界〉等。

（6）坐姿，側臉，一手壓地面，一手抱膝蓋：〈怎麼！你妒嫉嗎？〉、〈美妙的水〉）、〈神像前的女子〉等。

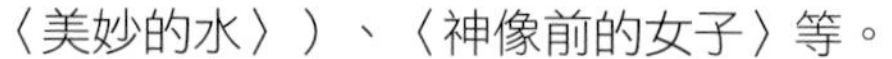

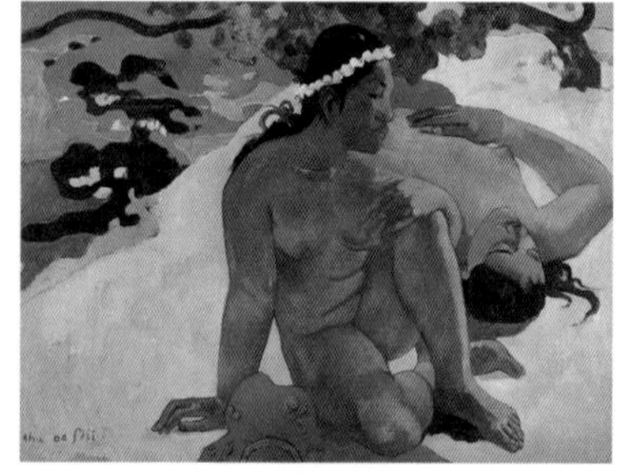

依據情況的需求

藝術家定好模型，依據構圖或內容的需求，適當時機來到他就會套用，有時換上其它衣服與飾品，有時改變眼神、膚色等，必要時，還會在姿態上稍做修正。總之，大多的模型都能辨識的出來，那是有跡可尋的。

解讀7 一生最棒的傑作

〈我們從那兒來？我們是誰？我們將去哪裡？〉這幅巨大之作，374.6公分寬，139公分高，當1898年完成時，高更說：「我相信在價值上它勝過我過去的創作，在死前，我不會再做出類似或比這更好的作品了。」

藝術家認為這是他一生的代表作，它從原始階段到高度發展，從東方到西方的信仰傳統，混合著人與自然，代表人類每個階段。

序曲

當他聽到女兒過世的消息，內心充滿著罪惡感，整整一個月，他耗盡所

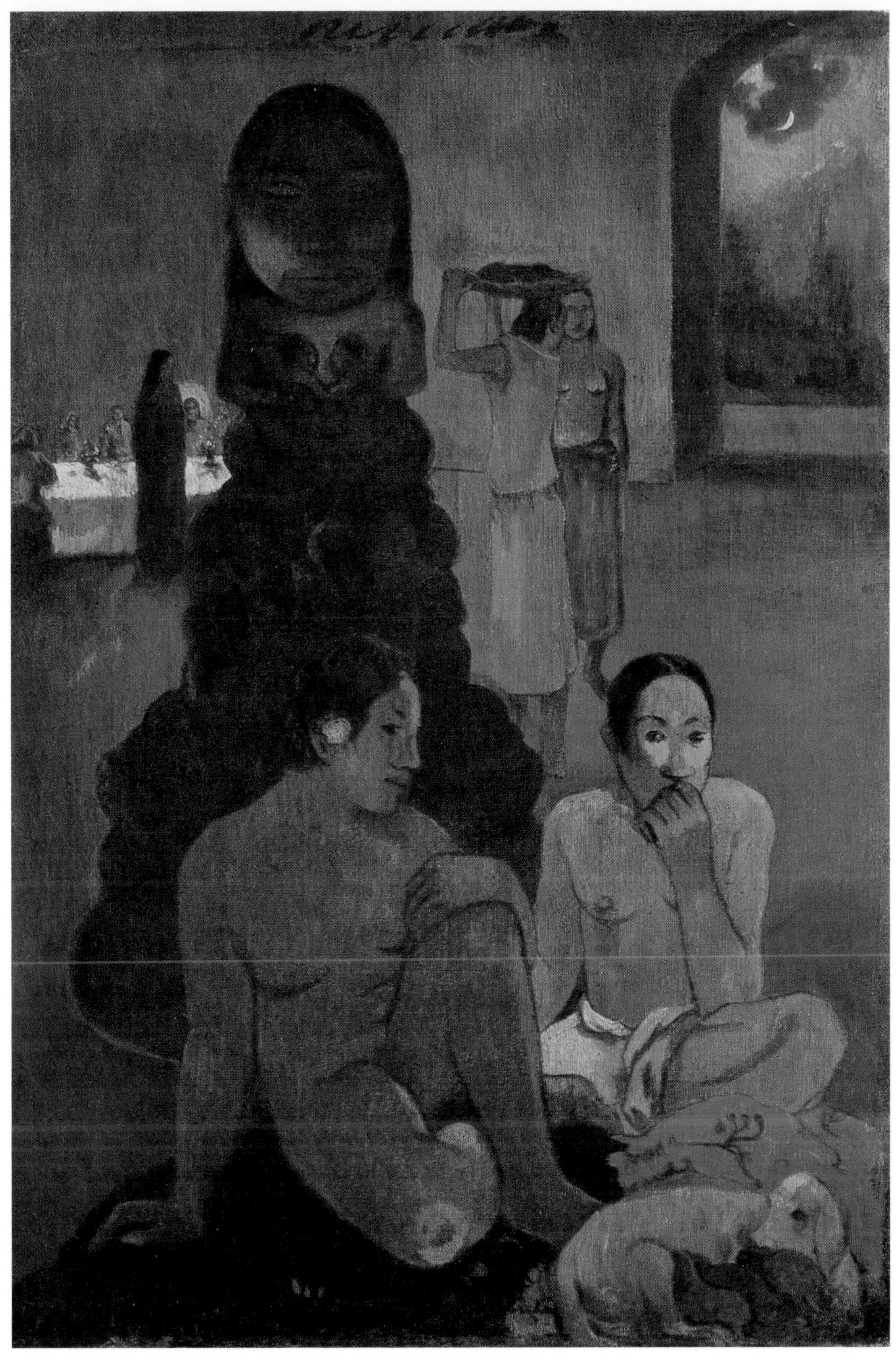

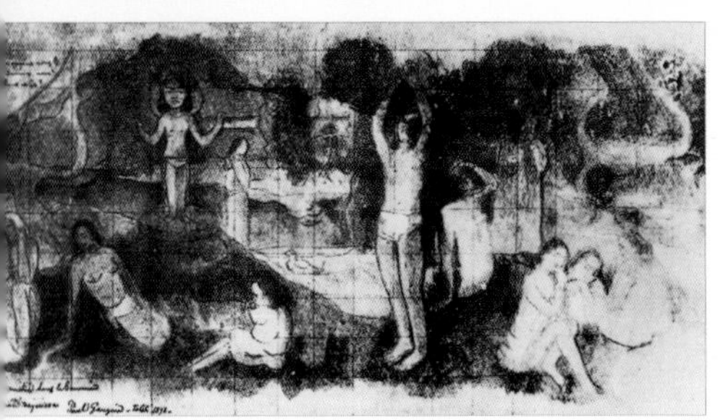

1〈我們從那兒來？我們是誰？我們將去哪裡？〉的預備草圖
2 高更　薇瑪蒂（Vairumati）　1897　油彩畫布　72×94cm　巴黎奧塞美術館
3 高更　愉悅的水　1898　油彩畫布　74×95.3cm　華盛頓國立美術館
4 1898年2月寫給好友蒙佛雷的信，下方是一張〈我們從那兒來？我們是誰？我們將去哪裡？〉的素描，內容解釋畫的意義。

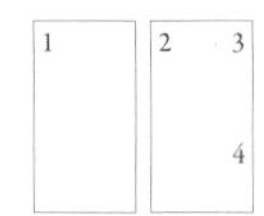

有能量，以最快的速度完成這幅畫，他解釋：作品本身等於傷痛與激情。

因為傷痛與激情，生命的精華就從此激流了出來。

高更沒有從實物中擷取，也沒謹慎地構圖，只畫一張預備草圖而已。這是直接出自於藝術家的心，自然的，最精華的部分溜滑於筆尖；他用的畫布是粗麻的材質，布滿結塊與粗略質地，表面塗上薄薄的油彩，因此紋路看得一清二楚，這也表現出一種濃濃的古老氣氛。

圖樣的敘述

畫的上方有兩端黃黃的角落，左邊是題詞，右邊是高更的簽名，意圖想讓這張畫看起來像一張壁畫，就如角落被折起來固定在鍍金牆上。

像欣賞東方繪畫一樣，這件作品得從右到左的方向來看：右下角是一名熟睡的嬰兒，旁邊有三個蹲伏的女子，再往上看，有兩名身穿橘紫色的人物正互吐心思，他們旁邊有一位舉起手臂的蹲踞者。

在中央，一個人正在採果子，兩隻不同姿態的白貓，一個小孩在吃水果，一隻黑羊端坐在那兒。

上面有一尊揚起手臂的神像，姿態十分優美，一旁有名穿藍衣的女子站著沉思。

左下角則是一名蹲伏的人物正傾聽神的話語，一名白髮女人用兩手支撐頭部，一隻白鳥用爪抓住一隻蜥蜴。

整個景設在一處溪水旁有果子樹的地方，鄰近是一片海洋與山脈，景象以藍綠調為主，裸身人物大都用橘黃色，因此人與景形成強烈的對比。

備時已久的天堂

雖然高更坦承這件作品是他生命最頹喪的時刻，在沒有細心構思下迸裂出來的東西。然而，在筆者讀過《香香》之後，竟發現有一大段的文字跟這幅畫有關。

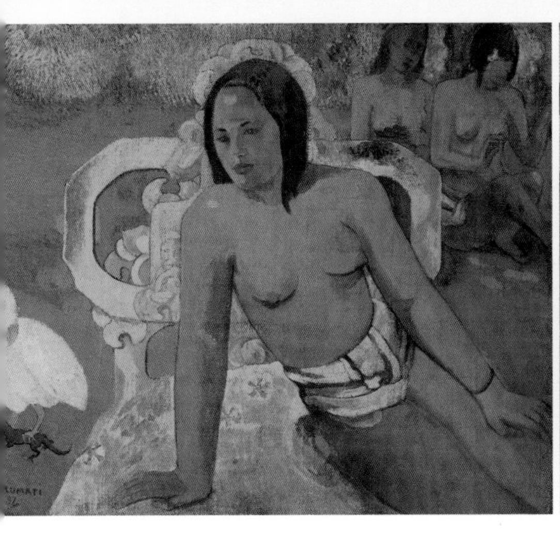

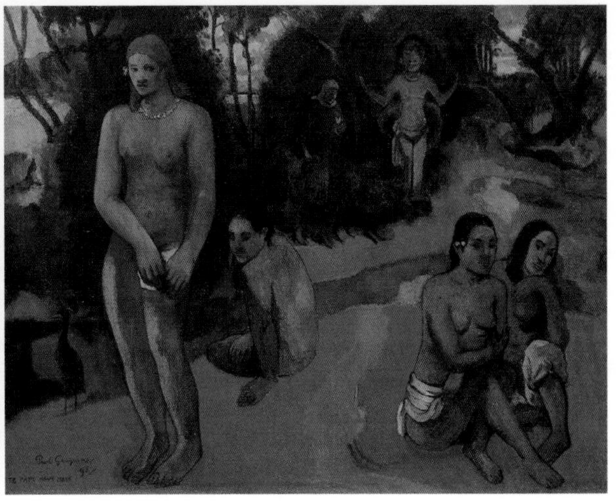

《香香》是從1891年開始撰寫，1897年出版，而〈我們從那兒來？我們是誰？我們將去哪裡？〉是書出版後的一年才畫的，所以構想早就在之前成形了，只不過當時還未付諸行動而已。

高更想創造一個什麼樣的世界呢？他說：「在這花園裡，我創造的不是凡間，而是天堂，情緒是憂鬱的，同時也是愉悅的。」

天堂，提供的不是純粹的快樂，而是一個有災難的地方，因為有苦，有痛，才能體會什麼叫歡欣。

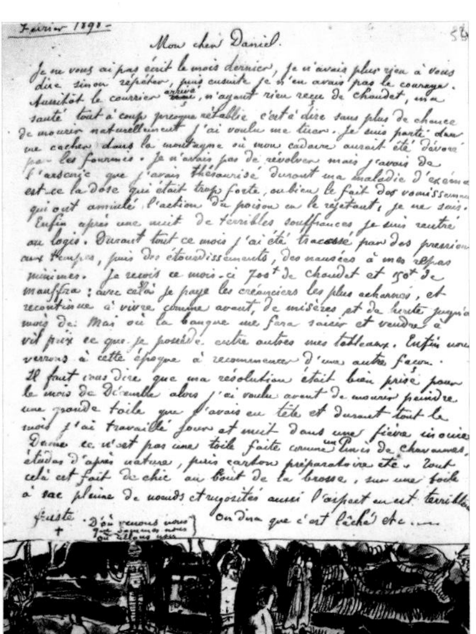

Février 1898.

Mon cher Daniel.

Je ne vous ai pas écrit le mois dernier, je n'avais plus rien à vous dire sinon répéter, puis ensuite je n'en avais pas le courage. Aussitôt le courrier arrivé, n'ayant rien reçu de Chaudet, ma santé tout à coup presque rétablie c'est à dire sans plus de chance de mourir naturellement j'ai voulu me tuer. Je suis parti me cacher dans la montagne où mon cadavre aurait été dévoré par les fourmis. Je n'avais pas de révolver mais j'avais de l'arsenic que j'avais thésaurisé durant ma maladie d'eczéma est-ce la dose qui était trop forte, ou bien le fait des vomissements qui ont annulé l'action du poison en le rejetant, je ne sais. Enfin après une nuit de terribles souffrances je suis rentré au logis. Durant tout ce mois j'ai été tracassé par des pressions aux tempes, puis des étourdissements, des nausées à mes repas minimes. Je reçois ce mois-ci 700f de Chaudet et 150f de Mauffra : avec cela je paye les créanciers les plus acharnés, et recontinue à vivre comme avant, de misères et de honte jusqu'au mois de Mai où la banque me fera saisir et vendre à vil prix ce que je possède entre autres mes tableaux. Enfin nous verrons à cette époque à recommencer d'une autre façon.
Il faut vous dire que ma résolution était bien prise pour le mois de Décembre alors j'ai voulu avant de mourir peindre une grande toile que j'avais en tête et durant tout le mois j'ai travaillé jour et nuit dans une fièvre inouïe. Dame ce n'est pas une toile faite comme un Puvis de Chavannes, études d'après nature, puis carton préparatoire etc. Tout cela est fait de chic au bout de la brosse, sur une toile à sac pleine de nœuds et rugosités aussi l'aspect en est terriblement fruste. On dira que c'est lâché etc.....

D'où venons nous
Que sommes nous
Où allons nous

解讀8 一件沉思之作

19世紀末，藝術家們的作品標題通常短短的，意義表達也很直接，一般是肯定句，很少用疑問句，然而高更卻在一些作品標題上用疑問句，有時候也用感嘆句，像〈我們從那兒來？我們是誰？我們去向哪裡？〉這幅畫就提出了三個問題，他的用意為何呢？

標題的回答

這個標題被藝評家丰泰納（André Fontainas）抨擊，說詞彙太過抽象，會讓人不知所措，高更其實不太喜歡做太多解釋，面對這樣的指責，他也只好開口：

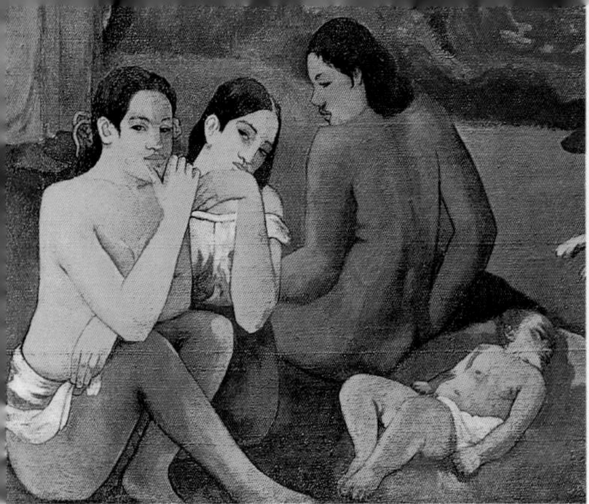
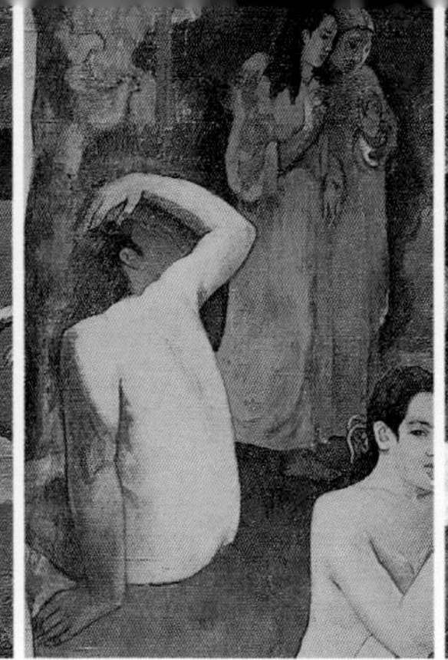
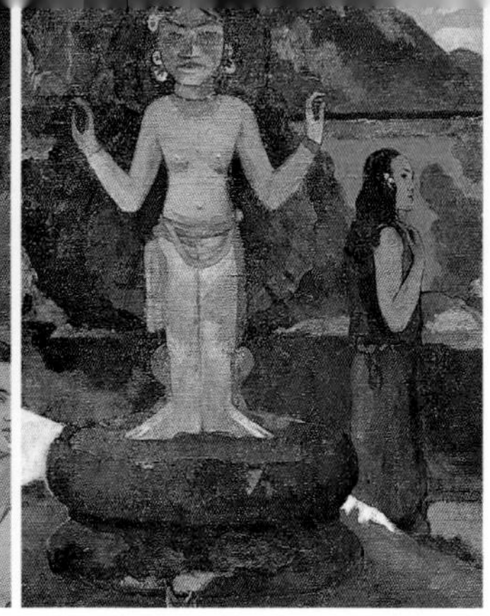

我們將去哪裡？

一個老女人即將接近死亡，一隻怪異的，愚蠢的鳥將一切帶入終結。

我們是誰？

每日生活，具有直覺的人會處處問自己事物代表的意義。

我們從那兒來？

源頭，小孩，公共的生活。

四群人物的專注

這張從右至左的時空推移的作品，意義既豐富又深遠，衍生的是哲學上的思考，高更認為藝術家扮演的是一個質疑與提問的角色，觀眾要如何回答此三個問題，只有他們知道，每個人的解決方式與態度也會不同。

從他的著作與書信，筆者發現高更對其中四個族群的人物特別專注：

（之1）右下角的嬰孩與三名圍繞的人：那個區就是我們來自的地方，人一旦出生後，就開始過公共的生活，同時也受到社會的保護。

（之2）右上方的一對穿衣袍正在談話的人與一位坐在地上舉起手臂的人：這一對人相互在談論彼此的命運，雖然靠近科學之樹，但感覺悲哀，因為科學沒帶給他們快樂，當看到旁邊的裸身人物，都嚇呆了，高更將他們擺在一起有比較的意味，文明人跟純樸的人相比，前者憂鬱與怨歎，後者可帶

1 | 之一〈我們從那兒來？我們是誰？我們去向哪裡？〉右下角
2 | 之二〈我們從那兒來？我們是誰？我們去向哪裡？〉右中
3 | 之三〈我們從那兒來？我們是誰？我們去向哪裡？〉左中
4 | 之四〈我們從那兒來？我們是誰？我們去向哪裡？〉左下角

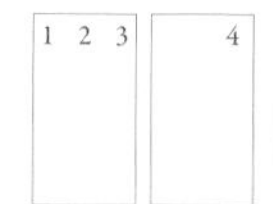

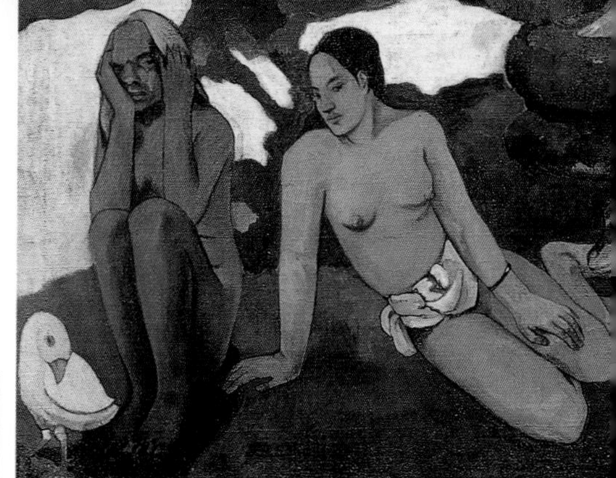

領人類走向幸福。

（之3）左邊的穿藍袍站立的女子與一尊優美神像：那尊神像是高更夢到的模樣，那韻律感、神秘性與原始風佔據了他的靈魂，他認為那是一個人在苦難後得到的想像與慰藉，其代表一個無疆域與無法理解的世界，會跟人的起源與未來面對面。

右邊這位穿藍袍的女子似乎陷入了沉思的狀態，她是他的愛人帕胡拉，在他心裡，這神像成了她的化身。

（之4）左下角的坐臥人物、老女人、鳥與蜥蜴：這位年輕坐臥的人正耐心傾聽神的話語，接下來，人衰老，頭髮也白了，這名幾近死亡的老女人似乎接受了一切，她沉思，為人生做下總結：腳邊的一隻白鳥用爪抓住一隻蜥蜴，代表世間的虛空。

在高更的花園，事物都有次序，也有智力的高低差別，藉由鳥做為總結，就像一首史詩的句點。

非標題，是簽名

當藝術家想出「我們從那兒來？我們是誰？我們去向哪裡？」標題時，他其實在詢問自己的人生，就如他說的：「這並非標題，而是我的簽名」，畫中從生到死的旅程，不但說明他的經歷，他更想藉此獻給世間探索生命本質的人。

解讀9 藝評家該持的態度

高更扮演許多的角色，不僅是畫家、雕塑家、陶瓷家、政治記者與社會關懷者，他還是一位藝術史家，1896至1897年間他撰寫不少藝術文章，然而

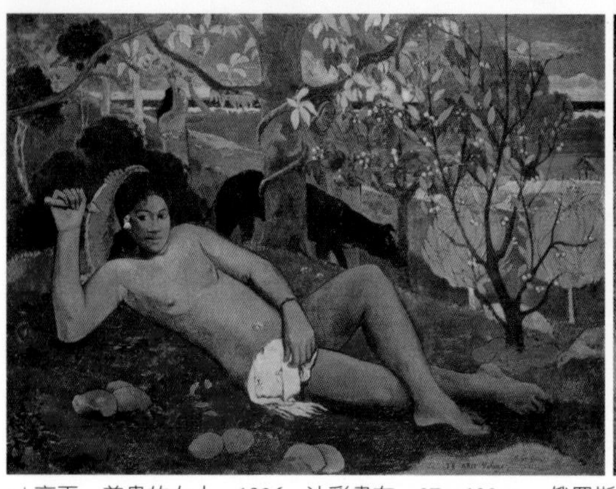
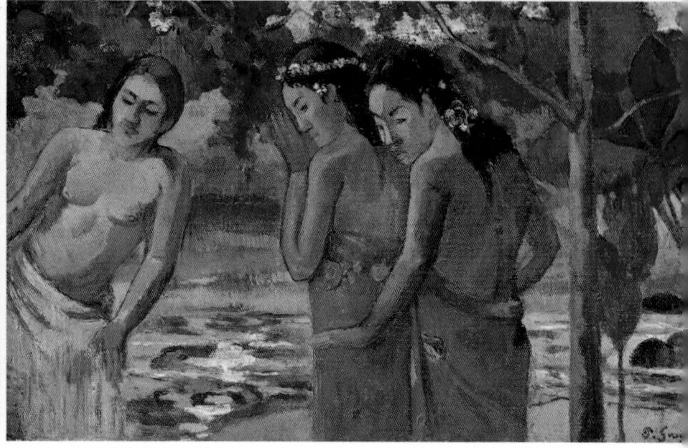

1 | 高更　尊貴的女人　1896　油彩畫布　97×130cm　俄羅斯聖彼得堡艾米塔吉博物館
2 | 高更　三名大溪地女人　1896　油彩畫板　24.4×43.2cm　紐約大都會博物館
3 | 高更　大溪地女人　1899　油彩畫布　94×72.2cm　紐約大都會博物館

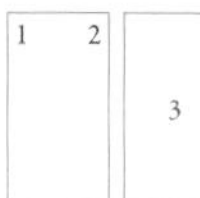

他對藝評抱持怎樣的觀點呢？

感覺優先

高更總抱怨一般的藝評家在面對一件作品時，總要把歷史觀點帶進來，總要觸碰一些理論，總要跟其他藝術家做一番比較，卻從未嘗試在作品中發現到新的或感動人的東西，自然所講出來的內容叫人聽了不痛不癢。

所以，他的原則是：感覺第一，理解隨後。

若只說理論，忽略了藝術品本身，忽略人對作品的感覺，的確陷入了捨本逐末的危機。

感覺或理論，孰輕？孰重？

藝評家的角色，應該在創作者跟觀眾之間建立起一座橋樑，而非障礙物，一大堆的歷史及長篇大論只能嚇走大眾而已，基本上，筆者非常贊同高更的想法，感覺是一個最容易滲透人心的入口，然而，在了解藝術品的過程中，也得要施予理性，因為情緒的失控並非欣賞藝術的目地，如何引導人從氾濫成災的感覺中爬出來，再從中昇華，才是藝評家的職責。

解讀10 與夏凡尼的比較

雖然高更不喜歡拿兩位藝術家做比較，但媒體卻把他跟另一名同期的畫家夏凡尼（Pierre Puvis de Chavannes）相提並論，甚至還批評高更，當然，傲

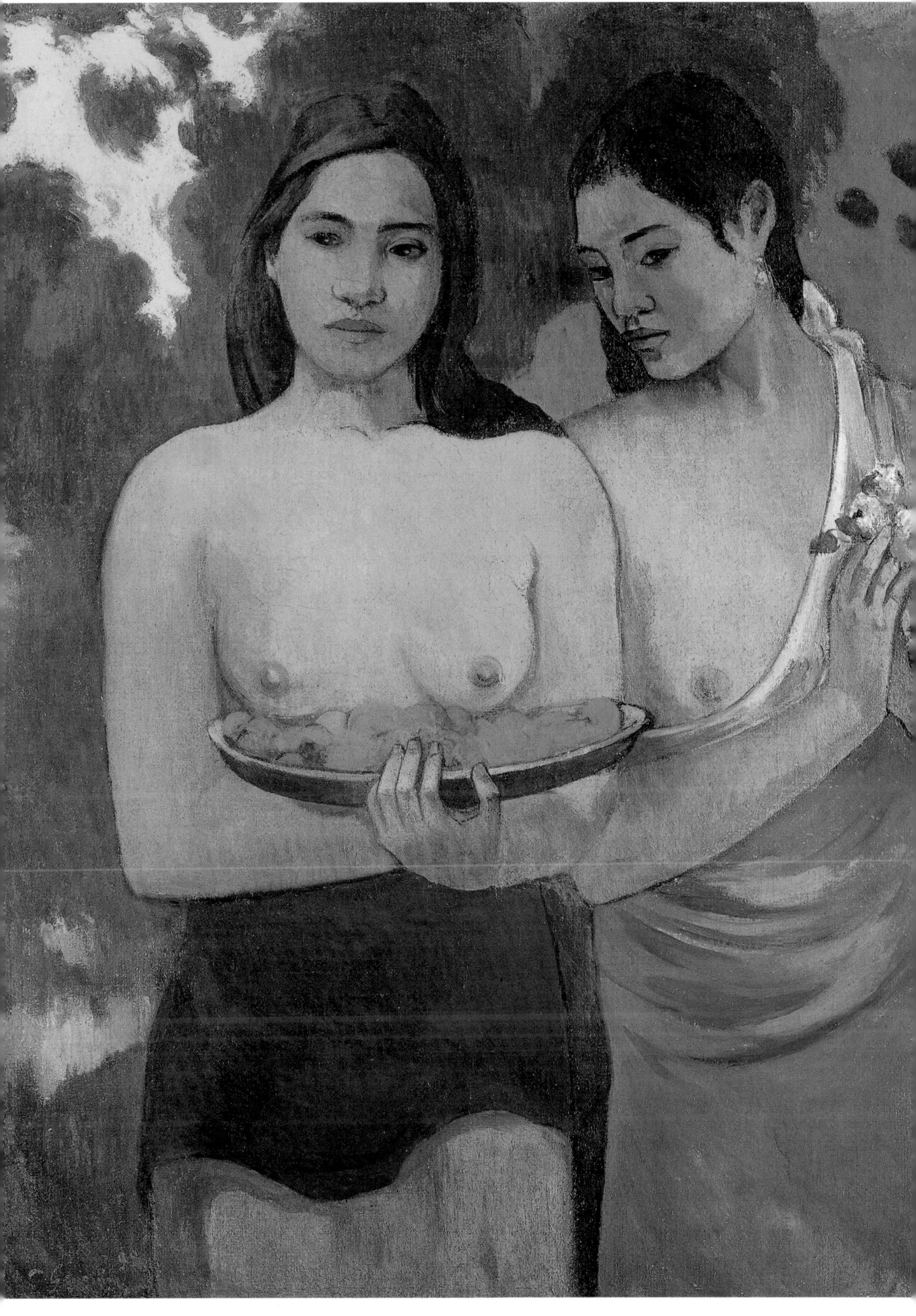

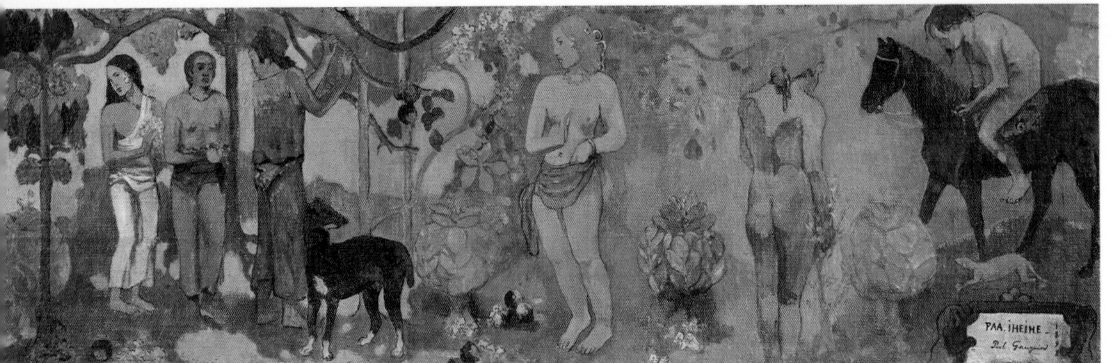

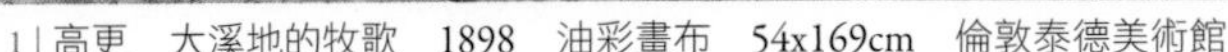

1 | 高更　大溪地的牧歌　1898　油彩畫布　54x169cm　倫敦泰德美術館
2 | 畫家夏凡尼
3 | 夏凡尼　窮漁夫　1881　油彩畫布　111×192cm　巴黎奧塞美術館
4 | 高更　白馬　1898　油彩畫布　140×91cm　巴黎奧塞美術館

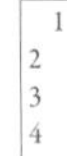

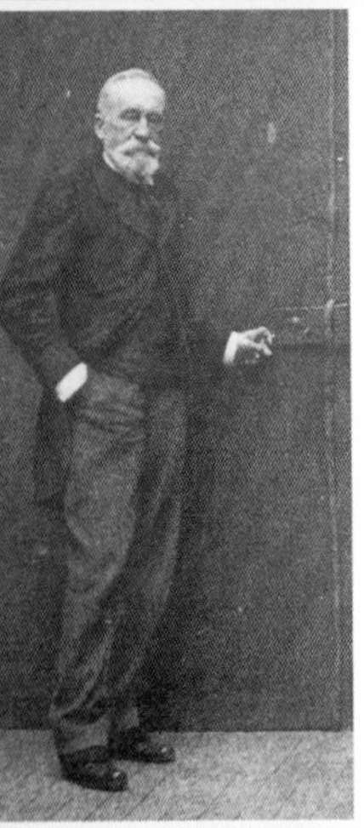

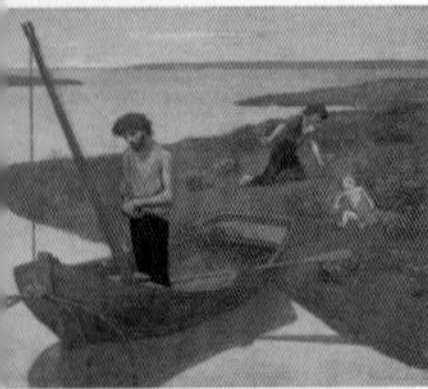

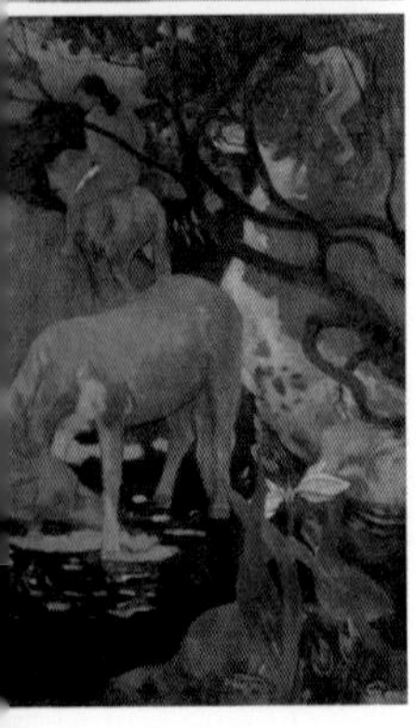

氣十足的他絕不認輸，雖然他仰慕夏凡尼，但決定好好替自己辯解。

類似性

夏凡尼比高更年長二十四歲，他們常常畫類似的主題，不外乎女人全裸，半裸的姿態，男子孤寂的模樣，也伴隨樹木、河流、山、海、地平線等景象，兩人也都擁抱象徵主義，會被藝評家拿來討論是在所難免的。

相異性

高更認為夏凡尼非常擅長解釋自己的想法，會說，但不會畫。於是，他說出：「他是希臘人，而我是野蠻人，一匹在森林裡沒繫頸圈的狼。」

夏凡尼能一一解釋作品的意義，但那背後的象徵是可預期的；但高更引出的象徵，表現了無限的神祕，卻無法用言詞來表達！

他們兩人身處在完全不同的世界，高更直接了當的說：「夏凡尼身為畫家，卻是一位舞文弄墨者；而我不是舞文弄墨者，卻是一位真正的文人。」

對夏凡尼而言，這句話聽來相當刺耳，但若仔細想想，這不無道理，文明人總喜歡舞文弄墨，野蠻人則充滿了想像。

問題與回答

筆者倒認為夏凡尼與高更的差別在於一個給答案，另一個拋問題。前者能提供滿意的解決之道；但後者丟出問題之後，每個人怎麼回答，就變成了嚴肅的哲學思考。至於答案呢？根據每個人生長背景、教育、經驗等的不同，結果也會不一樣。

第六章 死亡的籠罩

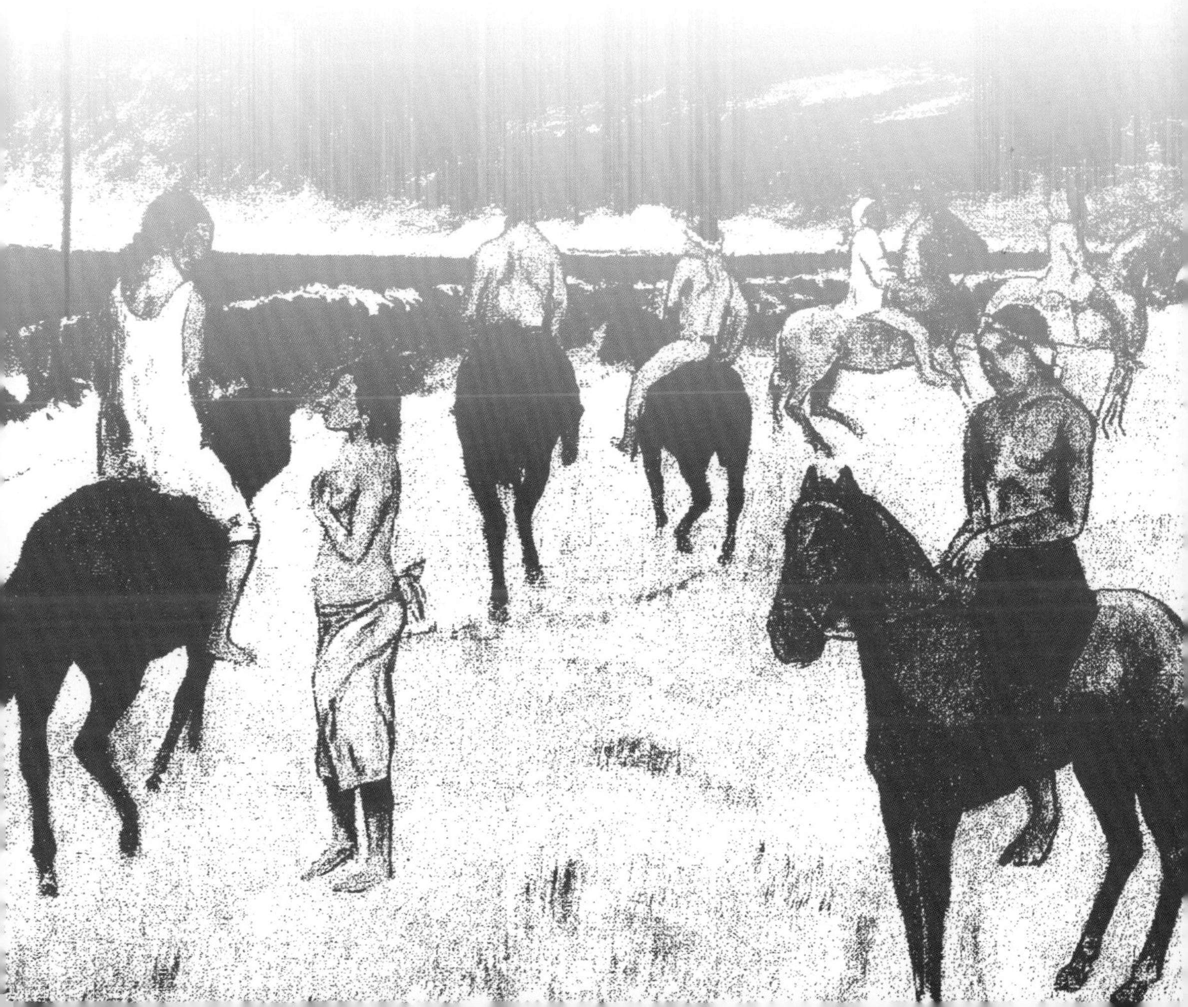

1901
1906

高更生平及年表

1901	53歲	9月航行到瑪克薩斯群島，在西瓦瓦島（Hiva-Oa）的阿圖旺納村落（Atuona）住下，築起「喜悅之屋」。
1902	54歲	8月心臟病發，腿潰爛。想回法國治療，但友人建議他不要。
1903	55歲	鼓吹住民與地方政府、教宗與警察對抗。3月31日被判刑入獄三個月，罰1000法郎。 5月8日過世。 5月9日埋葬在天主教墓地。10月沃拉爾舉辦高更展。
1906		死後三年，高更的回顧展在巴黎進行，共展出二二七件作品，他的名聲從此宣揚開來。

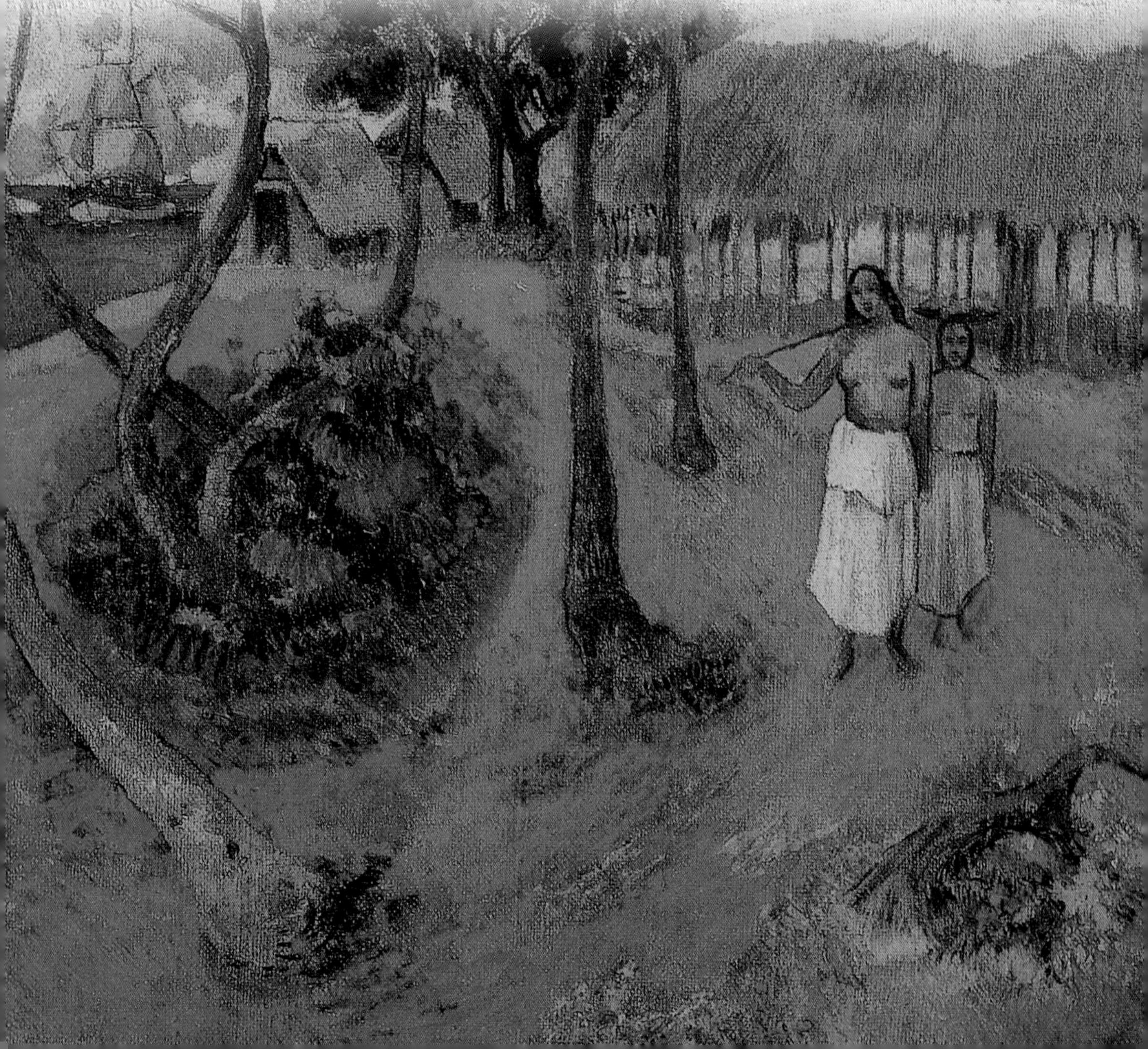

1 | 高更　大溪地田園（局部）　1901　油彩畫布　74.5×94.5cm　蘇黎世比爾勒基金會
2 | 高更　最後的自畫像　1903　油彩畫布　41.5×24cm　巴塞爾美術館
3 | 高更往生後，隔一天就被埋在天主教墓園。

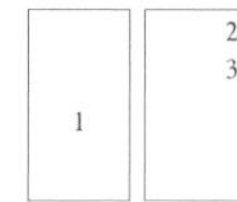

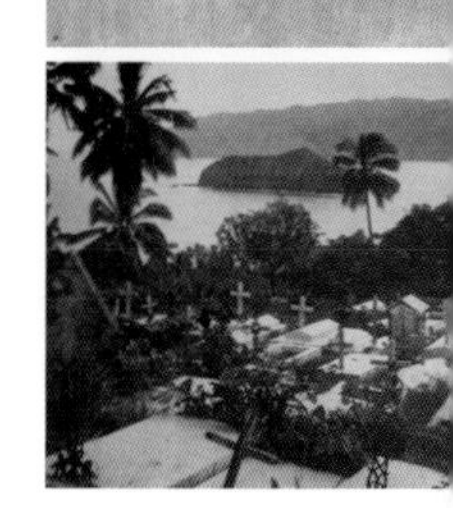

高更出生之前，《白鯨記》作者梅爾維爾（Herman Melville）在1846年出版一本航海著作《泰皮》，裡面就描述瑪克薩斯群島中的西瓦瓦島是一個當今的天堂，這裡有茂密的叢林、岩石山脈與熔岩峭壁，五十五年之後，高更親自到達現場體會那滋味。

使勁的掙扎

那兒的土地大都屬於教會，他又想在阿圖旺納村落定居下來，不得不跟「權威」商議，於是付了一大筆錢給神父，之後擁有一塊半公頃的地，藉由當地人的幫忙築起一棟兩層樓的房子，稱「喜悅之屋」，在這裡，他渡過人生的最後兩年，明瞭自己的身體狀況很糟糕，來日不多，所以他加緊腳步投入創作，無論畫、雕塑或寫作，速度之快，簡直不要命一樣。

因為病的厲害，他的能量與鬥志消減，曾一度想回法國治療，甚至還夢想到西班牙找靈感，但友人擔心他死在顛簸途中，建議他不要亂跑。

高更與官方對抗的習性依然不改，他總站在土著們的立場，跟地方政府、警察與神父起正面的衝突，官方一直視他為眼中釘，最後判他有罪，還要他繳罰金，但入獄之前的1903年5月8日他心臟病發作過世，享年五十五歲。

雕塑墳墓

當高更三度離開法國，前往太平洋尋找天堂時，他向好友莫里斯傾吐：「我剩下想做的就是在那邊安安靜靜地雕塑我的墳墓，在旁邊圍繞花朵。」

此話一出，之後在短短幾年內他創作出四百幅木刻畫，二十件石雕與木雕與幾近百張圖，產量實在驚人，因此，他下的這段暗語似乎預示了他晚年併發的璀璨火花。

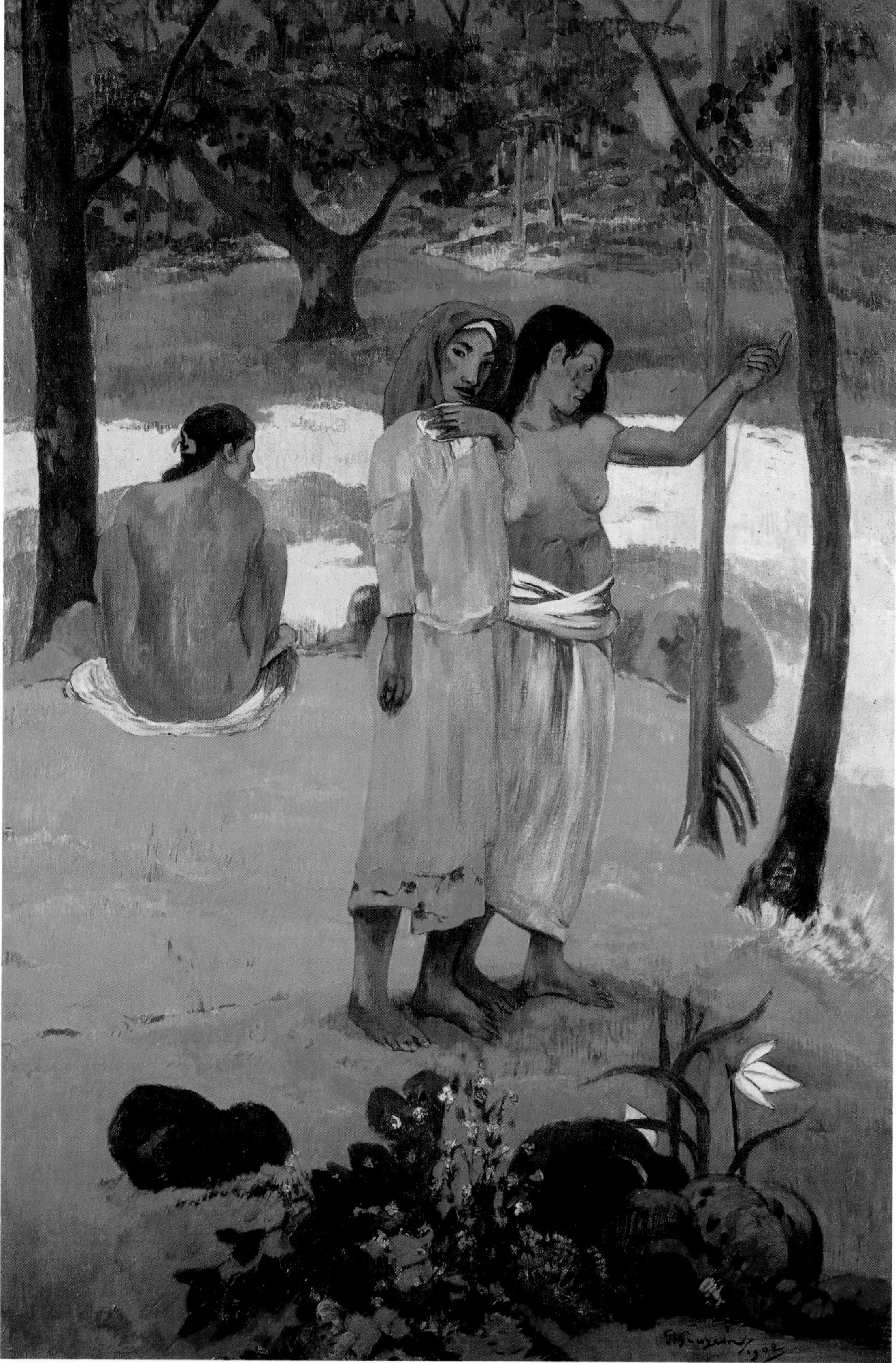

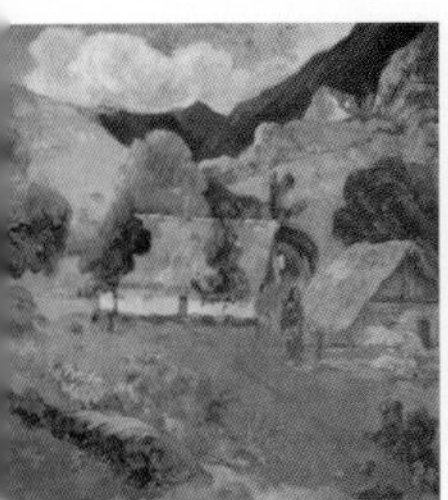
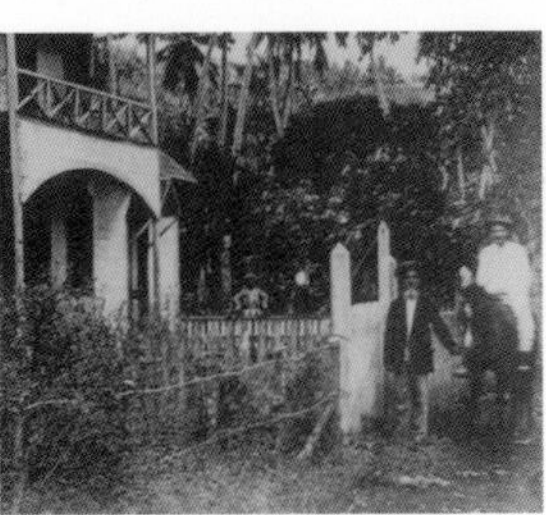
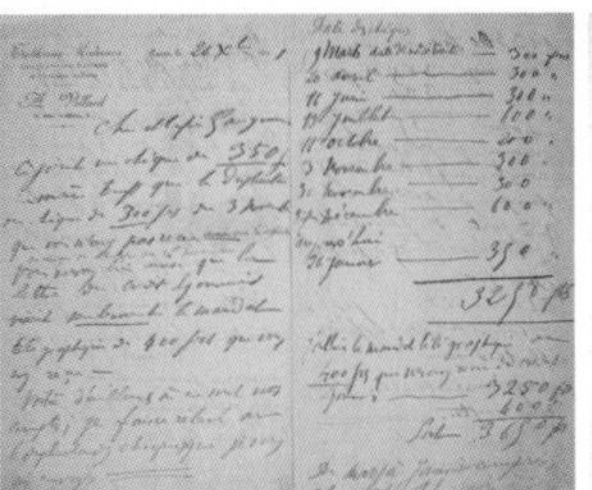
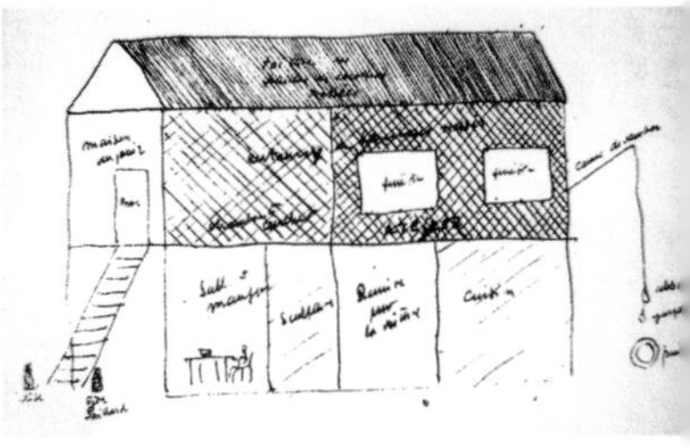

1 | 高更　呼喚　1902　油彩畫布　130×90cm　俄亥俄州克利夫蘭美術館
2 | 高更　逼近小屋　1901　油彩畫布　67×77cm　匹茲堡卡內基美術館
3 | 高更的兩位新朋友，坐在馬背上的是當地雜貨店的老板；站著留鬍鬚的那位老人是地方人士，當1903年島上遭龍捲風襲擊時，後者的房子全毀，高更好心的將一部分的土地送給他。
4 | 經紀人沃拉爾給高更的一封信，信中他並附上350法郎的支票。
5 | 鄰居提模為「喜悅之屋」畫一張建築草圖
6 | 高更　食堂　1901-2　木浮雕　67×77cm　柏爾曼基本會

1　2 3 4 5　6

解讀1 建造喜悅之屋

高更看上阿圖旺納村的一塊地，他從馬丁主教手中買下後，與鄰居們一起合建屋子，這將成為藝術家最後的落腳地。

房屋的結構

房屋坐落在村子中央，旁邊圍繞著樹，所以當別人經過時見不到這兒有房子，高更獲得了充分的隱私權。

他的鄰居提模（Timo）為此屋畫下建築草圖，是兩層樓的結構，每樓兩尺高：一樓有大廳、飯廳、廚房與木雕工作室，屬於公共空間，外側有樓梯通往樓上；二樓有一個小前廳、工作室與臥室。

高更每天都會睡午覺，因此一樓設有吊床，不但免於陽光的照射，又能享受到輕輕吹拂的海風，海距離這兒300公尺，當風吹過椰子樹，空氣特別的清香。

由於經紀人沃拉爾每月支付高更三百法郎，吃穿不愁的日子過得舒適，不再擔憂金錢，有一個屬於自己的家，高更說：「對一個節制的藝術家來說，我現在什麼都有了：一間巨大的工作室，一個我能睡覺的小角落，什麼東西都在架上，垂手可得。」

屋裡除了高更、廚師、兩位僕人、一隻叫Pegau的狗及一隻貓，還有一名

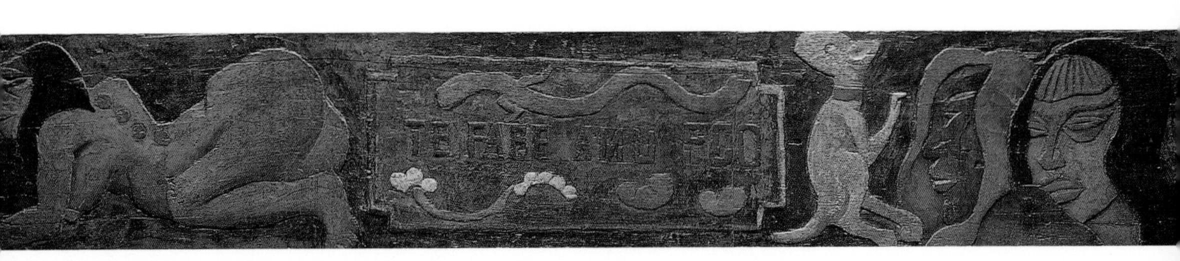

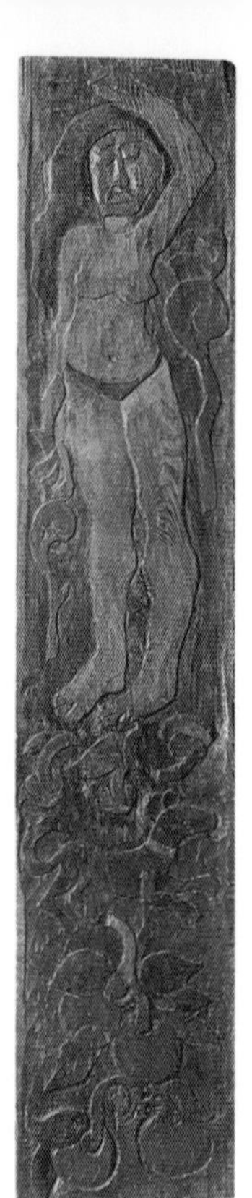

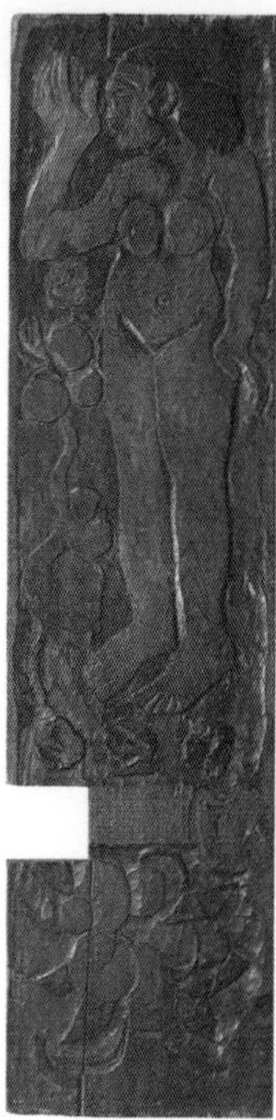

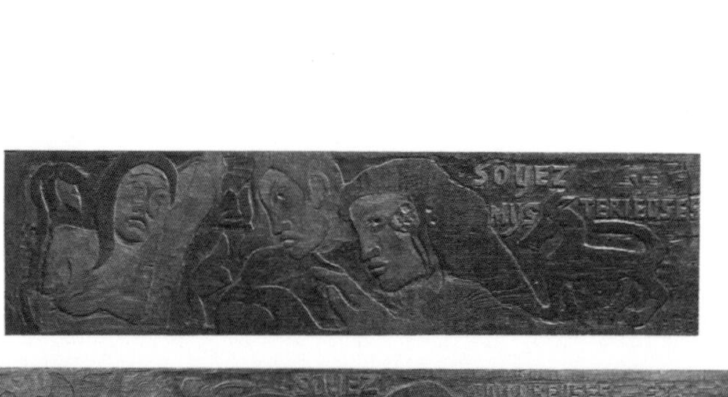

年輕女子作伴，她是當地酋長的女兒，叫微歐（Vaeo Marie）。

屋子的裝飾

在屬於私人空間的二樓，有一個大工作室，入口處藝術家釘上他精細製作的木雕，一邊掛著一個橫式塊板，刻上：「愛，就會快樂」（'Soyez amoureuses et vous serez heureuses'）字樣，旁邊圍繞一些人頭浮雕；在另一邊兩側分別掛上兩塊木板，各雕有一名裸女，楣處則有一塊2.5公尺的橫板，上面刻有「喜悅之屋」（'Maison de Joie'），這些都是他為自己的家創作的美麗浮雕。臥室裡，高更擺有一些樂器及藝術複製品、四十五張情色照片、一張木雕床等。

頭一遭的滿足

聞名作家色迦蘭（Victor Segalen）曾來此拜訪過高更，描述其對「喜悅之屋」的感覺：「裝潢兼具奢華與陰鬱，是跟他的苦惱並行的，那屋子看起來很宏偉，但也有悲傷情調，也因如此，感覺是對的，它足以表現高更最

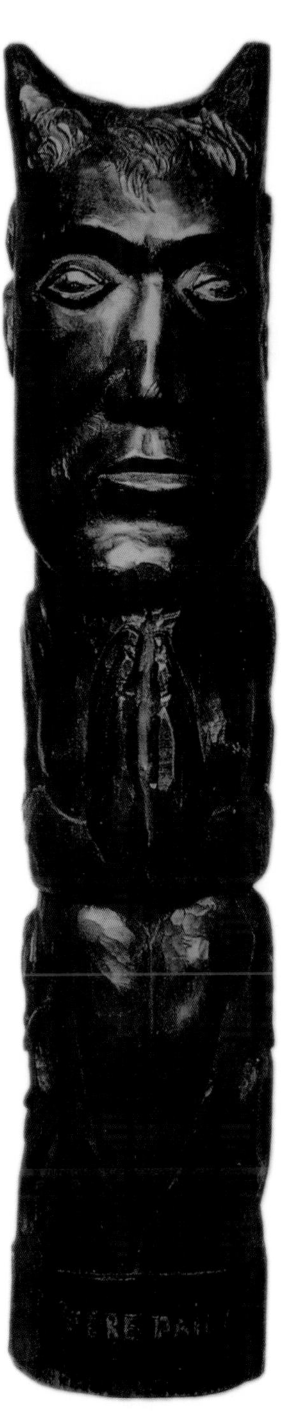

後的漂泊景況。」

是奢華，是宏偉，但同時也是陰鬱與悲傷，不僅描繪了高更的晚年，更說明他精彩的一生，出生貴族，卻選擇過孤獨與流浪的生活。

不過，自從1885年離開了妻小，這個地方是高更在物質與精神上感到最滿足的一次。

解讀2 神父的偽善

高更對當地的天主教神父厭惡到了極點，他發現這群人沒有家庭，也沒有愛情，對現實生活也一竅不通，只會處處用高標準與道德約束別人，私底下卻做出一些見不得人的事。

被嘲笑的一群

他曾創作許多裸男裸女與動物的雕像，放在草坪上等它們乾，但裸身的雕像經常不翼而飛，原來神父挪走它們，認為這些妨礙風化，高更很不以為然，寫下：法律在他們的臉上嘲笑。

高更不僅認為他們缺乏良心，世上若有正義存在的話，在律法之下，他們是被嘲笑的一群而已。

諷刺馬丁主教

其中，馬丁主教成了他當時諷刺的對象。在這位主教的眼裡，高更過得放蕩不羈，是個無可救藥的浪子，他的行為與言論使他氣憤的不得了，經常嚴厲地批評。但，高更也不好惹，想想該怎麼對付他呢？最後，高更覺得用作品來反擊比較有趣。因此他做了一尊雕像，叫〈好色的神父〉，將它直立在花園裡，我們可以看到神父

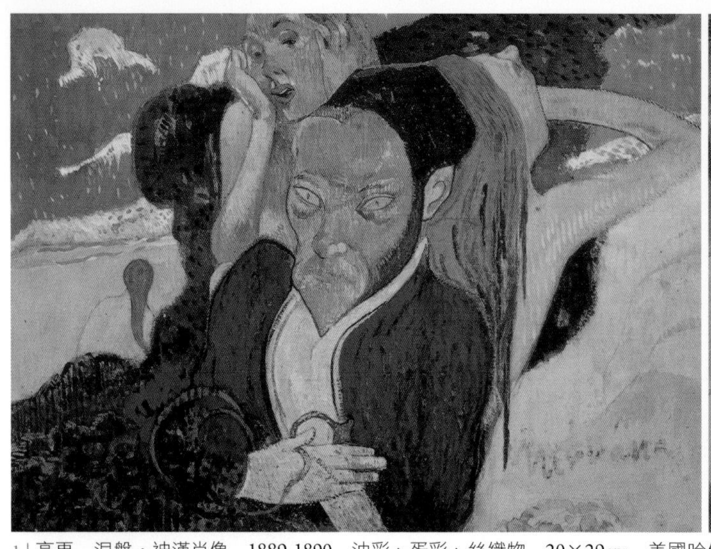

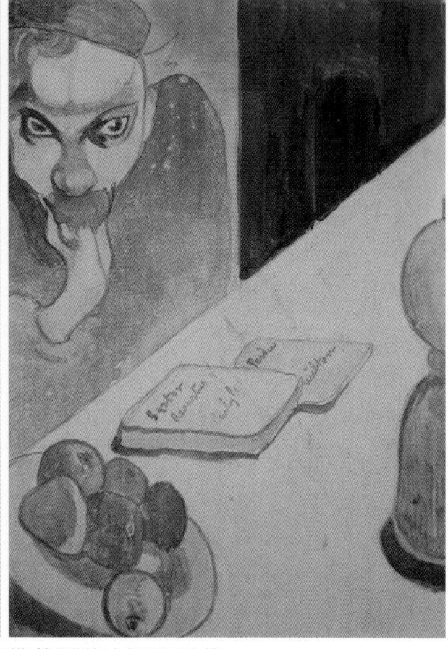

1 | 高更　涅槃，迪漢肖像　1889-1890　油彩、蛋彩、絲織物　20×29cm　美國哈佛華滋華土圖書館藏
2 | 高更　迪漢肖像　1889　油彩畫布　79.6×51.7cm　紐約現代美術館
3 | 高更　野蠻的故事　1902年　油彩畫布　130×89cm　埃森福克旺美術館

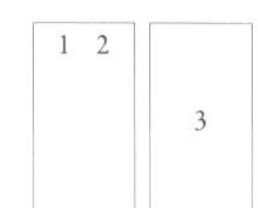

合掌，像在禱告似的，頭上卻長出一對惡魔的角，藝術家這麼做是故意諷刺他表面道貌岸然。

高更是一個光明磊落的人，他討厭人們的偽善，特別他早就看穿馬丁神父的真面目。不過令人錐心刺痛的是，高更死後卻被葬在天主教墓園裡。

解讀3 歐洲的侵略者

在這段期間，高更創作了〈野蠻的故事〉畫作，前端有兩名美麗的女子，左邊那一位留著黑色短髮，姿態猶如盤坐的菩薩，右邊這一位留有紅色的長髮，她呈現側面的跪姿，四處充滿了花朵，似乎散發出濃濃的香味。

然而，在最左側有一名男子，他是誰呢？

穿上華麗外衣的一匹狼

畫左側這位男子，他嘴巴咬住自己的手，一對邪惡的眼睛，一隻像爪子的腳，在那件藍藍的衣袍之下有著狼的原型，他已經入侵了她們的疆域，正饑渴的看著前端的少女，顯然她們即將成為他的獵物。

他身上穿的衣袍是歐洲傳教士的樣式，在此暗示這名男子是歐洲的侵略者與殖民者。

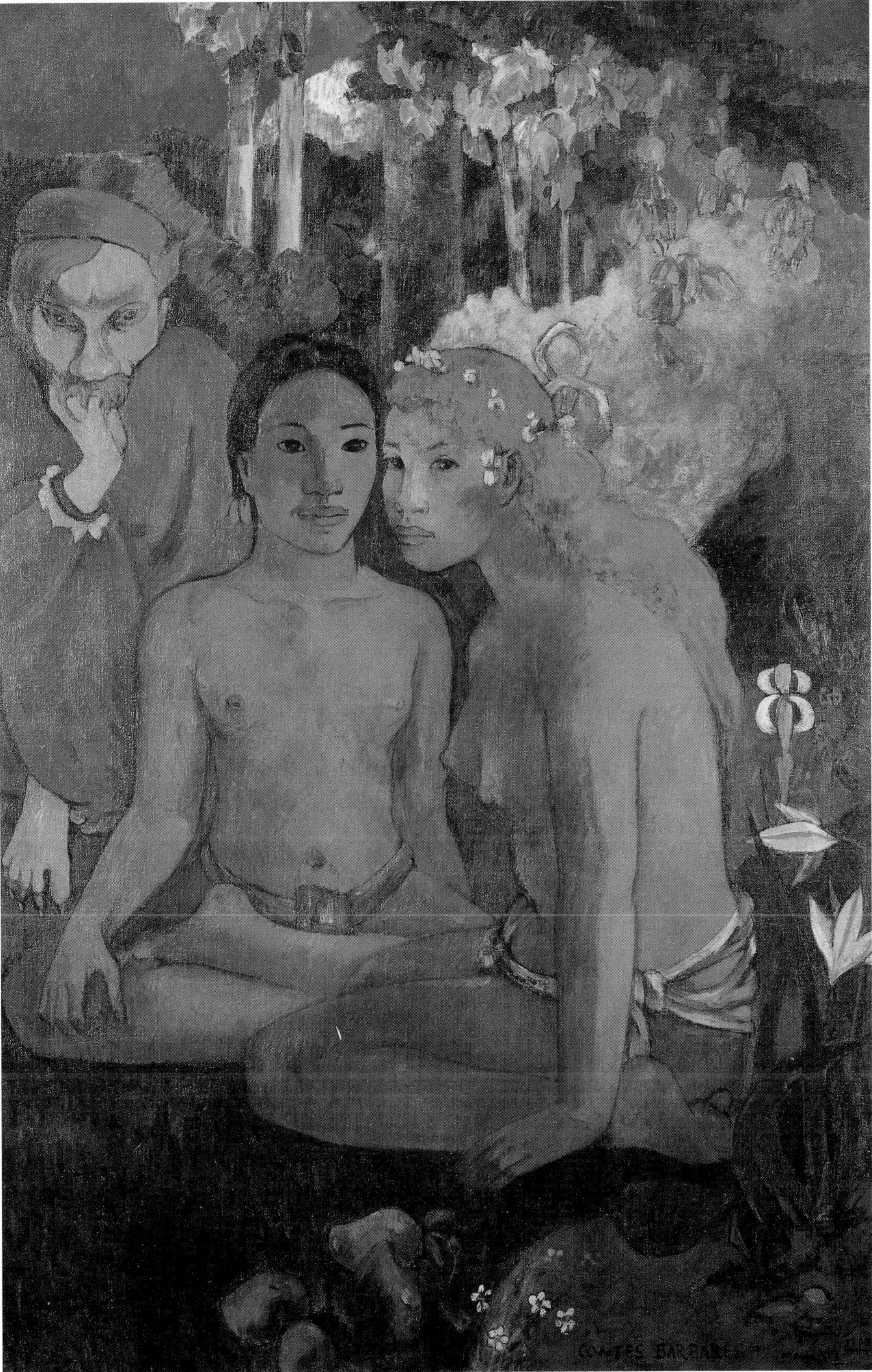
CONTES

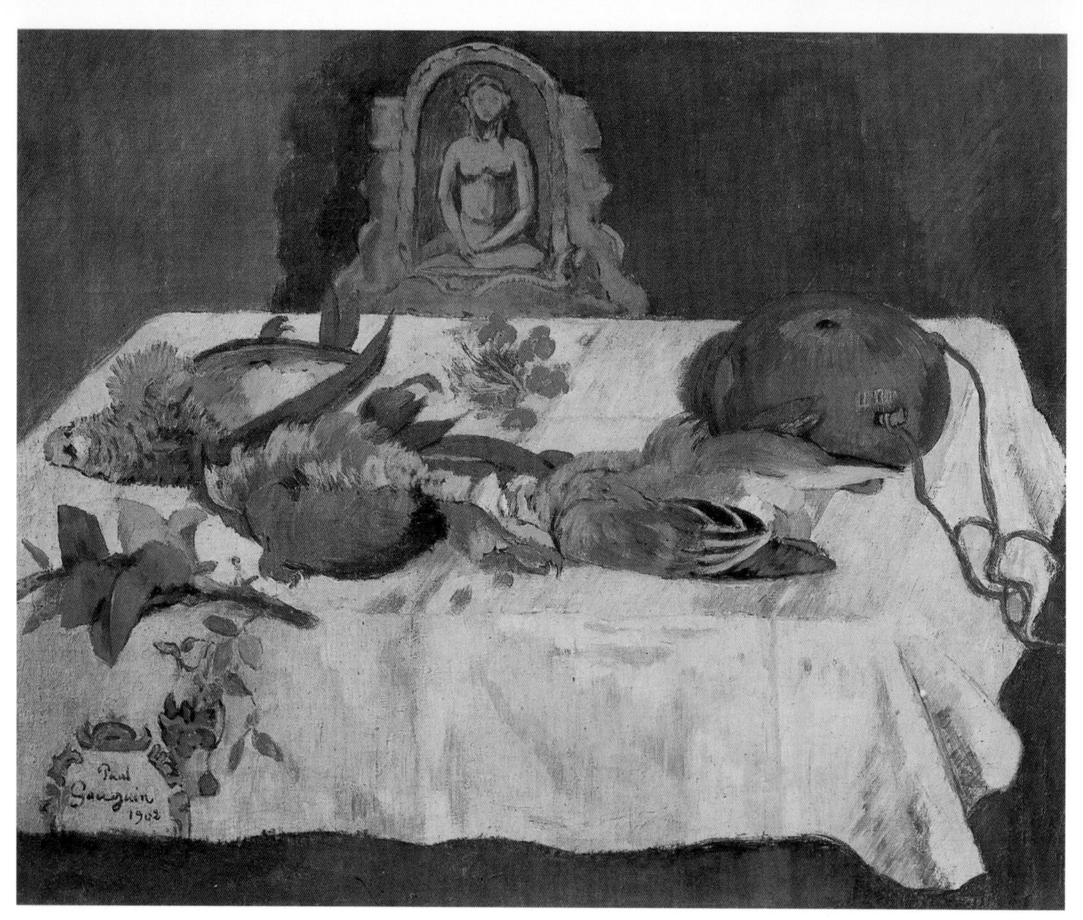

失落的天堂

我們若仔細看這兩位少女的神情，會發現她們變得憂鬱，一個眼睛變的空洞，另一個顯得疑惑，生活在一個自然、原始、四處充滿花朵與香味的地方，怎麼不愉快呢？

這兩位少女代表純真與原始，但外來的介入，帶進的科學、道德、宗教與文明，卻把原有的一片美景玷污了。

少女們的質疑與空洞讓這個地方黯然失色，儼然成了一處失落的天堂。

解讀4 靜物畫背後的行李箱

高更是一位畫靜物畫的能手，受到塞尚的影響最深，漸漸他的靜物畫越來越有特色，最後無論在顏色上、實物的安排上，都顯得有趣多了，再加上

1 | 高更　有鸚鵡與神像的靜物　1902
油彩畫布　62×76cm
莫斯科普希金美術館
2 | 高更　靜物與葡萄　約1901
油彩畫布　私人收藏
3 | 高更　椅上的向日葵　1901
油彩畫布　72×91cm
俄羅斯聖彼得堡艾米塔吉博物館
4 | 巫師哈布阿尼

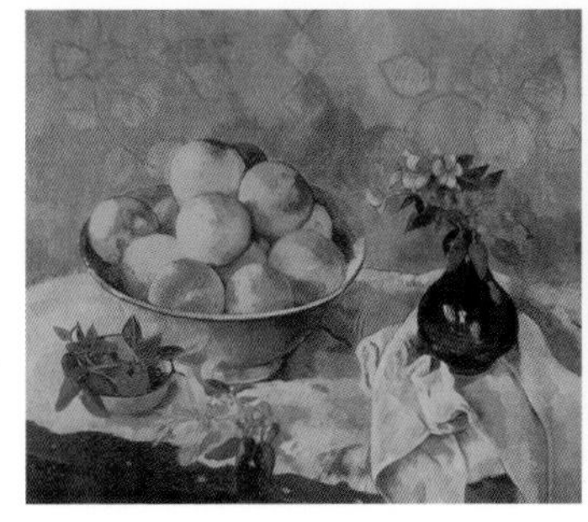

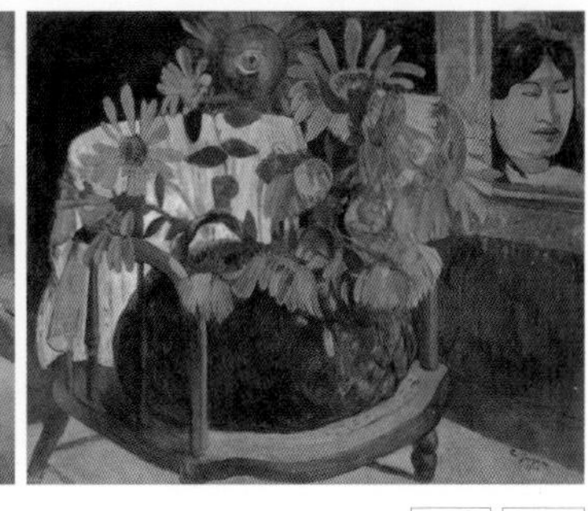

高更的無限想像與裝飾性，他最後創出了自己獨有的藝術風格。

白布之下的秘密

雖然他以風景與人物畫為主，靜物畫為輔，但後者數量之多，品質之好，絕不輸給投注在靜物作品的畫家們。有趣的是，他的流浪習性可以在一些靜物畫裡探知一二。他走到哪兒總會帶著一條白色桌巾，當他想畫靜物時，就在上面放上各種水果、食物、樂器、木刻雕塑、花瓶等物品，各種東西雜置一起，然而，白布之下有什麼呢？

原來是他的「旅行箱」。

藝術的饗宴

這萬能的旅行箱不僅可裝用品，更扮演了「桌子」的功能。在上面，他盛放著各式的菜色，最後讓觀眾享受到的不外乎是一席接一席藝術的饗宴。

對一個愛流浪的藝術家而言，這真是一個聰明的方法！

解讀5 誘人的紅髮

1901年，當高更抵達西瓦瓦島時，認識一位當地的巫師，名叫哈布阿尼（Haapuani），只要傳教士們一到，他就得充當一個主人的角色，舉辦慶祝會，以展現待客之道，他有一位迷人的妻子，叫荼郝道（Tohotaua）。

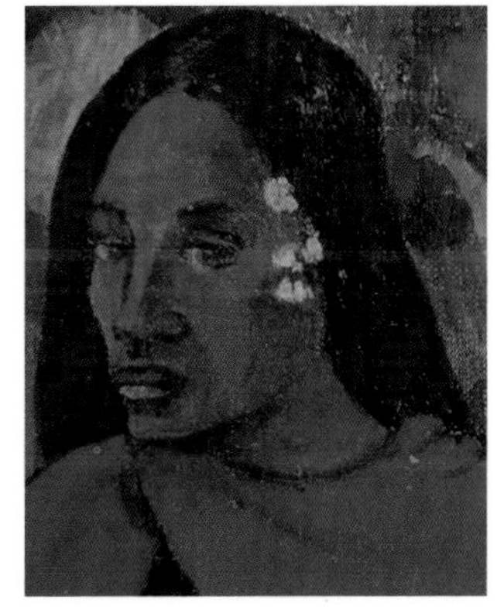

紅髮的指標

以荼郝道當模特兒，高更畫下兩幅作品：〈野蠻的故事〉與〈持團扇的少女〉（圖見17頁），因為她留有一襲很誘人的紅色捲髮，高更在畫中也特別強調這特殊的髮色，由於藝術家畫的土著女人大都是黑髮，唯獨她有紅髮，所以一認就知道畫的是荼郝道。

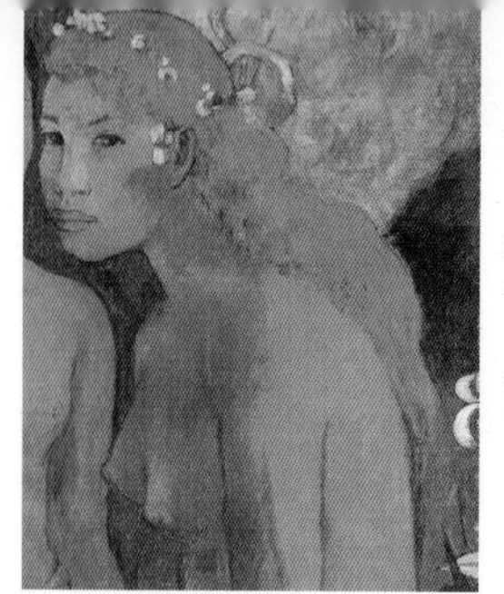

1｜〈野蠻的故事〉局部
2｜小漢斯・荷爾本　墓裡耶穌死去的身體　1521　油彩木板　30.5×200cm　巴塞爾市立美術館
3｜克拉納赫　斜倚的女神　1537　油彩畫布　97×130cm　里昂藝術博物館
4｜高更　失落的童貞（春眠）　1890-91　油彩畫布　90×130cm　維吉尼亞諾爾福克，克萊斯勒博物館
5｜高更　靜物　1897　油彩畫布　73×93cm

對西方而言，金髮女人固然搶風頭，但紅髮在傳統代表脾氣暴躁，因這火辣辣的習性，也成為女子性感的焦點，或許在高更的心裡也特別鍾愛紅髮的女孩吧！

解讀6 來自歐洲的靈感

觀眾或許會認為高更在大溪地與瑪克薩斯群島的作品，全然受土著文化的影響，然而真的那麼一回事嗎？

歐洲的考慮因素

一來，高更一生大多待在歐洲，雖然嚮往原始生活，但還是擺脫不了歐洲的習性。

二來，他介入過印象與象徵派圈子，受到同儕的影響很大。

三來，基於商業考量，他作品的買者與市場集中在歐洲，這是他唯一的經濟來源，無論怎樣，多少得迎合西方人的口味。

攜帶的印刷品

當他航行到南太平洋各島嶼時，他不會忘記在行李箱裡裝些歐洲的圖畫印刷品，每找到住處後，他就一一的將它們貼在牆上。

這些除了有同時代或稍早的馬奈、塞尚、竇加、夏凡尼、安格爾、德拉克洛瓦等人作品之外，還包括古典藝術大師們的畫作印刷，像波蒂切利（Botticelli）、丟勒（Dürer）、小漢斯・荷爾本（Hans Holbein the Younger）、克拉納赫（Lucas Cranach the Elder）等。

以上這些藝術家的美學對高更影響之大，當他作畫時，這些圖像便成為靈感的來源。

取自歐洲的部分

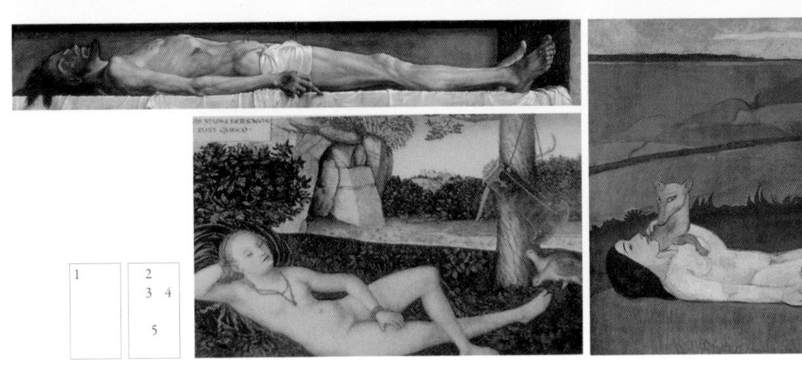

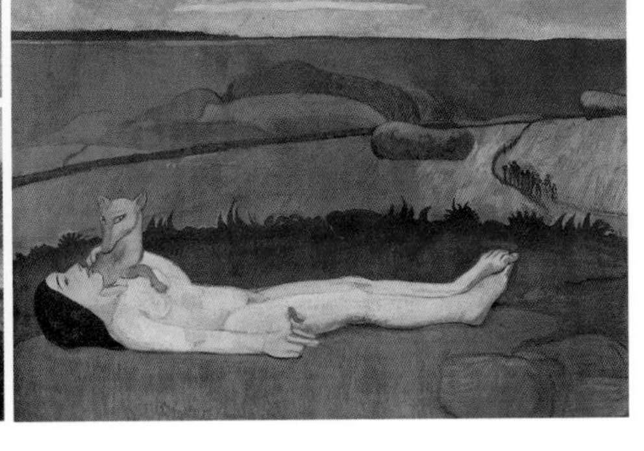

但問題是高更口口聲聲說要移除「歐洲殘留的老習慣」，那麼還珍藏這些歐洲的印刷品，不是自打嘴巴嗎？

其實他說拋棄歐洲的老習慣，指的是在用色、內容與情感表現上，他認為在這些方面，絕對要大膽，沒必要殘留文明那一套包袱。那麼，哪些美學部分是取自於歐洲的呢？整體而言，是主題、人體的姿態，以及構圖方面。

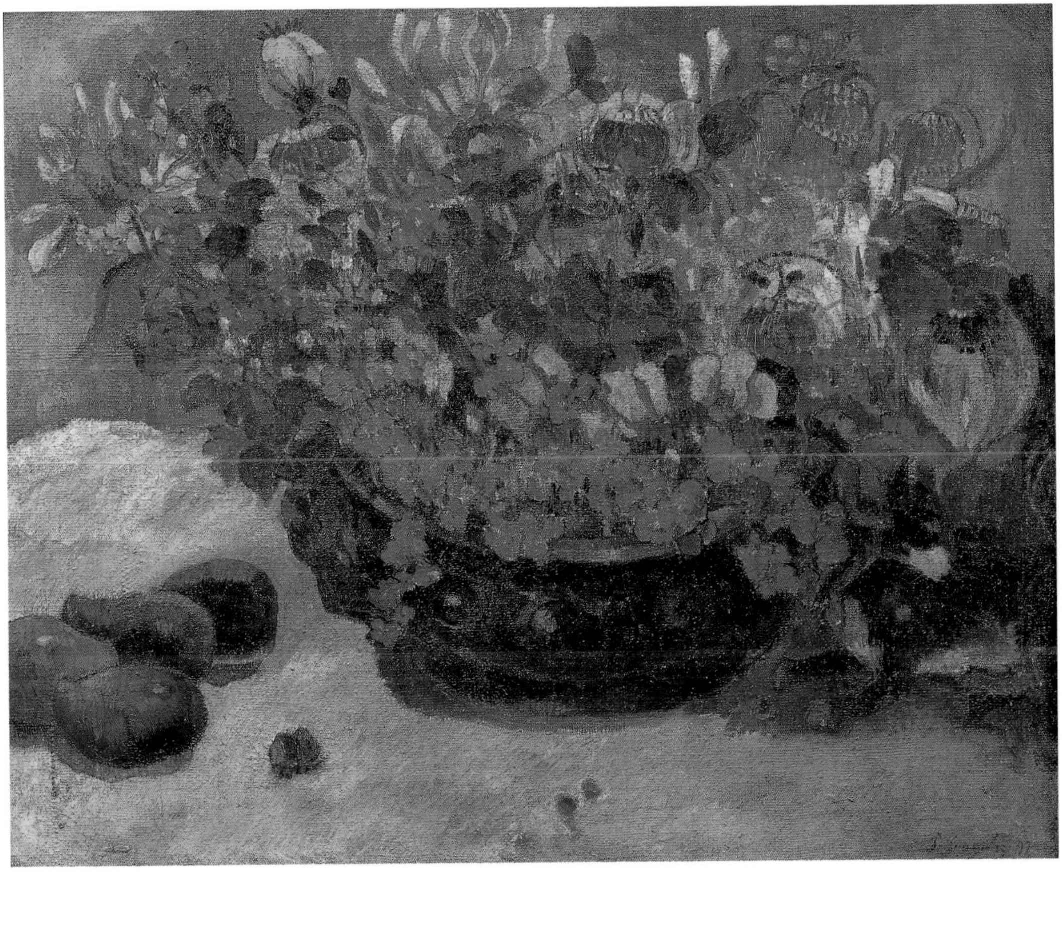

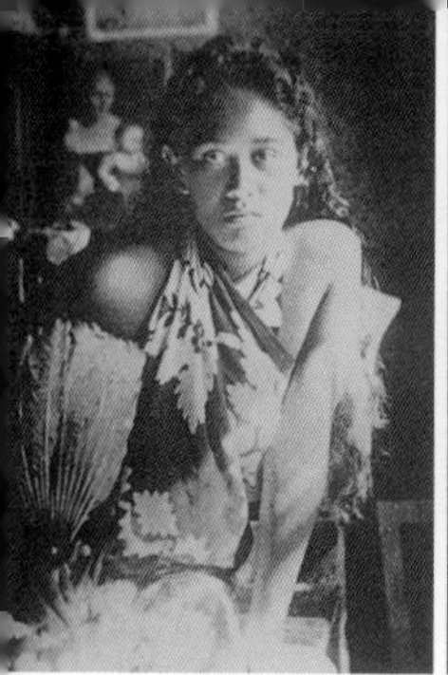
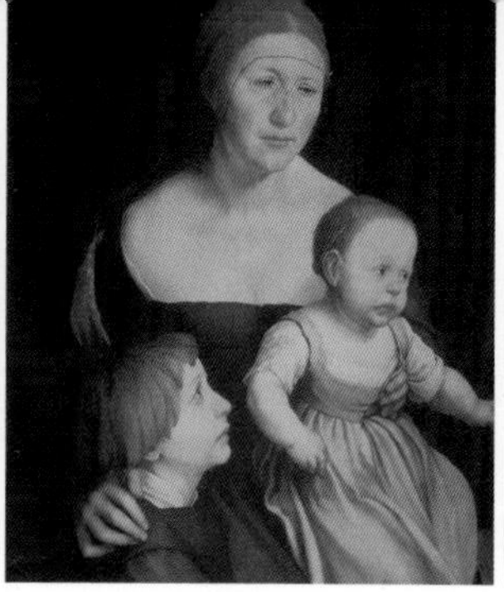
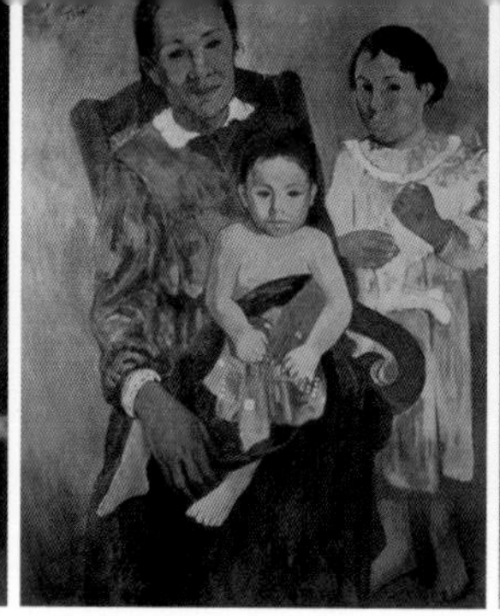
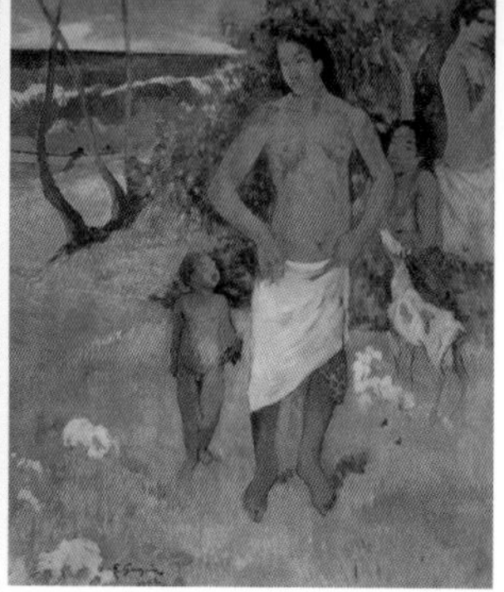

1 | 模特兒荼郝道
2 | 小漢斯・荷爾本　藝術家的家人　1528　油彩、紙、木板　77×64cm　巴塞爾市立美術館
3 | 高更　女人與兩個小孩　1901　油彩畫布　97×74cm　芝加哥藝術機構
4 | 高更　大溪地家人　1902　油彩畫布　92.1×73cm　拉斯維加斯威尼家族收藏
5 | 高更　奉獻　1902　油彩畫布　68.5×78.5cm　蘇黎世比爾勒基金會

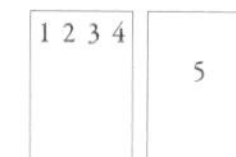

解讀7 小漢斯・荷爾本的「母愛」

約1901年，高更在自己的工作室拍攝一張照片，在這裡，女子背後有一幅古典名畫，仔細瞧，那是16世紀畫家小漢斯・荷爾本的〈藝術家的家人〉，它被高更掛在工作室牆上，顯示在晚年，這件作品對他的重要性。

母與子的形象

同年，高更也畫下一張〈女人與兩個小孩〉，畫中母親坐在椅子上，手抱一名男嬰，旁邊站著一個小女孩，若拿這張畫跟荷爾本的〈藝術家的家人〉相比，我們會發現兩件作品的類似性，特別在主題與母親抱小孩的構圖上，嬰兒坐在母親的膝上，也被安穩的支撐著，它們同樣刻畫難以言喻的母子情。

在生命最後的兩年，高更常常想到母愛的問題，為此，也不厭其煩的創作一些母與子有關的畫。

思念母親

當時，高更正在撰寫最後一本著作《之前與之後》，回想過去的五十年，他非常感謝媽媽給他無止境的愛，那就是為什麼往後不管遇到多大的困難，他從不退縮，總是勇往直前，就算全世界的人拋棄了他，他依然相信自己是天底下最不平凡的人。

他飽滿的自信全來自於母親那份堅貞的愛，在她眼裡，高更是世上最棒的孩子，此信仰也延續影響了高更的一生。

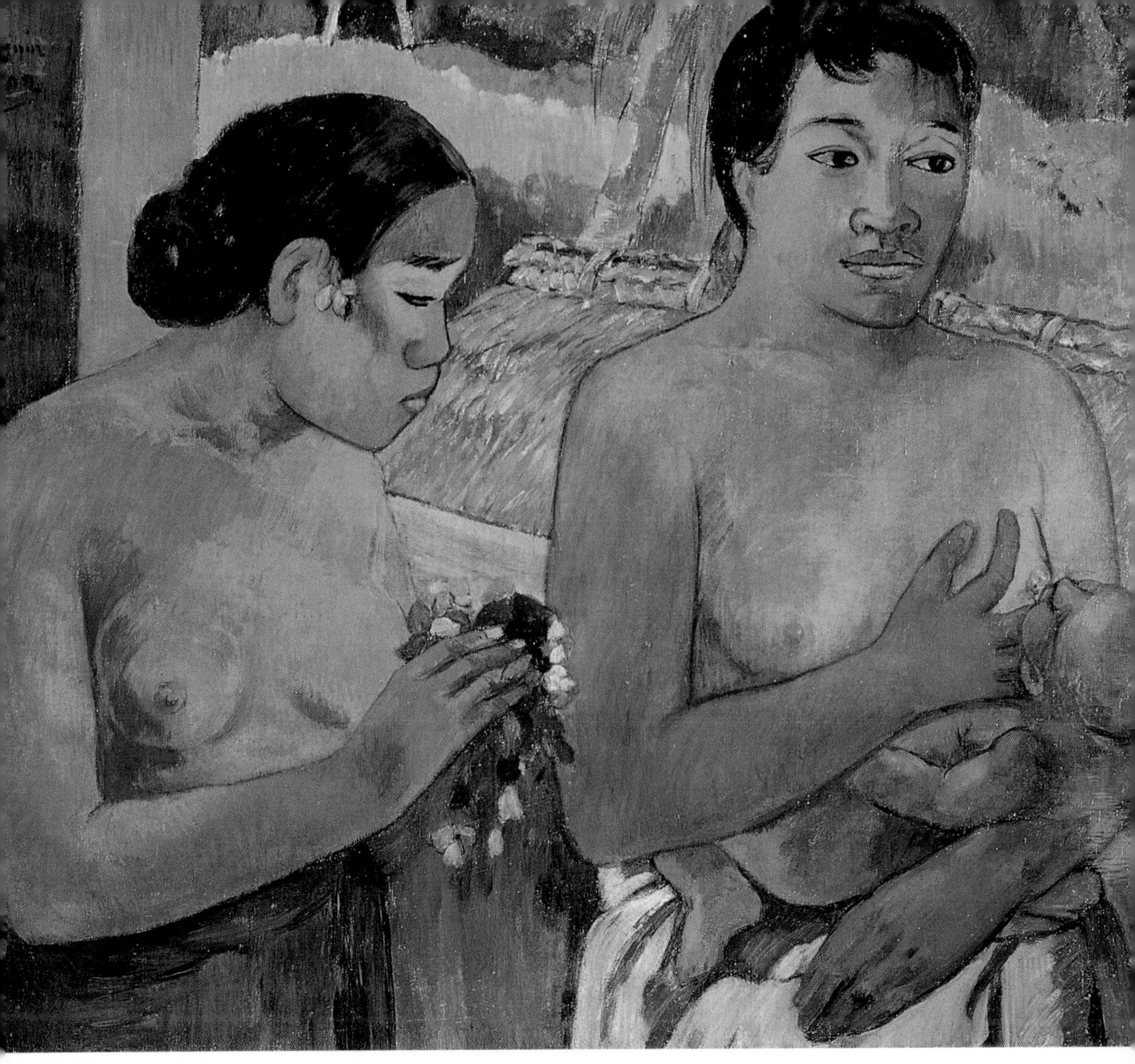

解讀8 丟勒的「死亡」

1898年，高更對馬興起濃厚的興趣，不但自己買了一匹馬，也開始畫馬，直到生命最後兩年，他對這動物更加癡迷，再三將馬與騎士的形象帶進作品中。

騎士、死亡與魔鬼

有趣的是，當高更死後，意外被人發現《之前與之後》的手稿內竟夾著一張14、15世紀畫家丟勒的〈騎士、死亡與魔鬼〉複製品，可見此圖像對他

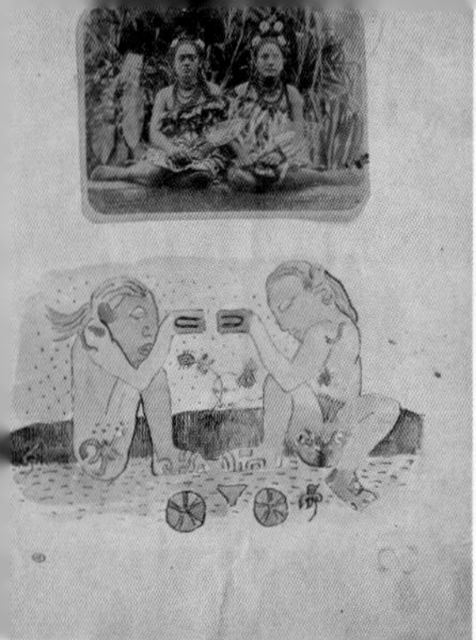

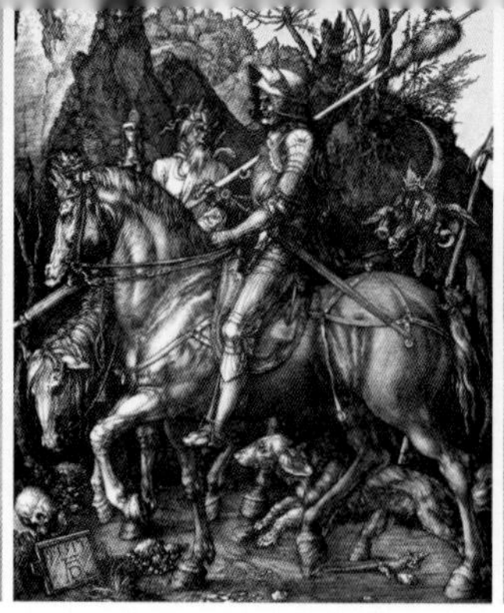

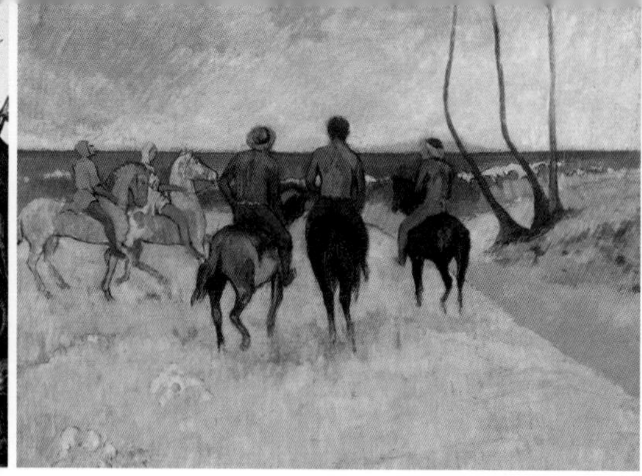

1｜《之前與之後》一頁
2｜丟勒　騎士、死亡、與魔鬼　1513　雕版印刷　24×19cm
3｜高更　海灘上騎馬者　1902　油彩畫布　66×76cm　埃森福克旺美術館
4｜《之前與之後》一頁
5｜高更　海灘上騎馬者　1902　油彩畫布　73×92cm　塔夫洛斯，尼阿科斯收藏
6｜高更　騎馬者　1901　油彩畫布　莫斯科普希金美術館

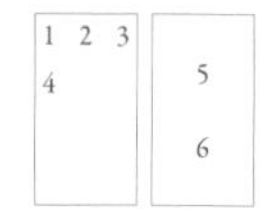

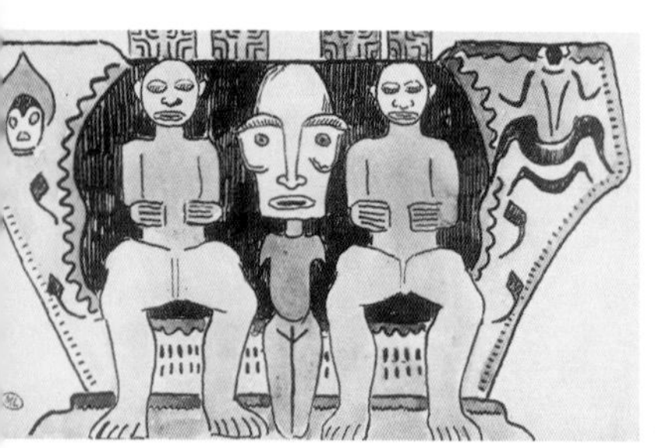

的影響有多大。在這件作品，中間有位騎士騎著一匹俊馬，一旁有個魔鬼睜大眼睛凶狠的看著他，馬頭上出現一只沙漏，地面則有骷髏頭，它們的存在，預告了死亡的來臨。

高更從丟勒的這件作品獲得啟發，將騎士、死亡與魔鬼的意象也放到自己的畫裡：一個或一對波里尼西亞的魔鬼，有深棕色的皮膚，戴著頭巾，正引領一群人往未知的世界前行。

逐漸走向冥間

這些作品都屬於象徵主義，表示在魔鬼帶領之下，每個人一步一步走向冥間。

在這時候，死亡的意象一直纏繞著他，因為高更知道來日不多了，他不再夢想天使，冷靜地等待魔鬼的到來。

解讀9 最後的美學遺言

高更於1903年4月寫下一封信，寄出去之後沒多久就悄然的離世，這封信成了他最後的絕筆，在信中他講述本性與美學觀，散發的能量與熱情依然。

死前的美學宣言

在藝術生涯裡，高更總單打獨鬥，背負一個沉重的包袱，一直走到最後。

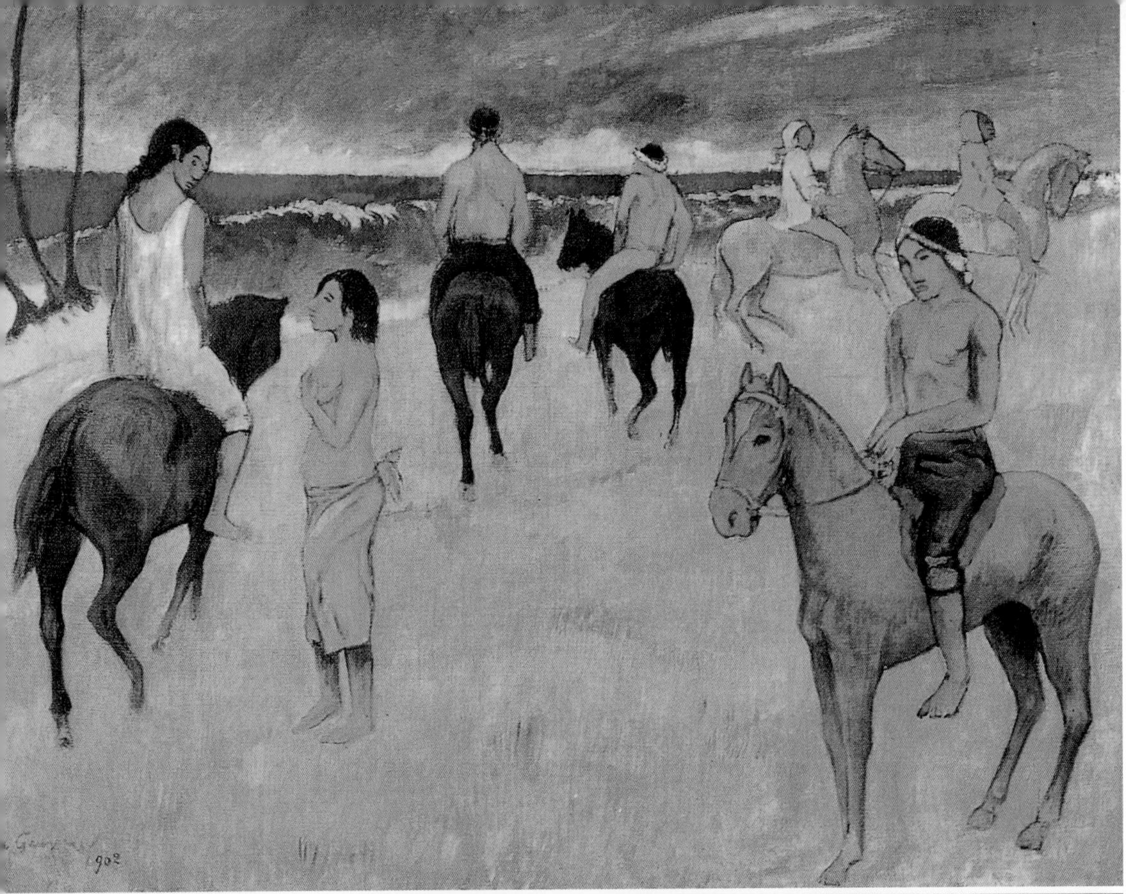

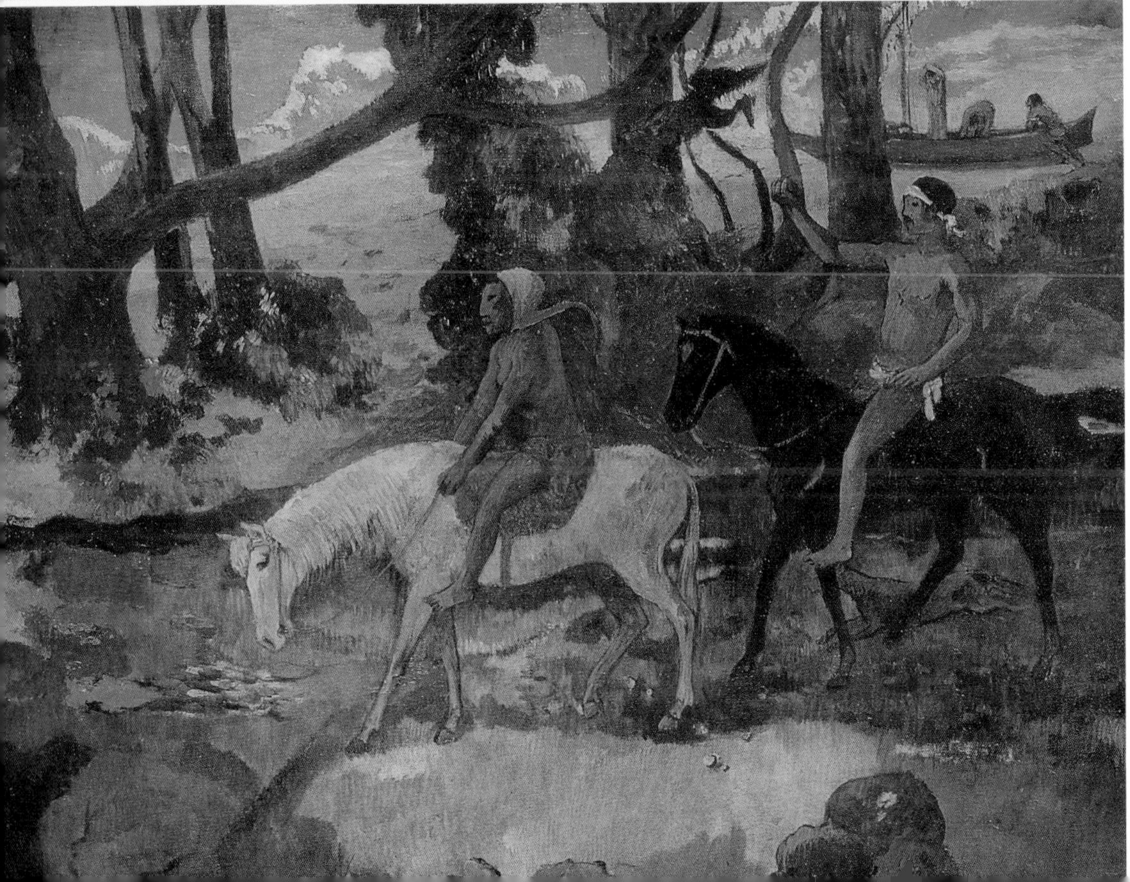

1 | 高更　野蠻人　1894　水彩、水粉顏料　私人收藏
2 | 高更　你要去哪兒？　1892　油彩畫布　斯圖加特國家美術館

在這裡，我將信的部分內容翻譯出來，就讓我們一起來傾聽他最後的遺言吧！

我情緒低落，但我沒有被擊倒，就像印地安人遭到酷刑時，依然微笑。

你曾經說，我不是野蠻人，但你錯了，我是一個真正的野蠻人，文明人可以察覺得出來，我有「野蠻的因子」，那就是為什麼我的作品能讓人那麼驚奇與震撼，為何我如此獨特的原因了。

作品本身就是在解釋自己。

作品有兩種美：一是來自直覺；二是來自學習。當然這兩樣結合在一起，經過修改，可以變得複雜又有趣，藝評家能從中發現許多豐富的東西。

拉斐爾雄偉的科學技巧並沒有嚇壞我，也沒有阻擾我，我依然去感覺，依然去了解他原始的天賦，何謂他最初的天賦呢？答案是對美的直覺，拉斐爾帶著美來到世上，剩下的只是美的變型而已。

因為物理、化學與實體研究，我們疏離藝術過久了，藝術家們已經失去了原始的野蠻，或已經沒直覺沒感覺了，或不再漫遊的想像，或走旁門左道失去了創造力，當他們獨自工作時，表現的就像無次序的暴民，感到害怕與失落。

其實，我認為不應該將孤獨強加在每個人身上，人有不同的天性，一個人

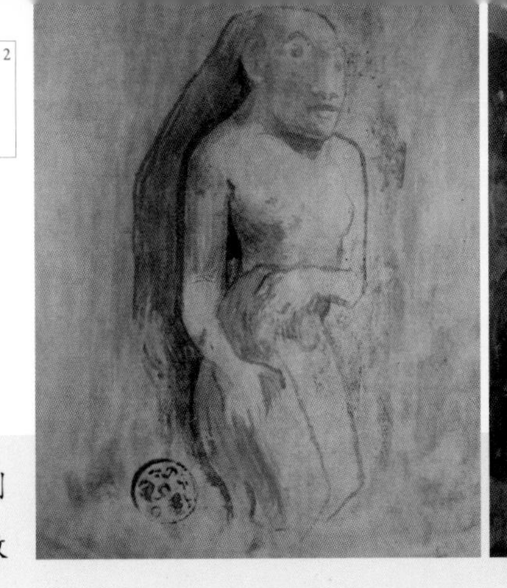

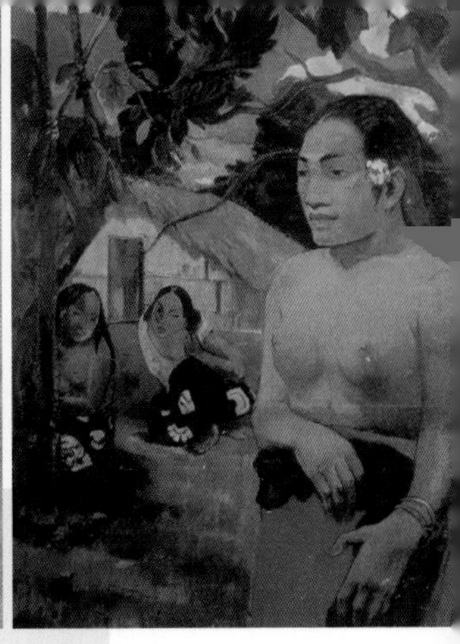

一定要堅強的做自己，像我，從別人那學來的東西會困擾我，我敢說：沒人教我任何東西，沒錯，我知道的非常少，我的東西來自於我，而不是別人。又誰知道從別人那兒剝奪來的將不會變成偉大的東西呢？這麼多世紀以來，我們歷經了多少變遷，但真的需要創造表面的東西嗎？

是微笑？還是嘲笑？

從這封信，我們看到了什麼呢？看到了一個已經為藝術找到新方向的男子，有高貴的風骨，站立在山頂上俯視一切，一陣寒風吹過，他很孤獨，也即將墜落，但嘴角揚起。

高更始終那麼神秘，是微笑？還是嘲笑呢？我們心中各有答案，不是嗎？

解讀10 徹頭徹尾的野蠻人

當高更被問起為什麼要去南太平洋的島嶼，他回答：「這處女地跟那兒簡單與樸直的人深深吸引我，為了創造新的東西，我必要回到那個源頭，回到人本的初始……」

1894年他創作了一尊陶瓷雕塑，高更認為這是最能代表他，也是他最獨特的一件作品，當它一完成，他興奮的不得了，驚叫了起來。

標題與意義

高更稱這個陶瓷雕塑為「野蠻人」（Oviri），完整的詞彙應該是「睡在森林裡的野蠻人」，代表死亡與哀悼之神；當時，高更正巧讀到一本巴爾扎克的小說《塞拉菲塔》（*Seraphita*），也另外取了一個名字，叫「殺手」。

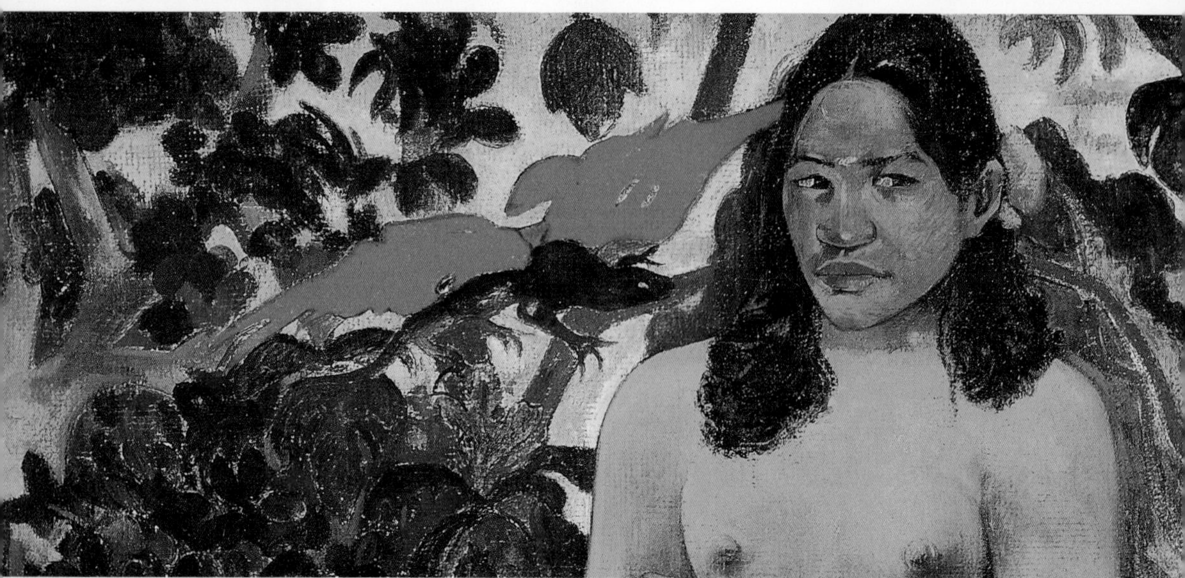

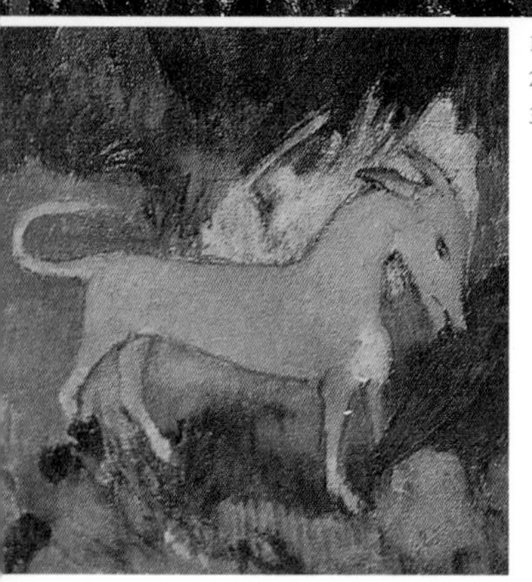

1｜蜥蜴
2｜狼
3｜雕像〈野蠻人〉

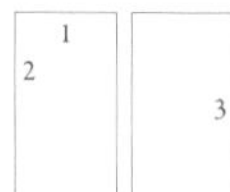

外形

〈野蠻人〉造型是圓筒狀的，表面有部分上釉，在這人物的腳下，高更染上了一層紅釉，紅是他最鍾愛的顏色。

樣子似男似女，雖然有象徵女性的乳房，但其他的部位十分男性，他的右手越過肚子，握住動物的頭部，左手臂伸直，支撐動物的身體，這姿態也重複在高更其他不少作品裡，像〈你要去那兒？〉。

若我們拿〈野蠻人〉跟當時法國沙龍擺出來的裸女雕像比較，會發現之間有很大的不同，差別在於它們的姿態，高更傳達一種揭露、開放與大膽的訊息，而沙龍的作品通常遮遮掩掩的，很害羞，給人一種不自然的感覺。

狼與蜥蜴

在〈野蠻人〉，人物的雙手握住一隻動物，而他的雙腳彎曲，底下也有另一隻動物，好奇的是，它們屬於那類的動物呢？原來是生猛的蜥蜴與死去的狼，分別代表生命與死亡。

狼與蜥蜴經常重複的出現在高更其他作品中，它們存在的意義是什麼呢？高更曾被問過這樣的問題，他的回答像謎一樣，簡直無解。不過根據筆者閱讀高更的著作，下的結論是：狼象徵外來的侵略者，蜥蜴代表野蠻之地。

藝術家的化身

高更曾說〈野蠻人〉有「異樣的形體」，蘊藏著「殘酷的謎」。

高更的臉部有兩個特徵：一雙迷狂的眼睛與狹窄的額頭。這點在他的著作裡特別強調過，而有趣的是，這尊雕像就有此兩項特徵。另外，他被當地的土著取了一個「女性男人」的外號，高更雖然長得魁梧，但在玻里尼西亞人的眼裡，倒很有女人味，所以他碰到了男女同體的問題，這尊雕像付予了此性別的模稜兩可。

高更說：「所有的疑慮都消失了，現在與將來，我都是一個野蠻人。」

總之，〈野蠻人〉是高更的化身。

花園的裝飾品

1900年，當高更知道沒多久可活，跟老友透露未來死後想將這尊〈野蠻人〉放在自己的墳墓前面，就當作「花園的裝飾品」，可見他死也要死的像「野蠻人」，看得出他始終如一。

1973年，高更死後的七十年，〈野蠻人〉終於被架立在他墓前，實現了他的遺願。

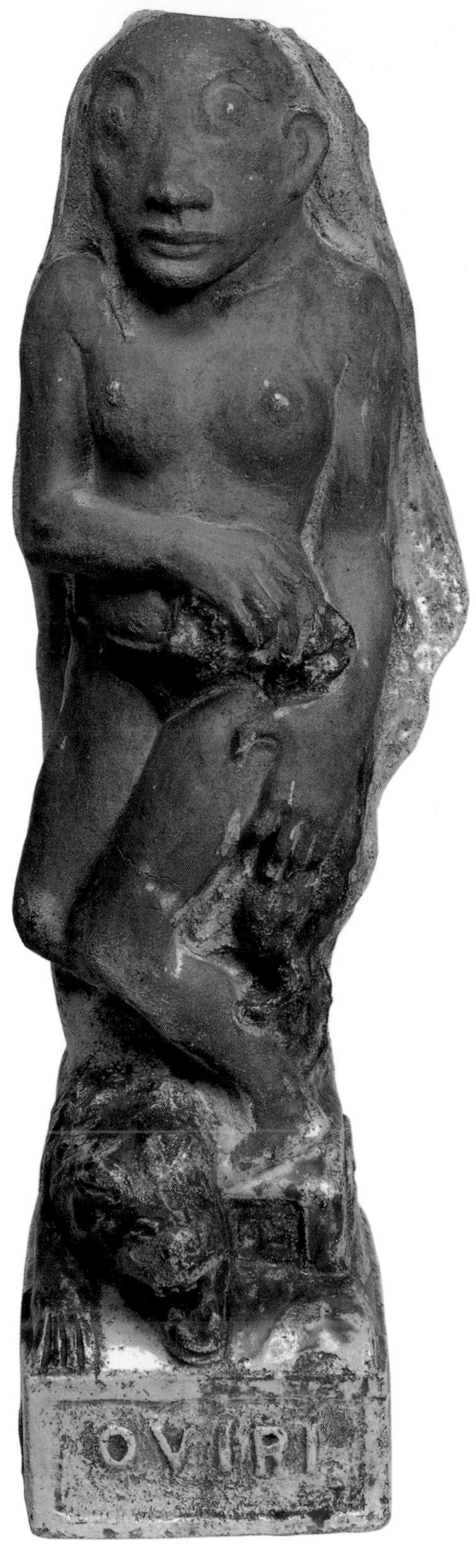

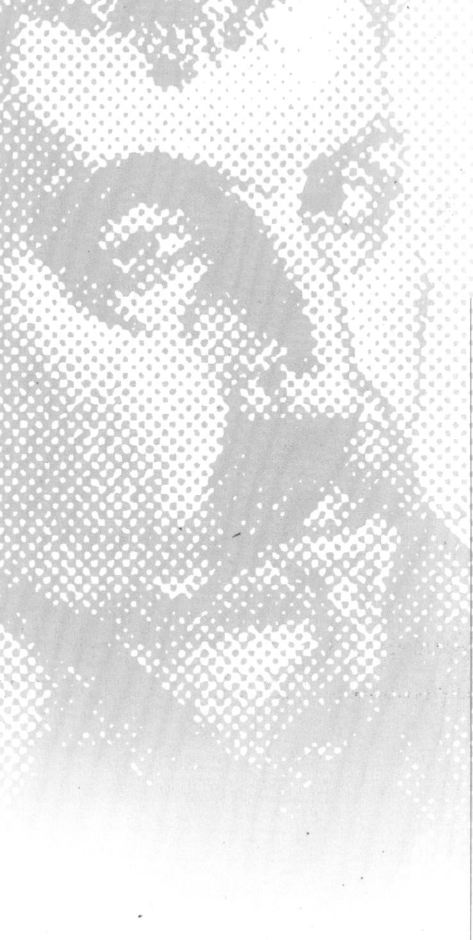

解讀高更藝術的奧祕

方秀雲（Natalia S. Y. Fang）著

發 行 人｜**何政廣**
主　　編｜**王庭玫**
文字編輯｜**謝汝萱**
美術編輯｜**王孝媺**
出 版 者｜**藝術家出版社**
台北市重慶南路一段147號6樓
TEL：(02) 2371-9692～3
FAX：(02) 2331-7096
郵政劃撥：01044798　藝術家雜誌社帳戶

總 經 銷｜**時報文化出版企業股份有限公司**
台北縣中和市連城路134巷16號
TEL：(02) 2306-6842
南部區域代理｜**台南市西門路一段223巷10弄26號**
TEL：(06) 261-7268
FAX：(06) 263-7698
製版印刷｜**新豪華彩色製版印刷股份有限公司**
初版／2010年8月
定價／新臺幣280元

ISBN　978-986-6565-93-9（平裝）

法律顧問　蕭雄淋

行政院新聞局出版事業登記證局版台業字第1749號

國家圖書館出版品預行編目資料

解讀高更藝術的奧祕 = Paul Gauguin / 方秀雲著.
-- 初版. -- 臺北市：藝術家, 2010.08
面；　公分

ISBN　978-986-6565-93-9（平裝）

1. 高更（Paul Gauguin, 1848-1903）2. 書家
3. 傳記 4. 畫論 5. 法國

940.9942　　99014095